Band I - DAO

Über das Buch

Das „Dao De Jing“ ist Weltliteratur. Geschrieben vom „Alten Meister –Laozi“, ist es eines der ältesten und bekanntesten Bücher dieser Erde. Und obwohl es dutzende Übersetzungen und auch Kommentare dazu gibt, ist dieser Kommentar von Meister Jan Silberstorff doch vollständig anders. Meister Silberstorff hat das Dao De Jing nicht aus seinem sinologischen Wissen heraus kommentiert, obwohl ihm dies sicherlich hilfreich war, sondern mittels seiner inzwischen mehr als 25-jährigen meditativen Praxiserfahrung. Er ist einer der wenigen westlichen Meister, die sich diesen Titel wirklich verdient haben. Er praktiziert neben seiner internationalen Unterrichtstätigkeit seit Jahrzehnten überwiegend in Stille und Zurückgezogenheit das daoistisch geprägte Chenstil Taijiquan und buddhistische Meditation. Außerdem hat er sich der christlichen Mystik erlebter- und studierenderweise genähert. Sein Kommentar entspringt einer gelebten Erfahrung, keiner intellektuellen Überlegung. Meister Jan Silberstorffs Kommentar zu Laozi´s „Dao De Jing“ ist deshalb weitreichender, verständlicher und hilfreicher, da er den Brückenschlag zwischen Ost und West, zwischen Herz und Verstand und zwischen Theorie und Praxis darstellt. Schon jetzt eines Meisters Werk.

übersetzt von Richard Wilhelm
kommentiert von Meister Jan Silberstorff

Band I - DAO

Wichtiger Hinweis:

Das vorliegende Buch ist sorgfältig erarbeitet worden. Dennoch erfolgen alle Angaben ohne Gewähr. Weder Autor noch Verlag können für eventuelle Nachteile oder Schäden, die aus den im Buch gemachten praktischen oder theoretischen Hinweisen resultieren, Haftung übernehmen.

Impressum
Laozi's DAO DE JING
übersetzt von Richard Wilhelm
kommentiert von Meister Jan Silberstorff
Band 1 - DAO

3. geänderte Auflage, 2017

www.lotus-press.com

ISBN 978-3-945430-80-4

Inhalt

Laozi und das Daodejing - eine Einführung 9

Wuji-Taiji 26

Bevor dieser Kommentar geschrieben wurde 31

DAO 36

DE 38

Band 1 - DAO 41

Vers 1 - Der SINN, der sich aussprechen läßt, ... 43

Vers 2 - Wenn auf Erden alle das Schöne als schön erkennen, ... 63

Vers 3 - Die Tüchtigen nicht bevorzugen, ... 73

Vers 4 - Der SINN ist immer strömend 81

Vers 5 - Himmel und Erde sind nicht gütig 89

Vers 6 - Der Geist des Tals stirbt nicht, ... 97

Vers 7 - Der Himmel ist ewig und die Erde dauernd 103

Vers 8 - Höchste Güte ist wie das Wasser 109

Vers 9 - Etwas festhalten wollen und dabei es überfüllen 115

Vers 10 - Kannst du deine Seele bilden, daß sie das Eine umfängt, ... 121

Vers 11 - Dreißig Speichen umgeben eine Nabe 133

Vers 12 - Die fünferlei Farben machen der Menschen Augen blind 139

Vers 13 - Gnade ist beschämend wie ein Schreck 145
Vers 14 - Man schaut nach ihm und sieht es nicht 153
Vers 15 - Die vor alters tüchtig waren als Meister 163
Vers 16 - Schaffe Leere bis zum Höchsten 173
Vers 17 - Herrscht ein ganz Großer 181
Vers 18 - Geht der große SINN zugrunde 189
Vers 19 - Tut ab die Heiligkeit 195
Vers 20 - Zwischen „Gewiß" und „Jawohl" 202
Vers 21 - Des großen LEBENS Inhalt 213
Vers 22 - Was halb ist, wird ganz werden 223
Vers 23 - Macht selten die Worte 231
Vers 24 - Wer auf den Zehen steht 243
Vers 25 - Es gibt ein Ding, das ist unterschiedslos vollendet 249
Vers 26 - Das Gewichtige ist des Leichten Wurzel 259
Vers 27 - Ein guter Wanderer läßt keine Spur zurück 267
Vers 28 - Wer seine Mannheit kennt 275
Vers 29 - Die Welt erobern und behandeln wollen 287
Vers 30 - Wer im rechten Sinn einem Menschenherrscher hilft 293
Vers 31 - Waffen sind unheilvolle Geräte 301
Vers 32 - Der SINN als Ewiger ist namenlose Einfalt 309
Vers 33 - Wer andre kennt, ist klug 317

Vers 34 - Der große SINN ist überströmend 325
Vers 35 - Wer festhält das große Urbild 333
Vers 36 - Was du zusammendrücken willst 343
Vers 37 - Der SINN ist ewig ohne Machen 351
Autorenportrait 356
Kalligraphien 358
Danksagung 359
Weitere Informationen 360
Auch von Jan Silberstorff 364

Laozi und das Daodejing - eine Einführung

von Harald Bundschuh

Laozi

Laozi gilt als der legendäre Begründer des Daoismus und das ihm zugeschriebene „Daodejing" als seine einflussreichste, heilige Schrift. Er und sein Werk stehen zeitlos und ungebunden für die ewige Weisheit tiefster Erkenntniskraft. Doch ob es einen Denker namens Laozi wirklich gegeben hat, wird heute bezweifelt. Seine Biographie ist von Legenden umrankt und äußerst umstritten.

Der legendäre Laozi

Er soll zur Zeit der Frühlings- und Herbstannalen im 6. Jahrhundert v. Chr. gelebt haben. In einer Zeit, die von Unruhen und Kriegen geprägt war. Sein Geburtsjahr wird in China meist mit 604 v. Chr. angegeben. Der Überlieferung nach wurde Laozi in der Präfektur Ku des Staates Chu, dem heutigen Kreis Luyi im heutigen Henan, geboren. In dieser Zeit herrschte die Zhou Dynastie (1045-256 v. Chr.). Sie stellt eine Blütezeit der chinesischen Philosophie dar. Viele Gelehrte machten sich Gedanken, wie Frieden und Stabilität erreicht werden könnten. Man spricht daher auch von der Zeit der Hundert Schulen. In dieser Epoche lebten auch andere große chinesische Philosophen wie Konfuzius (Kongzi), Mengzi, Mozi und Xunzi.
Als Sohn eines Bauern geboren, war Laozis Familienname Li, sein Vorname Er. Sein Schicksal führte ihn in die alte Kaiserstadt Luoyang im Gebiet des Gelben Flusses, die nicht nur das Zentrum der chinesischen Reichsgründung, sondern schon seit der Shang-Dynastie (1450-1045 v. Chr.) und auch während der Regierungszeit der Zhou den geistigen Mittelpunkt Chinas bildete. Obwohl Li Er keine formale Ausbildung absolvierte, gelangte er bald zu Ansehen. Sein Vertrautsein mit den Lehrern der Frühzeit und ihren Werken trug

ihm schließlich das Amt des Geschichtsschreibers der Archive der Zhou, später des Reichsarchivars und Staatsbibliothekars ein sowie den ehrenden Beinamen Laozi, übersetzt etwa der „alte Meister" oder der „alte Weise". Nach seinem Tod wurde er Lao Dan genannt, was so viel wie „Altes Langohr" oder „Ehrwürdiger Weisheitslehrer" bedeutet. Nicht dem äußeren, sondern dem inneren Leben galt sein Streben. Nur wenige wussten, dass seine bescheidene Zurückgezogenheit Hüter seines Erwachtseins zum Dao war.

Erzählungen berichten, dass Konfuzius ihn aufsuchte, um von ihm zu lernen. Im Werk des Zhuangzi werden Gespräche zwischen Laozi und Konfuzius wiedergegeben. So heißt es an einer Stelle (Wilhelm, Richard (1996) Dschuang Dsi S. 223):

„Konfuzius sprach: Euer Leben kommt Himmel und Erde gleich, und dennoch habt Ihr wohl höchste Worte der Weisheit vernommen, deren Ihr Euch bedient, um Eure Seele zu bilden. Wer aber von den großen Männern des Altertums war imstande, solche Worte auszusprechen?'

Laozi sprach: ‚Nicht also! Das Wasser eines Strudels tut selber nichts, sondern folgt einfach seiner Natur. Also verhält sich der höchste Mensch zum De[1]. Er sucht nichts zu bilden, und dennoch kann sich kein Wesen seinem Einfluss entziehen. Er ist wie der Himmel, der hoch ist durch sich selber, wie Sonne und Mond, die klar sind durch sich selber. Was bedarf es da der Bildung?'

Konfuzius verließ ihn und sagte über diese Unterhaltung zu Yen Hui: ‚Ich bin gegenüber dem Dao nicht besser als ein Essigschälchen. Hätte der Meister nicht die Decke von meinen Augen gehoben, hätte ich niemals die große Vollkommenheit von Himmel und Erde erkannt.'"[2] Konfuzius wurde aus Sicht der Daoisten immer von seinem älteren Zeitgenossen Laozi überragt. Während die Konfuzianer abstritten, dass es Laozi war, der Konfuzius in den Riten unterwies, bestanden die Daoisten darauf. Einer Überlieferung zufolge war Konfuzius von der Weisheit des Älteren so beeindruckt, dass er ihn mit einem Drachen verglich, der mit Wind und Wolken zum Himmel auffährt.

Auf einem Ochsen reitend machte sich Laozi wegen der politischen Lage im Land und der Tatsache, dass sein Rat nicht mehr gesucht wurde, in hohem Alter nach Westen auf. Auch wird behauptet, dass Laozi des Landes verwiesen wurde, weil er den Niedergang der Dynastie voraussagte.

---

[1]Universale Wirkkraft, Tugend. Siehe Kapitel ‚De'.

[2]Wilhelm, Richard (1996) Dschuang Dsi S. 223

Eine Legende berichtet, dass Yin Xi, der Hauptgrenzwächter des Hangu-Passes, an der nordwestlichen Landesgrenze schon von weitem violette Wolken am östlichen Himmel gesehen hat. Darin erkannte er das Nahen eines Heiligen und bat den Weisen, doch bitte nicht einfach so wortlos von dannen zu reiten, sondern seine Lehre niederzuschreiben, um sie der Nachwelt zu hinterlassen.

Andere Versionen besagen, dass der Zöllner Yin Xi von ihm als Wegzoll für das Überschreiten des Gebirgspasses die Niederschrift seiner Lehren verlangte. Oder dass der Kommandant der Grenzfestung, Yin Xi, der zu Laozis Schülern zählte und seinen Lehrer durch die feierliche Überreichung einer Schale Tee begrüßte und ehrte, gebeten hatte, der Weise möge ihm eine Darstellung des Weges zur Vollendung überlassen.
Wie dem auch sei, Laozi entsprach der Bitte und schrieb in der Einsamkeit der Berge das Werk mit seinen 5000 Zeichen. Er übergab die Schrift als sein Vermächtnis, um danach seine Reise fortzusetzen. Einer Legende nach geschah das am Louguantai in der heutigen Provinz Shaanxi, 60 Kilometer von der Stadt Xian entfernt.
Laozi kehrte nicht mehr in die Zentralregion Chinas zurück.

Einige Jahrhunderte später findet sich Legenden zufolge in der Geschichte von Heshanggong eine Fortsetzung. Am Ufer des Gelben Flusses lebte ein Einsiedler, den alle nur Heshanggong nannten, den Herrn am (Gelben) Fluss. Sein Leben widmete er ganz der Meditation und den Worten des Dao. Der regierende Kaiser Han Wendi (2. Jahrhundert v. Chr.) war sehr angetan von den Sprüchen des Dao und suchte Heshanggong auf, ihn um Rat zu fragen, da der alte Mann als besonders weise galt. Han Wendi erkannte, dass Heshanggong ein Unsterblicher war, verneigte sich tief und gestand, dass selbst er als Kaiser von den wirklichen Dingen wenig verstehe. Heshanggong fühlte des Kaisers Ehrlichkeit und führte ihn in die Lehren des Dao ein und gab ihm zum Abschied eine Aufzeichnung zum Dao und De, die er in 81 Sprüche und zwei Bücher eingeteilt und Satz für Satz kommentiert hatte. Kniend nahm der Kaiser sie entgegen. Eine weitere Legende besagt, Heshanggong habe im 3. Jahrhundert v. Chr. einem Nachkommen des Fürsten Wang Zhu das Daodejing und die Lehre des Gelben Kaisers übermittelt. Und manch einer sagt, Heshanggong sei in Wirklichkeit der weise Geschichtsschreiber des Staates Zhou gewesen.

Die historische Person des Laozi

Trotz der beeindruckenden Überlieferungen minutiöser Chroniken und Listen von Herrschern, Beamten etc. aus China ist über Laozi fast nichts bekannt. Im Daodejing wird weder der Autor erwähnt noch finden sich biographische Details, die zu seiner oder irgendeiner anderen Person Hinweise geben könnten. Die ältesten „Quellen" sind Anekdoten und Legenden, die zum Beispiel in Zhuangzis Werk „Das wahre Buch vom südlichen Blütenland" aufgeschrieben sind. In ihm taucht der Name „Laozi" allerdings nie auf. Es wird von einer Person namens „Lao Dan" berichtet, die in Dialogen mit Konfuzius als sein Gegenspieler und Ratgeber dargestellt wird. Die erste historische Quelle findet sich im „Shiji" des chinesischen Geschichtsschreibers Sima Qian, der in den Jahren 145-79 v. Chr. lebte und in den „Aufzeichnungen des Chronisten" um 104 v. Chr. das Wissen der damaligen Zeit notierte. Sima Qian schreibt selbst, dass seine Quellenlage sehr unsicher ist und er widersprüchliche Aussagen über Laozi gefunden hat - er ist nicht sicher, ob Laozi wirklich gelebt hat. Bis zu dieser Zeit wird Laozi auch niemals mit einem anderen Namen, wie dem oben genannten Li Er in Verbindung gebracht, noch wurde behauptet, dass er aus Chu stammt. Sima Qian fand drei unterschiedliche Berichte zu Laozi: Der erste erwähnt einen Archivar namens Lao Dan, den Konfuzius aufgesucht hat. Der zweite zeugt von dem Historiker Dan (Taishi Dan). Der dritte Bericht handelt von Lao Laizi, der ebenfalls aus Chu kam. Er schrieb zu Lebzeiten des Konfuzius ein Werk, das den praktischen Nutzen der dem Dao zugrunde liegenden Gedankenwelt erläutert. Auch ihn hat Sima Qian für einen anderen als Laozi gehalten. Es gibt unzählige wissenschaftliche Debatten sowohl in China als auch im Westen darum, ob es überhaupt jemals einen Mann namens Laozi gegeben hat, der das Daodejing niedergeschrieben oder zumindest entscheidend mit seinen Ideen geprägt hat.

Laozi als Gottheit

Während der Dynastie der frühen Han ab dem 2. Jahrhundert v. Chr. entwickelte sich die Gestalt des Laozi zum Hochgott des aufkommenden Daoismus. Er wurde als einer der Drei Reinen in das Pantheon des Daoismus aufgenommen. Die Anhängerschaft Laozis und Zhuangzis wurde als eine der „Sechs Schulen" der chinesischen Philosophie angesehen und rangierte ihrer Bekanntheit nach gleich hinter dem Konfuzianismus. Laozi verkörperte

den Heiligen, wie er im Zhuangzi beschrieben wird, und seine Züge vermischten sich unter anderem mit den Gottheiten Taiyi und Huang Di.[3]
Laozi gilt als Verkörperung des Dao, seine Gestalt wurde kosmisch erhöht. So nahm man an, er weile im Sternbild des Großen Bären und steige auf und ab als Vermittler zwischen der himmlischen und der irdischen Welt. Sein Sitz ist der Mittelpunkt des Sternenhimmels und der Himmelsrichtungen, in der Ikonographie ist er umgeben von den vier heraldischen Tieren. Laozi wandelt sich mit den Zyklen der Zeit und nimmt viele Formen an.
In einigen daoistischen Schulen wurde angenommen, Laozi sei das Dao selbst. Gemäß diesen Schulen geht seine Existenz dem Universum voraus, und er tritt in ihm als Gestalter der kosmischen Ordnung auf. In unzähligen Inkarnationen ist er der weise Berater der Kaiser und unterweist die daoistischen Adepten als immer wiederkehrender Lehrer und Verkünder.

Der Daoismus

Der Daoismus ist, neben dem Buddhismus und dem Konfuzianismus, eine der drei großen Glaubensrichtungen Chinas. Er beschäftigt sich vor allem mit der Natur, der Stellung des Menschen in ihr und den daraus folgenden Grundsätzen einer sinnvollen Lebensgestaltung. Als seine legendären Begründer werden Laozi und Zhuangzi verstanden, deren Werke wohl im 4. und 3. Jahrhundert v. Chr. entstanden sind. Laozi wird als Autor des „Daodejing“ angesehen, Zhuangzi als Autor des einflussreichen gleichnamigen Werkes „Zhuangzi“ bzw. „Der Klassiker vom südlichen Blumenland“. Es wird vermutet, dass es sich bei dem „Blumenland“ (Nanhua) um Zhuangzis Heimat handelt.

---

[3] Taiyi - „das All-Eine“ oder „das höchste Eine“ - ein daoistischer Himmelsgott, Gott des Ost- aber auch des Nordsterns. Taiyi steht für das allen Dingen zugrunde liegende Prinzip und die Quelle der Wahrheit. Huang Di - der Gelbe Kaiser - eine der wichtigsten Gestalten der chinesischen Mythologie. Ursprünglich ein Kriegsgott, wandelte er sich im Daoismus zum Hochgott. Er war erst eine göttliche, mythische Gestalt, die während der Zhou-Dynastie historisiert wurde. Legendärer erster chinesischer Kaiser und Kulturschöpfer. Das Buch „Die Medizin des Gelben Kaisers“ wird ihm zugeschrieben.

Als historischer Begründer jedoch wird Zhang Daoling angesehen. Er soll von 34-156 n. Chr. gelebt haben und den Himmelsmeister-Daoismus begründet haben, die erste Form des organisierten Daoismus. Der Legende nach soll Zhang Daoling eine Vision von Laozi gehabt haben, der ihn beauftragte, den Daoismus zu gründen.

Der Daoismus selbst ist aber kein einheitliches und in sich geschlossenes Lehrgebilde, sondern gliedert sich in eine Reihe unterschiedlicher Richtungen und Schulen. In einem langen Entwicklungsprozess hat er Form angenommen, wobei fortlaufend andere Strömungen integriert wurden. Die daoistische Lehre greift Gedankengut auf, das in China zur Zeit der Zhou-Dynastie (1045–256 v. Chr.) weitverbreitet war. Dazu gehören die kosmologischen Vorstellungen von Himmel und Erde, die fünf Wandlungsphasen, die Lehre vom Qi (Energie), Yin und Yang und das Yi Jing (I Ging), aber auch die Tradition der Körper- und Geisteskultivierung, durch die man Unsterblichkeit erreichen wollte, mit Atemkontrolle und anderen Techniken wie Taijiquan und Qigong, Meditation, Visualisierungen und Imagination, Alchemie und magischen Techniken. Die Suche nach Unsterblichkeit, ein zentrales Thema des Daoismus, geht wahrscheinlich auf sehr alte Glaubensinhalte zurück, denn im „Zhuangzi" werden bereits die Xianren erwähnt, die Unsterblichen, deren wichtigste der Gelbe Kaiser, Huang Di, und die Königinmutter des Westens, Xiwangmu, sind. Es handelt sich dabei um Gestalten, die schon in der Shang-Zeit im 2. Jahrtausend v. Chr. nachgewiesen sind.

Über die Unterscheidung zwischen Daoismus als Religion und Daoismus als Philosophie, die lange Zeit, ausgehend von den chinesischen Begriffen Daojia und Daojiao, in der Sinologie verwendet wurde, herrscht Uneinigkeit in der Forschung, ob diese Unterscheidung weiterhin verwendet werden soll, weil sie der Komplexität des Gegenstands nicht gerecht wird. Heutige Sinologen argumentieren, dass der religiöse Daoismus die praktische Verwirklichung des philosophischen Daoismus sei.

Das Wort „Daoismus" leitet sich von „Dao" (Tao) ab, einem Begriff der chinesischen Philosophie, der bereits lange vor dem Daodejing verwendet wurde, aber erst in diesem Text seine zentrale Stellung und besondere, universale Bedeutung erhielt. „Dao" bedeutete ursprünglich „Weg", im klassischen Chinesisch aber bereits „Methode", „Prinzip", „der rechte Weg". Bei Laozi nimmt der Begriff des Dao die Bedeutung eines der ganzen Welt zugrunde liegenden, alldurchdringenden Prinzips an. Es ist die höchste Wirklichkeit und das höchste

Mysterium, die uranfängliche Einheit, das kosmische Gesetz und Absolute. Aus dem Dao entstehen die „zehntausend Dinge“, sprich der Kosmos und was in ihm enthalten ist. Auch die Ordnung der Dinge entsteht aus ihm, wie bei einem Naturgesetz. Es selbst aber ist als Ursprung aller Dinge und Wesen undefinierbar.

Innerhalb der chinesischen Gesellschaft weist der Daoismus eine einzigartige Stellung auf. Er beeinflusst die Kultur in den Bereichen der Politik, Wirtschaft, Philosophie, Literatur, Kunst, Musik, Ernährungskunde, Medizin, Kampfkunst und Geographie.

Seit dem 20. Jahrhundert gibt es keine einheitliche Lehre mehr, sondern eine Vielzahl von Theorien und Praktiken. Unter der kommunistischen Diktatur wurden die Religionen in China unterdrückt und verfolgt, während der Kulturrevolution viele Klöster und Tempel zerstört, Schriften vernichtet und die Daoisten inhaftiert oder getötet. Im Untergrund waren ihre Lehren in China jedoch immer vorhanden. Mittlerweile besinnt man sich in der Volksrepublik wieder auf das religiöse Erbe sowie auf das daoistische Wissen in Bezug auf die Heilkunst. Viele Klöster und Tempel wurden wieder aufgebaut, Ausbildungsstellen für Daoisten geschaffen und sogar einige universitäre Forschungsstellen für Daoismus eingerichtet. Es gab um die Jahrtausendwende in der VR China ungefähr 3.000 daoistische Heiligtümer, die von ca. 25.000 Daoisten bewohnt wurden.

Die Denkart des Daoismus erschließt sich dem Europäer nicht auf den ersten Blick, da sein Sinn tief in den Texten verborgen liegt, die nicht einfach klare Verhaltensanweisungen geben, an deren Ende das Seelenheil liegt, sondern mit Metaphern und Zeichen arbeiten. Schwierig ist auch die geistige Haltung des Geschehenlassens (siehe Kapitel Wuwei), die dem europäischen, aktiven Tun entgegengesetzt scheint.

Das Daodejing

Das Daodejing gilt nach der Bibel als der meistübersetzte Text überhaupt und eines der erfolgreichsten Bücher der Menschheitsgeschichte. Über seine genaue Entstehungszeit gehen die Meinungen in der Forschung sehr auseinander: Die Mutmaßungen reichten von 800 bis 200 v. Chr.; nach heutigen Erkenntnissen (linguistisch,

Zitierbelege, historisch vermutbarer Kontext, etc.) ist der Text um 500-400 v. Chr. entstanden. Zwar finden sich Zitate aus dem Daodejing in vielen anderen Überlieferungen dieses Zeitraums, es lässt sich aber nicht mit Sicherheit klären, wer wen zitiert hat. Es enthält eine Handvoll expliziter Zitate, jedoch nicht die Namen der Urheber, auch keinerlei historische Bezüge: So erscheint die Zeitbestimmung des Textes wenig bedeutsam für den „zeitlosen" Inhalt.

In etwa 5.000 chinesischen Schriftzeichen geschrieben, besteht es aus 81 Abschnitten, die sich in zwei Kapitel einteilen lassen. Im ersten Kapitel (Abschnitt 1-37) wird die Bedeutung von „Dao", dem Weg, und im zweiten (Abschnitt 38-81) von „De", der Wirkkraft, behandelt. Die Abschnitte 1-37 werden zum ersten Kapitel mit dem Namen Daojing gerechnet, weil es mit dem Wort Dao beginnt. Es behandelt eher metaphysische Aspekte. Die Abschnitte 38-81 gehören zum Kapitel Dejing, weil es mit den Worten Shang De, die höchste Tugend, beginnt. Das Dejing behandelt eher gesellschaftliche und politische Aspekte. Beide Begriffe kommen aber generell in beiden Kapiteln vor. Daraus ergibt sich der Name Daodejing, der erst im Lauf der Zeit für das Buch verwendet wurde. Die offizielle Bezeichnung „jing" wird in China für eine klassische Textsammlung oder einen Leitfaden gebraucht. Ursprünglich wurde es nach seinem Verfasser einfach Laozi genannt.

Den Titel Daodejing bekam das Werk erst vom Han-Kaiser Jing (157–141 v. Chr.). Die Einteilung des Textes in 81 Abschnitte geht historisch auf den Gelehrten Wang Bi (226-249 n. Chr.) zurück, der auch mit der Kapitelreihenfolge Daojing und Dejing arbeitete und als Hauptquelle für den in Europa rezipierten Text gesehen werden kann.

Nachdem 1973 in Mawangdui (Provinz Hunan) jedoch als Grabbeigabe ältere Versionen des Laozi (zwei alte Daodejing-Seidentexte) gefunden wurden, muss der verbreitete Text noch einmal überdacht werden. In diesen Textfassungen (ca. 206 v. Chr. und 179 v. Chr.) gibt es nämlich keine Einteilungen in 81 Abschnitte, lediglich in die zwei Kapitel. Diese sind allerdings in der umgekehrten Reihenfolge angeordnet, also De dao jing. Ansonsten weichen diese Textfassungen inhaltlich erstaunlich wenig, meist nur grammatikalisch, vom tradierten Text ab. Doch reichen diese Abweichungen bereits aus, dass man sich nicht auf eine einheitliche Version einigen kann. Ähnliches gilt für den Anfang der 1990er Jahre entdeckten sogenannten Guodian-Text (ca. 300–280 v. Chr.), der etwa ein Drittel des Textes (32 Kapitel ganz oder teilweise) auf ca. 100 Jahre an das geschätzte Original heranführt. Beide Funde wurden im Westen vom amerikanischen Sinologen Robert G. Henricks zeichenweise analysiert und mit dem tradierten Text verglichen.

Das Daodejing ist eine Sammlung von Aphorismen und kann nicht wie ein Lesebuch gelesen und verstanden werden. Es gibt keine durchgängige Handlung und keinen durchgängigen Ideen- oder Systemaufbau. Laozi hat nicht versucht, eine geschlossene Weltanschauung mit all ihren Facetten, wie Moral, Sitte, Ethik, Normen, Gesetze, Naturverständnis, Gesellschaftsverständnis etc. zu entwickeln. Vielmehr sind die Lehren durch ihre Grundsätzlichkeit universal und auf jede Lebenssituation zu beziehen und regen zu eigener Interpretation an.

Die westlichen Leser des Daodejing haben nicht nur das Problem eines völlig anderen Kulturkreises mit anderen Symbolen, Sprachgewohnheiten und einer anderen Geschichten- und Sagenwelt, sondern zudem noch das Problem der Übersetzung. Denn selbst, wenn dem Übersetzer die Bedeutung, die ebenfalls oft mehrdeutig ist, verstandesmäßig oder intuitiv klar ist, ist es dennoch oft fast unmöglich, sie in einer westlichen Sprache ohne Verlust darzustellen. Das Daodejing beinhaltet eine Kosmologie, eine Art Richtlinie zur individuellen Persönlichkeitsentwicklung sowie einen politischen Leitfaden zur Haltung des Herrschers und zur Entwicklung des Staates. Es ist aber vor allem ein universelles Werk und passt auch für den Einzelnen.

Die Zeit zwischen 475 v. Chr. und 221 v. Chr., in die die angenommene Entstehung des Daodejing fällt, wird in der chinesischen Geschichte als die Zeit der streitenden Reiche bezeichnet. Diese Zeit war eine wirre Zeit und wie auch die Periode davor, die Zeit der Frühlings- und Herbstannalen, eine Zeit der Umwälzung und Veränderung. Traditionen wurden umgeworfen, neue Ideen entstanden. So trat der Meinung, dass ein Land, das mit Militärgewalt erobert und geeint wurde, auch mit Militärgewalt geführt werden müsse, die Ansicht entgegen, dass man das Volk mit Güte und Barmherzigkeit regieren solle: Ein weiser Regent achtet darauf, das Volk mit allem Nötigen zu versorgen, um es körperlich und seelisch gesund zu erhalten. Wird das Volk unterdrückt, wird es unzufrieden, es verliert die Angst vor dem Tod, dies wiederum führt zu Ausschreitungen und Gewalttätigkeit. Auch der alten Lehrmeinung, als Mensch müsse man stark und unnachgiebig, gewandt und listig sein, widersprach Laozi, indem er Bescheidenheit zum höchsten Gut wählte. Wunschlos, frei von Begierden, nicht egoistisch,

sondern selbstlos, schlicht und natürlich. Dem liegt die Anschauung zugrunde, dass dort, wo der äußere Schein aufhört, das verborgene, wahre Sein, das ewig ist und über flüchtige Wechsel des Sinnestrugs erhaben, sich umso deutlicher zeigen kann.
Wesentlicher erscheint jedoch, dass die in diesem Werk behandelten Themen nicht nur Laozis Zeitgenossen ein existenzielles Anliegen waren, sondern auch heute noch - nach rund 2500 Jahren - eine ganze Reihe von Denkanstößen bieten. So ist das Daodejing auch ein politisches Buch, eine bedenkenswerte Alternative zu bekannten Denk- und Lösungsansätzen der gängigen Lebensweise und dem bisherigen Verständnis des Menschen und seiner Umwelt. Mancher, der auf grundlegende Fragen zum täglichen Leben, zu Fragen der Konsumhaltung, der Gewalt in dieser Welt, der Sinngebung des Lebens und einer verantwortungsvollen Politik gegenüber Gesellschaft und Umwelt Antworten sucht, wird hier fündig werden. Das eingefahrene Denken wird in andere, offenere Bahnen gelenkt, und für die praktische Umsetzung im täglichen Leben werden Lösungsansätze geboten. So vermittelt das Buch nicht nur Ratschläge für eine sinndurchdrungene Lebensweise des Einzelnen und der Gesellschaft sowie der Politik. Es vereint dazu die Bereiche der Mystik und der Alchimie, ebenso wie der Religion und Philosophie.

Dao

Es gibt ein Ding, das ist unterschiedslos vollendet.
Bevor der Himmel und die Erde waren, ist es schon da,
so still und einsam.
Allein steht es und ändert sich nicht.
Man kann es nennen die Mutter der Welt.
Ich weiß nicht seinen Namen.
Ich bezeichne es als das Dao.[4]

Aus dem 25. Kapitel des Daodejing (Übersetzung Richard Wilhelm)

[4] Wilhelm, Richard (1998) Laotse S. 65

„Dao" ist der Schlüsselbegriff des Daodejing, wird jedoch an keiner Stelle genau definiert. Das Schriftzeichen Dao wird 76mal gebraucht[5], genau doppelt so oft wie De. Eine der Hauptaussagen des Daodejing und des Daoismus ist, dass das Dao – also der „Weg" genannte Seinsgrund - in seiner unergründlichen Totalität der Erkenntnis nicht zugänglich ist. Wir können sein Wirken in der Welt zwar erahnen, doch bleibt er dem Zugriff durch Sprache, Verstand und Wissen verborgen. Der erste Satz des Daodejing lautet: „Das Dao, das sich aussprechen lässt, ist nicht das ewige Dao."[6]

Der christliche Mystiker Johannes vom Kreuz schrieb: „Ich trat ein, und wusste nicht wo, und blieb auch ohne Wissen, alles Wissen übersteigend. Wo ich eintrat, wusste ich nicht. Doch als ich mich dort gewahrte, ohne Kenntnis meiner Bleibe, hörte ich von großen Dingen. Was ich hörte, sage ich nicht. Blieb ich doch ganz ohne Wissen."[7]

„Dao" wörtlich aus dem Chinesischen übersetzt heißt „Weg", „Straße", „Pfad" und bedeutete in der klassischen Zeit der chinesischen Denker „Methode", „Prinzip" oder auch „der rechte Weg". Die moderne Sinologie und die Mystik finden aber stimmiger, es unübersetzt als eigenständigen Begriff zu gebrauchen, da die Inhalte für ein Wort zu umfassend sind. Das chinesische Schriftzeichen für „Dao" setzt sich aus dem Zeichen Shou, das für sich „Kopf" bedeutet, und einem sogenannten Radikal, Chuo „gehen", zusammen.

Jan Silberstorff führt hierzu aus: „Bei näherer Betrachtung des Schriftzeichens Dao sehen wir links zwei Füße, die sowohl den Weg als auch dessen Beschreiten symbolisieren. Rechts finden wir einen Kopf mit Auge(n), das auf ein durch den Weg bestimmtes Ziel gelenkt ist. Wir finden hierin also den Ausspruch: ‚Der Weg ist das Ziel'. Eine mystische Interpretation sieht in den beiden Tüpfelchen auf der rechten Seite zwei Augen, die auf die darunterliegende Eins (gerader Strich) gerichtet sind. Diese Eins, d.h. die Erfahrung der Ein(s)heit, findet sich in dem Radikal darunter (zi), das das Selbst beschreibt. Dao beschreibt somit die nach innen gerichtete Schau zur Einswerdung und dessen Weg dorthin."

---

[5]Béky, Géllert (1972) Die Welt des Tao, S. 93
[6]Wilhelm, Richard (1998) Laotse S. 41
[7]Capol, Cornelia (2003) Die dunkle Nacht und Die Gedichte, S. 95

Richard Wilhelm beschreibt Dao so: „Das Dao ist nicht etwas Materielles oder Spirituelles, aber von ihm kommt alle Sinngebung. Es ist das Letzte Freie, das sich nur nach sich selber richtet, während alles andere seinen Sinn von etwas außer ihm bekommt: ‚der Mensch durch die Erde, die Erde durch den Himmel, der Himmel durch Dao, das Dao durch sich selbst'.[8] (Daodejing Kapitel 25)". Daher übersetzt er den Begriff „Dao" mit „SINN", wobei die Großschrift auf die letztendliche Unfassbarkeit des Begriffes hinweist.
Als namenlos, undefinierbar und unfassbar wird das Dao in Laozis Werk in den Kapiteln 14, 21, 25, 32, 41 bezeichnet, gestaltlos und unpersönlich. In anderen Kapiteln wiederum als aller Dinge Ahn (Kapitel 4) und als die Mutter der Welt (Kapitel 25 und 52). Hier findet, wenn auch im übertragenen Sinn, eine gewisse Personifizierung des Dao statt. Das Dao besitzt eine vorwiegend apersonale Gestalt, doch findet man in daoistischen Klassikern gelegentlich Hinweise, die dem Dao persönliche Züge zuschreiben: „Das Dao ist gütig und treu"(Zhuangzi VI).[9]
Ebenfalls im Zhuangzi ist eine Art Anbetung des Dao durch den Weisen Hsü Yu zu finden:

„O mein Meister! O mein Meister! Du vernichtest alle Wesen der Welt, und dennoch übst du keine Gerechtigkeit.
Deine Wohltaten kommen Tausenden von Generationen zugute, und dennoch übst du kein Wohlgefallen.
Du bist älter als die älteste Vorzeit, und dennoch bist du nicht alt.
Du beschirmst den Himmel und trägst die Erde, du gestaltest und bildest alle Formen, und dennoch bringst du kein Werk der Geschicklichkeit zustande. So ist der Weg meines Meisters."

Nach dem, was hier über das Dao gesagt wurde, stellt sich dem Leser, vor allem dem westlichen, die Frage nach dem Verhältnis zwischen Dao und Gott.

So steht in Kapitel 34: Der große Sinn (Dao) ist überströmend; er kann zur Rechten sein und zur Linken. Alle Dinge verdanken ihm ihr Dasein, und er verweigert sich ihnen nicht. Ist das Werk vollbracht, so heißt er es nicht seinen Besitz. Er kleidet und nährt alle Dinge Und spielt nicht ihren Herrn…[10]

---

[8]Wilhelm, Richard (1987) Lao-Tse, S. 34
[9]Wilhelm, Richard (1996) Dschuang Dsi, S. 87
[10]Wilhelm, Richard (1998) Laotse, S. 74

Mit dem Dao selbst verbindet sich keine Göttervorstellung, denn auch die Götter sind Teil des Dao und aus ihm entstanden.[11] In der mystischen Schau erfährt der Übende jedoch eine wesenhafte Präsenz des Dao – somit wahrnehmbar, wenn auch ungestalt.

Im Kapitel 42 wird dieses Grundprinzip der Weltenordnung deutlich:

Der SINN (Dao) erzeugt die Eins.
Die Eins erzeugt die Zwei.
Die Zwei erzeugt die Drei.
Die Drei erzeugt alle Dinge.[12]

Es zeugt von der Höhe des Standpunkts Laozis, dass er sich auf Andeutungen des „Unaussprechlichen" beschränkt und dem Einzelnen die Auslegung überlässt.

De

„De" ist ein Schlüsselbegriff der chinesischen Philosophie und steht für die Wirkkraft des Dao. Die chinesische Definition lautet: Was die Wesen erhalten, um zu entstehen, heißt De. Es handelt sich um die Wirkkraft des Dao, die jedem Ding als bestimmendes Prinzip innewohnt und es zu dem macht, was es ist und wodurch es sich in der Welt der Erscheinungen ausdrückt.

De bedeutet Tugend (auch übersetzt mit LEBEN). Da diese sich aufgrund eigener Erfahrung der Wirklichkeit und nicht auf vorgegebene, gesellschaftlich geprägte Vorstellungen gründet, unterscheidet sie sich bei Laozi aber deutlich von der Moral.

---

[11]Obwohl es im Daoismus, wie bereits erwähnt, durchaus Personifizierungen des DAO (u.a. durch Laozi) gibt, die aber nicht das ‚letztendliche' (große) Dao wiedergeben können.
[12]Wilhelm, Richard (1998) Laotse S. 85

In seiner Übersetzung des „Daodejing" steht in einem Kommentar von Richard Wilhelm unter Verwendung eines Zitats aus Vers 10: „Wird das Dao geehrt und das De für wertvoll erachtet, so bedarf es keiner Gebote: Und alles geht beständig von selber. Darum, lass das Dao erzeugen, nähren, vermehren, bilden, vollenden, reifen, aufziehen, schützen: Erzeugen und nicht besitzen, wirken und nicht behalten, mehren und nicht beherrschen: Das ist geheimes De."[13]

„De" ist somit das Komplementär zu „Dao", da erst die Handlung des Edlen ihn vollkommen macht. Aus der mystischen Erfahrung des Dao erwächst die Erkenntnis und dieser folgt die rechte Handlung (De), weshalb Wilhelm das „De" mit „Leben"[14] übersetzt. Es symbolisiert damit auch die daoistische Meditations- und Versenkungspraxis. Diese mystische Erfahrung bringt das „De" hervor, das das diesseitige Handeln im Sinn eines bereits erfahrenen Dao umschreibt. Auch hilft diese natürliche Tugend, das Dao erfahrbar zu machen. Denn erst ein ‚reines Leben' und die dadurch entstandene innere Ruhe lassen eine natürliche und tiefe Versenkungspraxis zu. Das Daodejing des Laozi beinhaltet somit diese beiden Aspekte: „Dao" und „De". Es kann daher auch übersetzt werden als „klassische Schrift des Weges und der Tugend", oder „des Weltgesetzes und seiner Wirkung". Aber natürlich auch wie bei Wilhelm: „Das Buch vom SINN und LEBEN".

Yin und Yang

Yin und Yang sind zwei Begriffe, die in der chinesischen Philosophie eine zentrale Rolle einnehmen. Besonders im Daoismus sind sie von großer Bedeutung. Man kann davon ausgehen, dass sie schon vor Laozi wichtig waren, da die Lehre von Yin und Yang, wenn auch zu dieser Zeit noch nicht so benannt, die Grundlage des wesentlich älteren Buches der Wandlungen, des Yi Jing (I Ging), bildet.

[13]Wilhelm, Richard (1998) Laotse S. 50

[14]Um sicher zu gehen, dass unter „Leben" hier nicht der normale Terminus, sondern in dem Sinn „wahrhaftiges Leben" gemeint ist, lässt Wilhelm auch dieses Wort (genau wie den SINN) in Großbuchstaben drucken: „LEBEN".

Die gesamte chinesische Mythologie ist vom Konzept von Yin und Yang beherrscht. Die beiden Begriffe stehen für die gegensätzlichen Kräfte des einen Prinzips. Mit Yang verbindet sich ursprünglich die Vorstellung des von der Sonne Beschienenen und daher Warmen und Hellen, mit Yin der Gedanke an Schattiges und daher Kühles und Dunkles. Der Übergang zwischen Yin und Yang ist fließend. Von dieser Bedeutung ausgehend, wies man auch einer Fülle weiterer Gegensatzpaare einen Yin- und einen Yang-Pol zu. Insbesondere wurde das Männliche als Yang, das Weibliche als Yin betrachtet.

Yin bezeichnet die kältere Nordseite eines Berges und das beschattete Südufer eines Flusses bzw. die dunklere, kühlere Südseite eines Tals. Yang die wärmere Südseite des Berges und ein besonntes nördliches Flussufer bzw. die hellere Nordseite eines Tales. In einem weiteren Sinne wurde Yang zur Bezeichnung des Lichts, auch der Sonne selbst und alles Hellen verwendet, Yin zur Bezeichnung des Schattens und des Dunklen.

Dementsprechend wurde das Trocknende und das Trockene, Luft (Wind) und Feuer Yang zugeordnet, das Kühle und Feuchte, Wasser und Erde Yin. Tag und Sommer sind Yang, Nacht und Winter Yin. Yin und Yang sind auch im Tageszyklus vorhanden, bei dem aus der Nacht mit Mondschein (Yin) an seinem Höhepunkt der neue Tag mit dem hellen Sonnenlicht anbricht (Yang). Die Nacht trägt den Tag in sich, der Mond kann nur hell scheinen, weil das Licht der Sonne ihn erhellt. Das Licht der Sonne wirft immer auch Schatten und trägt somit eine Ahnung der Dunkelheit in sich.

All diese Attribute, die Yin und Yang zugeschrieben werden, dürfen nicht mit den Maßstäben unserer Kultur von „Gut“ und „Böse“ gemessen werden. Das eine entsteht immer aus dem anderen, beide bedingen sich gegenseitig und können ohne das andere nicht existieren. Yin-Yang beinhalten als Urkräfte alle Kräfte, die im Universum wirken, denn es gibt nichts Existierendes, das nicht einen Gegenpart hat, mit dem es ins Gleichgewicht kommen kann. Sie selber entstammen der einen aus dem Nichts hervorgebrachten allerersten Kraft.

Wuwei

Wuwei wird wörtlich mit Nicht-Tun oder Nicht-Handeln übersetzt. Es wird definiert als Nichthandeln im Sinne von Enthaltung eines gegen die Natur gerichteten Handelns. Dieses Nichthandeln heißt nicht, untätig zu sein oder in einer Position zu verharren. Es bedeutet vielmehr, nicht willentlich in den Lauf der Dinge einzugreifen oder bewusst auf etwas Bestimmtes hinzuarbeiten.

Der Begriff Wuwei begründet sich aus der Auffassung vom Dao, dem umfassenden Ursprung und Wirkprinzip, das die Ordnung und Wandlung der Dinge veranlasst, so dass es nicht weise wäre, in das Wirken dieses Prinzips einzugreifen. Man muss die Dinge geschehen lassen, damit das Dao wirken kann. Die letzte Wahrheit ist gemäß dieser Lehre eins und handelt spontan, ohne dass der Geist des Menschen in sie eingreifen müsste. Die Rückkehr zum Ursprung kann nur erfolgen, wenn das dualistische Denken aufgegeben wird und die Handlungen natürlich und spontan passieren.

Der Beginn des Abschnitts Nummer 37 des Daodejing verdeutlicht diese Haltung: „Das Dao ist ewig ohne Machen, und nichts bleibt ungemacht.“[15]
Nur durch das Nicht-Handeln kann das Dao wirken und sich entfalten. Die Handlungen entstehen spontan aus dem Dao, und das Notwendige wird getan, jedoch nicht in Übereifer und blindem Aktionismus, die als hinderlich betrachtet werden, sondern leicht und mühelos. Es ist ein Zustand der inneren Stille, der zur richtigen Zeit die richtige Handlung ohne Anstrengung des Willens hervortreten lässt. Denn der natürliche Weg der Dinge kann nicht willentlich herbeigeführt werden.

Das Vollkommene wird bei Laozi als leer, weich und spontan gesehen, und entsprechend sollte auch das Handeln sein, d.h. ohne ein Eingreifen des Intellekts, sich der Situation anpassend und intuitiv. Das vollkommene Handeln erkennt intuitiv das beste Mittel, und es ist sinnlos, seine Energie in unfruchtbaren Handlungen um der Handlung willen zu erschöpfen. Das Handeln sollte sich auf die passenden Umstände und Mittel beschränken.

[15]Wilhelm, Richard (1998) Laotse S. 77

Die beste Übersetzung des Begriffes Wuwei wäre somit „Nicht-Eingreifen" bzw. „Nicht-Handeln": eine Art von kreativer Passivität. Der Begriff Wuwei erschien in der chinesischen Philosophie zum ersten Mal im Daodejing und wurde ein Wesensmerkmal des Daoismus.

„Um auf dem Wasser voranzukommen, ist`s am besten, ein Schiff zu benützen; um aber auf dem Lande voranzukommen, benützt man am besten einen Wagen. Wenn einer, weil man mit dem Schiff auf dem Wasser vorankommen kann, danach streben würde, es auf dem Lande zu schieben, so würde er sein Leben lang keinen Schritt vorwärts kommen." – Zhuangzi XIV[16]

Benutzte Literatur und verwendete Medien

Bérky, Géllert, Die Welt des Tao. Freiburg 1972
Blofeld, John, Der Taoismus oder die Suche nach Unsterblichkeit, Köln 1979
Capol, Cornelia (Hrsg.), Johannes vom Kreuz, Die dunkle Nacht und Die Gedichte, Freiburg 2003
Claus, Matthias, Laotse und das Tao Te King, Weinheim 2006
Darga, Martina, Laotse, München 2003
Lexikon der östlichen Weisheitslehren. Patmos, Düsseldorf 2005
Mair, Victor H. (Hrsg.), Zhuangzi - Das Buch der Spontaneität, Aitrang 2006
Möller, Hans-Georg (Hrsg.), Laotse, Tao Te King, Nach den Seidentexten von Mawangdui, Frankfurt am Main 1995.
Reiter, Florian C.: Lao-Tzu zur Einführung, Hamburg 1994
Richard Wilhelm, Laotse Tao te king, Texte und Kommentar, München 1978
Wilhelm, Richard, Dschuang Dsi, das wahre Buch vom südlichen Blütenland, München 1969

[16]Wilhelm, Richard (1996), Dschuang Dsi S. 161

Wuji-Taiji

von Jan Silberstorff

Wu2 ji2
Ohne ‚First', Pol / vor dem Uranfang

Die Einheit von Yin und Yang, der sich ergänzenden Gegensätze, bezeichnet man als Taiji. Dieser Begriff drückt die letztendliche Harmonie aller Dinge in der Welt der Erscheinungen aus, die, oberflächlich betrachtet, gegensätzlich scheinen, doch in ihrem Urgrund (Wuji) eins sind.

Kommt der Begriff „Wu" (wörtlich „ohne, Nichts") ganze 101 Mal im Daodejing vor, so finden wir den Begriff „Wuji" nur ein einziges Mal, den Begriff Taiji überhaupt nicht (bzw. nur einmal angedeutet durch „Ji" als Pol in Vers 68). Dennoch sind die Begriffe „Taiji" und „Wuji" heute so zentral für die Lehre des DAO, dass sie in diesem Kommentar mit eingeführt werden sollen.

Tai4 ji2
Höchster ,First', Pol / Uranfang

Der Begriff „Taiji" besteht aus zwei Schriftzeichen: „tai4"[17](太) und „ji2"(極). „Tai4" besteht zunächst aus einem Menschen (ren2, Radikal 9), der über etwas hinausragt (yi1, Radikal 1), was für sich „groß" (da4) bedeutet. Durch einen zusätzlichen Strich bekommt es die Bedeutung „sehr". Im Zusammenhang von „Tai" und „Ji" bekommt das Zeichen „Tai" die Bedeutung von „höchstem", bzw. „letztendlichem".
Das Zeichen „Ji" hat links das Radikal 75, mu4, das Baum bedeutet. Rechts davon erkennen wir einen Strich oben, der den Himmel symbolisiert, und einen Strich unten, der die Erde repräsentiert. Dazwischen finden wir in der ursprünglichen Form wieder „ren2", den Menschen (um 90 Grad nach links gedreht), der hier sowohl die Erde als auch den Himmel berührt. Links und rechts von ihm haben wir das Radikal 30, kou3, das „Mund" bedeutet, und das Radikal 29, you4, das in der ursprünglichen Hieroglyphe eine Hand darstellte.
Gemeint ist ein Mensch, der fest auf der Erde und im Leben steht, gleichzeitig aber auch den Himmel berührt. Wir erkennen hier ein altes chinesisches Sprichwort: „Tian di ren" – „Himmel-Erde-Mensch", also der Mensch als Bindeglied zwischen Himmel und Erde. Dies wird durch den Baum links unterstützt, der fest aus der Erde wächst und gleichzeitig in den Himmel ragt. „Ji" wird umgangssprachlich meistens mit First oder Pol bezeichnet, und in

[17]Erklärungen zu der chinesischen Umschrift und den Zahlenangaben im nächsten Kapitel.

der Kombination mit „Tai" wird er zum absoluten First, also erneut zu der Verbindung von Himmel und Erde. Da diese Verbindung durch den Menschen repräsentiert wird, wird er sowohl als irdisch als auch als himmlisch betrachtet. Gleichzeitig gibt diese Zeichenkombination bereits den Idealzustand des Menschen wieder: Physisch fest auf der Erde stehend, im Gleichgewicht und in seinen Grundbedürfnissen erfüllt, ist sein Geist in der Lage, den Himmel zu erreichen, aus dem er entstanden ist: Die materielle Erde und der geistige Himmel vereinen sich im Menschen zu einer Einheit.

Auch erkennen wir im oberen und unteren Strich die Zahl 2, die aus der Teilung der Eins (dem einen Strich) entsteht. Das, was nun zwischen den beiden Strichen erscheint bzw. aus ihnen hervorgebracht wird, ist nichts anderes als das zuvor im undifferenzierten Urzustand des Einen potenziell bereits Enthaltene, nun jedoch ausgebreitet Existierende. Hierin erkennen wir die Zahl 3, die für die Kraft, die durch und zwischen diesen beiden Polen wirkt, steht. Es ist die Energie (qi4), durch die die beiden Pole (auch: Yin und Yang) alles Weitere hervorbringen, und durch die sie mit sich selbst und allem Geschaffenen Harmonie (he2) halten (Vers 42).

Der Begriff „Taiji" bezeichnet daher auch den Uranfang (vgl. Vers 1 und 6), womit zum einen die tatsächliche universale Entstehungsgeschichte des Universums und des Menschen, aber auch der fortwährend immerwährende Anfang, sprich die Veränderung an sich, bezeichnet wird. Dieser Uranfang beschreibt daher den Beginn und Verlauf des Universums genauso wie unsere eigene physisch/geistige Geburt und unser Leben sowie unsere täglich stattfindenden Geburten, sprich entstehenden Momente. Gleichzeitig gibt es uns aber auch ein Ideal wieder, wie der Mensch in seiner Natürlichkeit und in Harmonie leben und sein ursprüngliches Potenzial voll entfalten kann. Wir haben hier also auf der einen Seite ein neutrales Beschreibungsmodell der Entstehung, des jetzigen Zustandes und der zukünftigen Entwicklung in all seinen Formen, auf der anderen Seite einen Ratgeber, wie sich der Mensch verhalten kann, um Frieden, Liebe und Gesundheit, quasi den „Himmel auf Erden" zu erleben.
Sein Symbol ist heute hauptsächlich durch den in Wandlung befindlichen Kreis mit den zwei ineinanderlaufenden und auseinander entstehenden Aspekten von Yin und Yang und den zwei kleinen Punkten, die veranschaulichen, dass das eine immer auch etwas vom anderen in sich trägt, dargestellt:

Wuji (wu2 ji2) bedeutet übersetzt entsprechend „ohne First“ und wird durch einen leeren Kreis dargestellt, der die Leerheit, das „Nicht-Sein“ (wu2), symbolisiert, aus der alles Seiende (you3) durch das Taiji hervortritt und in der sich auch alles wieder auflöst. Denn da es hier „keinen First“, sprich keine Hervorbringung durch Yin (yin1) und Yang (yang2) gibt, stellt Wuji in seiner undifferenzierten Absolutheit die vollkommene Leerheit dar, die potenziell alles enthält, in der jedoch noch keine unterscheidbaren Objekte vorhanden sind. Als Urgrund, zu dem alles wieder zurückkehrt, ist Wuji zugleich Ursprung aller Dinge:

Der Kreis steht für das Anfang- und das Endlose. Doch in diesem Kreis ist nichts, er ist leer. So symbolisiert der leere Kreis die endlose Leere, die Ewigkeit in seiner essenziellen Form. Alles Vorkommende kann, zerlegt man es in immer kleiner werdende Einzelteile, in seiner Ursprünglichkeit als leer bezeichnet werden. Somit gilt die Leere und damit Wuji auch als Essenz und folglich als Ursprung und Quelle aller Dinge und Wesen (wan4 wu4). Da es als Quelle gilt, kommt alles aus ihm hervor. Wir erkennen also in dem Taiji-Symbol den leeren Kreis des Wuji, der nun mit etwas gefüllt ist. So entsteht die Fülle aus der Leere. Im Nichts (wu2) ist potenziell alles angelegt, was sich aber erst im Sein (you3) offenbart.

Seine Schriftzeichen bedeuten auf der einen Seite „Nichts", „ohne", „leer" (wu2, 無). Auf der anderen Seite findet sich dasselbe Ji, das wir auch beim Taiji finden, die Verbindung, den „First" zwischen Himmel und Erde. Es ist also ohne diesen unter Taiji beschriebenen Inhalt, also generell ohne Inhalt, demzufolge leer.
Beschreibt Taiji den „höchsten First", der Himmel und Erde miteinander verbindet und alles in Erscheinung Getretene anzeigt, so bedeutet Wuji „Nicht-First", bzw. „ohne First". Es umfasst das (noch) nicht in Erscheinung Getretene. Hier gibt es keinen Unterschied zwischen Himmel und Erde. Es gibt überhaupt keinen Unterschied zwischen irgendetwas. Daher ist es das Nicht-Sein, das Nichts, wenn auch potenziell alles in ihm verborgen ist.

Die Wandlung des Taiji-Symbols, das im Wuji-Symbol eingebettet ist, beschreibt daher nicht nur die Wandlung innerhalb des Seins, sondern ebenso die entstehende Fülle aus der Leere, die sich wiederum in der Leere auflöst, nur um von dort wieder Gestalt anzunehmen. Wuji und Taiji beschreiben gemeinsam die gesamte Dimension des Seins (also inklusive des Nichtseins) und somit alle Erscheinungen (bzw. auch Nichterscheinungen), die in unserem Bereich des lebenden und noch nicht lebenden bzw. verstorbenen Menschen angelegt sind, der daher ebenfalls aus dieser Leere entsteht und auch in sie wieder eingeht. So entsteht aus dem Nichtsein Sein, das auch wieder im Nichtsein aufgeht. Dieser ewige Zyklus wird durch den Zyklus von Wuji und Taiji dargestellt.

Bevor dieser Kommentar geschrieben wurde

von Jan Silberstorff, Kloster St. Honorat, 2009

Mir ist bewusst, dass man gerade das Daodejing auf die verschiedensten Arten deuten kann. Meine Interpretation soll sich daher ausschließlich aus meiner eigenen spirituellen Praxiserfahrung ergeben: Sie ist die subjektive Deutung innerer Erfahrung. Je weiter man sich in den Text hineinbegibt, umso mehr erfährt man dessen Endlosigkeit. Es ist ein magischer Text, der niemals vollständig kommentiert werden kann. Immer entdeckt man neue Einsichten, Zusammenhänge und eigene, mit eingebrachte Subjektivitäten. Es erscheinen immer weitere und neue, aber auch aufeinander aufbauende und vertiefende Möglichkeiten. Ein Kommentar hierzu kann also nie zu einem Ende kommen. Daher sollen in diesem Werk nur einige Grundgedanken vermittelt werden, die in weiterführenden und überarbeiteten Ausgaben facettenreicher und tiefgründiger werden, was ein Folgen in die Tiefen der geistigen Spekulation und Erfahrung aber auch schwerer werden lässt. Ich versuche daher meinen Text zwar komplex, aber einfach und leicht zugänglich zu halten.

Absichtlich verzichte ich darauf, den Textkörper unter Berücksichtigung der Zeit, Kultur, politischen Umstände oder auch nur Charakter oder Lebensumstände seiner Autorenschaft („Laozi") zu interpretieren. Ich glaube, dass alle aufgeführten Themen unentbehrliche sinologische Aufgaben sind, jedoch in diesem Buch nicht meine. Denn mir liegt hier ausschließlich daran, den Text zeit-, kultur-, personen- und auch vergleichsunabhängig einzig aus der Erfahrung spiritueller Praxis und der ihr innewohnenden Mystik sowie seiner hieraus erwachsenden Tugend zu interpretieren. So verzichte ich freiwillig auf die Auszeichnung einer sinologiewissenschaftlich korrekten Arbeit. Ich nehme auch keine Rücksicht auf die vermutlich später dem Urtext zugefügten Abschnitt- und Verseinteilungen, auch wenn augenscheinlich manchmal etwas willkürlich unterteilt wurde. Ich beginne, wie in den meisten der frühen Überlieferungen üblich, im Band 1 mit dem Abschnitt DAO, um in Band 2 den Abschnitt DE folgen zu lassen. Der schlichten Naivität zuliebe möchte ich jeden Abschnitt und Vers als Ganzes annehmen und als einen solchen auch behandeln. Ganz so, wie Laozis Werk uns heute meist vorgelegt wird.

Ich bediene mich der frühen Übersetzung Richard Wilhelms, auch wenn diese manches Mal keine außerordentlich wörtliche darstellt. Es muss verstanden werden, dass bei dem Übertrag eines klassischen chinesischen Textes in eine westliche Sprache, die wortgetreue Übersetzung nicht die Beste sein muss, da entsprechende chinesische Zeichen (es sind ja vielschichtige Bilder) oft nicht einfach nur mit einem alphabetischen Wort wiedergegeben werden können, möchte man die ganze Fülle des Zeichens sichtbar machen. Dennoch gibt uns gerade für die mystische Praxis genau diese Worttreue im Daodejing oft den entscheidenden Hinweis. In Einzelfällen biete ich daher eine eigene Übersetzungsalternative an, ohne Wilhelms Werk dadurch schmälern zu wollen. Da es verschiedene Versionen des Originaltextes gibt und jede für sich auch wiederum Unterschiede aufweist, als auch ich Wilhelms Originalvorlage (oder wie sich aus Rückübersetzungen seines Textes ergibt, vermutlich Vorlagen[18]), die er buchstäblich auf seinem Tisch vor sich liegen hatte, nicht kenne, möchte ich bei eigenen Übersetzungsalternativen lediglich weitere Wahrnehmungsimpulse für den Text setzen, keinesfalls aber kritisieren. Wenn ich also im Text etwas als ‚wörtlich' oder ‚original' angebe, so gehe ich meist von der Wang Bi Version aus, da sie die verbreitetste ist. Da es aber auch hier Unterschiede in den Überlieferungen gibt, hat das in diesem Werk abgedruckte chinesische Original, wie jedes andere auch, zwangsläufig nicht den Anspruch, einzig „original", oder auch nur eindeutige Grundlage zu Wilhelms Übersetzung zu sein.

Auch spreche ich bei Unterschieden im Original in der Regel nur von „unterschiedlichen Versionen" oder „Originalen", ohne diese genauer zu benennen. Somit soll der Focus auf das Inhaltliche und weniger auf das Wissenschaftliche gerichtet bleiben. Ich empfinde die Wilhelmsche Übersetzung für den Westen als sehr geeignet und die vielleicht Beste ihrer Art, auch wenn ich es selbst hier und da anders ausdrücken würde.

Sein großes Werk kann durch die mitunter auftretende Kritik, er sei zu christlich-monotheistisch und zu wenig daoistisch ans Werk gegangen, nicht verringert werden. Denn diese Kritik hat insofern keinen Rückhalt, da sich weder im Text selbst noch in seinem Kommentar deutliche Spuren hierzu finden lassen, wenn man begriffen hat, dass es bei der Suche nach der Wahrheit nicht um Unterscheidungen innerhalb von Lehren geht, sondern man sich an die Wahrheit selbst zu halten hat, die immer und überall zu finden ist. Sinologisch gesprochen hält diese Kritik

[18]Er selbst spricht in seinem Vorwort (1910) von „Quellen". Einige Angaben zu benutzten Kommentaren, die wohl auch Originale enthielten, finden sich in Wilhelm, 1986, Seite 230/231, bzw. z.T. in seinen Erklärungen in selbigem Werk.

auch dann nicht mehr stand, wenn man den häufigen Fehler nicht unternimmt, Laozis Werk aus der Zeit nach ihm, dem entstandenen Daoismus, sondern konsequenterweise aus der Zeit vor ihm zu untersuchen. Nur so wird ersichtlich, wonach sich Laozi gerichtet bzw. woraus sich das Daodejing zusammengesetzt haben könnte.

Wir wollen bei der Suche nach der Wahrheit selbst bleiben, die weder daoistisch noch sonst irgendwie ist, sondern zeitlos und ewig. Die Übersetzungen für DAO mit SINN und DE mit LEBEN waren in der Zeit Wilhelms sehr gut. Ich möchte hier jedoch, wie wohl inzwischen allgemein üblich, bei den chinesischen Begriffen bleiben, da unter anderem das Wort SINN heute nicht mehr in demselben Kontext steht wie zu Wilhelms Zeit, Anfang des 20. Jahrhunderts. Zudem hat das chinesische Original für uns noch den Vorteil, dass wir den Begriff nicht einschränken müssen. Wir können ihn somit quasi als Nicht-Chinesen im Eigenbegriff stehen lassen und dennoch von der Tiefe seiner sinologischen Aussagekraft profitieren. Dies wäre mit einem deutschen Begriff nur sehr viel umständlicher möglich. Auch wäre es für unsere gewohnt verstandesmäßige Betrachtungsweise schwieriger, sich im rechten Moment von einer exakten Begrifflichkeit lösen zu können. Letzteres jedoch ist von entscheidender Bedeutung, um Laozi auf der wichtigsten, der inneren und intuitiven Ebene erkennen zu können. So sind in Wilhelms Übersetzung die Begriffe SINN und LEBEN erhalten geblieben, während ich sie im Kommentar aber durch die Originale DAO und DE ersetzt habe. Auch verbleibt Wilhelms Text in der alten Rechtschreibung, die erst in der ‚Zeile für Zeile Wiedergabe' korrigiert ist.

Der Kommentar sollte als Ganzes gelesen und verstanden werden, da sich vieles in Laozis Texten sinngemäß wiederholt und der Kommentar nicht in jedem Vers alles grundlegend neu beschreiben kann.
Daher kann sich beim Leser, der sich nur wahlweise mal diesen oder jenen Vers herausnimmt, manchmal ein Gefühl des Ungenügens einstellen, das sich hoffentlich als unnötig erweist, wenn er alle Kommentare von Anfang an liest.

Teilweise eingefügte Übersetzungsalternativen oder weiterführende Erläuterungen verwendeter Schriftzeichen sind im Text kursiv gehalten. Die zitierten chinesischen Ausdrücke werden als Pinyin (Lautschrift) mit beigefügter Zahl ihrer Betonung dargestellt, da der überwiegende Teil der Leserschaft vermutlich besser mit der Lautschrift als mit dem Schriftzeichen selbst zurechtkommt. Letztere sind jedem Kapitel bereits als (ein) Original (basierend auf

Wang Bi) vorangestellt und können so zum Vergleich herangezogen werden. Im direkten Kontext verwendete Zeichen sind wie die zitierten Wilhelmschen Übersetzungen in Anführungsstriche oder Klammern gesetzt, während die von mir eingebrachten, verwandten chinesischen Termini bzw. Übersetzungsalternativen ohne sie bzw. nur in Einzelstrichen stehen.

Inzwischen eingebürgerte Eigenbegriffe oder in der Einleitung meines Schülers Harald Bundschuh bereits erklärte Fachausdrücke stehen ohne Lautangabe und am Anfang in Großschrift, als wäre es ein deutsches Wort oder werden nur zu Beginn in korrekter Pinyin mit Betonung angegeben. Es kommt mitunter zu Ausnahmen, wenn dieses Wort im Originaltext an behandelter Stelle direkt vorkommt. Die Begriffe DAO und DE, die wohl am häufigsten gebrauchten Hauptwörter des Buches, werden hier in ihrer Pinyin und Lautschrift für den gesamten Text vorweggenommen: „dao4" und „de2". „DAO" als mystischer Ausdruck des Undefinierbaren steht im Kommentar dann immer in vollen Großbuchstaben, während der Begriff „Dao", der den Weg, eine Handlungsweise oder Methode beschreibt, in normaler Groß-Kleinschrift erscheint.

Scheinen dem Leser an einigen Stellen Parallelen zu anderen spirituellen Schulen oder Religionen aufzufallen, habe ich hier absichtlich das gebräuchliche Zitieren entsprechender Übereinstimmungen unterlassen, um konzentriert am Text bleiben zu können. Dies soll, genau wie spezifischere Anleitungen, die uns das Daodejing für unsere Taiji- oder Meditationspraxis liefern kann, sowie eine genaue Analyse der verschiedenen Originale bis auf die im Text gegebenen Ausnahmen bzw. Andeutungen, ebenfalls meinen auf der Grundlage dieses Kommentars aufbauenden, zukünftigen Einzelpublikationen überlassen bleiben.

Entsprechende Ähnlichkeiten sollten jedoch niemanden verwundern, der die Toleranz besitzt, jeder echten Geisteserfahrung Wahrheitswert beimessen zu können. Meister aller Kulturen haben auf ihre Art versucht, das Eine zu ergründen. Wie könnten sich da jene, die es fanden, nicht getroffen haben?

So möchte ich mit der vorliegenden Arbeit eine Richtung geben, aufgrund derer sich der Leser selbst durch seine Praxis der Erfahrung dessen, was Laozi als „DAO" beschreibt, annähern kann. Denn wäre eine perfekte und vollständige Interpretation möglich, würde man dem Leser die eigene Geistesregung und damit das eigene Erfahren nehmen. Gäbe es aber keine Karte, auf der der Weg verzeichnet wäre, würde man sich verlaufen.

Eine gute Karte, verbunden mit dem eigenen Gehen, und das Verstehen, dass es um das Gehen des Weges und nicht um die Verherrlichung der Karte geht - hierzu sollen Original, Kommentar und die richtige Praxis mit der dazugehörigen Lebensführung verhelfen.

DAO

Dao4
SINN (DAO) / Weg / Methode

„Ein Kopf der mit seinen Augen
auf ein Ziel schaut -
zwei Füße, die ihn dorthin tragen -
der Geist ist bereits da, während das Selbst versucht,
dorthin zu kommen -
der Weg ist das Ziel!"

„Zwei Augen, die auf die Einheit schauen -
wo zu finden?
In mir selbst.
Und zwei Füße, die mich dorthin tragen,
das ist der Weg."

DE

De2
LEBEN (DE) / Tugend / Wirkkraft

„Zwei Füße, das ist der Weg -
zwei Menschen, das ist die Handlung:
Mit reinem Herzen geradeaus zu schauen -
auf diesem Weg an den Mitmenschen zu handeln -
das ist die reinste Tugend."

Band 1

DAO

VERS
1

道可道
非常道.
名可名
非常名.
無名天地之始.
有名萬物之母.
故常無欲以觀其妙.
常有欲以觀其徼.
此兩者同出而異名
同謂之玄.
玄之又玄
衆妙之門.

Der SINN, der sich aussprechen läßt, ist nicht der ewige SINN.
Der Name, der sich nennen läßt, ist nicht der ewige Name.
"Nichtsein" nenne ich den Anfang von Himmel und Erde.
"Sein" nenne ich die Mutter der Einzelwesen.

Darum führt die Richtung auf das Nichtsein zum Schauen des wunderbaren Wesens,
die Richtung auf das Sein zum Schauen der räumlichen Begrenztheiten.
Beides ist eins dem Ursprung nach und nur verschieden durch den Namen.

In seiner Einheit heißt es das Geheimnis.
Des Geheimnisses noch tieferes Geheimnis ist das Tor,
durch das alle Wunder hervortreten.

Das DAO, das sich aussprechen lässt, ist nicht das ewige DAO.

Alles, was sich aussprechen lässt, ist eingegrenzt. Alles, was sich benennen lässt, trägt in sich einen Raum, der ihm durch seine Bezeichnung zugeordnet wurde. Aber genau dadurch erhält dieser Raum auch seine Grenze. Sprache definiert etwas, setzt es von anderem ab, unterscheidet. Alles, was sich sagen lässt, bezieht ein und schließt aus. Es eröffnet Horizonte, aber es gründet auf etwas Vorhergehendes. Nun ist das DAO nichts, was sich auf etwas Anderem oder Vorangegangenem gründet. Es lässt sich nicht eingrenzen, es hat keinen bestimmten Raum, setzt sich nicht von anderem ab, schließt nichts aus und unterscheidet nicht. Das DAO ist in sich grenzenlos, aus sich selbst heraus existent, weder sichtbar noch unsichtbar. Man kann es nicht sehen, und doch ist es überall. Es schließt alles mit ein und grenzt nichts aus. Es ist nicht greifbar, und man kann es weder mit Händen noch in Gedanken noch in Emotionen festhalten. Dennoch ist es nie weg und immer da. Es ist einfach das unaussprechlich Ganze, das alles durchdringt und selbst nicht ist. Und dies, obwohl es ist und die Grundlage aller Dinge bildet. Das DAO durchströmt jedes Ding und jedes Wesen, hält alles zusammen und ist unendlich. Es ist unaussprechlich, weil es nicht nichts ist, aber auch niemals etwas Bestimmtes ist. Es ist allem Wurzel und Quelle. Es ist, was es ist. Das DAO ist in der Gedankenwelt Laozis die Quelle alles Seienden und alles Nicht-Seienden. Das DAO selbst jedoch entspringt keiner Schöpfung, sondern existiert einzig aus sich selbst heraus. So ist es sich selbst und allem Quelle und Ursprung. Aus sich selbst herausfließend, erschafft es alles und durchdringt alles. So ist es nicht nur Ursprung, Quelle und erschaffend, sondern auch die erschaffene Schöpfung selbst, die sie auch wieder in sich hineinzieht.

Es ist demnach nicht so, dass auf der einen Seite das DAO wirkt und erzeugt und auf der anderen Seite das Erzeugte wäre. Da das DAO in jedem Moment immer auch durch das Erzeugte wirkt und in ihm ist, ist es niemals getrennt vom Erzeugten. Es ist Erzeuger und Erzeugtes. Es ist Anfang und Ende, Quelle und Ozean, Beginn und Ziel und vor allem: in allem, was dazwischen liegt. Übersetzt hieße DAO so viel wie ‚Weg', ‚Richtung', ‚Verlauf', ‚Art und Weise', ‚Methode', ‚Mittel', ‚Ausgangspunkt', ‚Prinzip', ‚Zustand', ‚Wahrheit' oder auch ‚leiten'. Die diesem Kommentar zugrunde liegende Übersetzung ist die nach Richard Wilhelm. Er übersetzt „DAO" mit dem deutschen Ausdruck „SINN", der in seiner Zeit (Deutsches Wörterbuch von 1906, Heyne) ebenfalls etwa die oben angeführten Bedeutungen hatte. Außerdem aber auch noch die Aussagen ‚das auf etwas gerichtete Innere eines Menschen' oder ‚das Innere eines Menschen, als Sitz des Bewusstseins, der Wahrnehmung, des Denkens' und ‚den inneren Sinn', sowie ‚leibliches Empfindungsleben' (was Wilhelm als unpassend beschreibt, ich selbst jedoch als sinnvoll erachte, da die Erfahrung des DAO definitiv auch eine körperliche Wirkung zeigt) und letztlich ‚Meinung, Vorstellung, Bedeutung von Worten, Bildern und Handlungen' in sich trug. Wir können dem „DAO" also Begriffe zuordnen, um zu versuchen, seinem (bzw. unserem) „SINN" intellektuell näher zu kommen. Doch da das DAO unsere Vernunft übersteigt, ist dies, wie Laozi in seinen ersten beiden Strophen sagt, letztendlich nicht möglich. In diesem Zusammenhang könnten wir die ersten beiden Zeilen jedoch auch wie folgt verstehen: Es gibt schon ein Dao, das beschreibbar wäre: Dao als Weg, als Methode, über die sich sprechen lässt. Man könnte dann gleich auch die nächsten beiden Zeilen hier mit hineindeuten, indem man das Dao mit einem Namen versehen könnte. Aber dies wäre halt nicht das „ewige DAO", nicht das allem innewohnende transzendentale, allem zugrunde liegende DAO, sondern nur das eine, oder auch in unserem Zusammenhang, die Methode oder der Weg, mit dem sich das „ewige DAO" ‚erreichen' ließe. Wäre also für den Mystiker das Ziel (DAO) unbeschreiblich, so doch in gewissem Sinn der Weg (Dao) dorthin.

Mystiker erfahren das DAO innerhalb ihrer meditativen Praxis. Denn hier erschließt sich ein Bereich der Wahrnehmung, der Verstand und Vernunft hinter sich lässt und nur noch das reine Schauen möglich sein lässt. Wenn man von allem losgelassen ist, Herz und Verstand gereinigt und vollkommen leer sind, dann beginnt sich etwas auszubreiten und erfahrbar zu werden, was nur mit einer Art Begriff beschrieben werden kann, der dafür bekannt ist, nichts Fassbares aussagen zu können: DAO. Mit wiederholter Erfahrung hierin erfährt der Mystiker das DAO dann mehr und mehr in allem und überall. Wie wir gesehen haben, bedeutet DAO umgangssprachlich auch ‚Weg' und beschreibt in diesem Zusammenhang nicht nur die mystische Erfahrung, sondern auch den immerwährenden Weg dorthin. Daher beschreibt das DAO auch ‚den Weg als das Ziel' und ist somit Merkmal einer das ganze Leben hindurch andauernden Entwicklung und seiner zugrunde liegenden mystischen Praxis, die so dem Leben seinen „SINN" verleiht. Zwar können Teilaspekte beschrieben werden, die durch die Wirkweise des DAO hervorgebracht worden sind. Auch könnte man über bestimmte Attribute, die man dem DAO zumisst, sprechen. Aber es wird immer sein wie bei den Blinden, die nur einen Teil des Elefanten berühren und anhand ihrer partiellen Erfahrung sie zwar vielleicht beschreiben, aber keine Aussage über das Ganze treffen können. Es ist unmöglich, ihren Teil als absolute Wahrheit zu postulieren. Daher ist das DAO, wenn es „aussprechbar ist, nicht das ewige DAO."

Alles wird durch das DAO hervorgebracht. Alles zusammen ist aber nicht beschreibbar. Im Einzelnen ist das Hervorgebrachte aber aufgrund seiner unaufhörlichen und endlos weiteren Hervorbringung sowie seiner endlosen Komplexität ebenfalls nicht annähernd beschreibbar. Und selbst wenn es das wäre, wäre immer noch nur das Wirken des DAO, nicht aber das DAO selbst beschrieben worden. Und auch sein Wirken (DE) würde nicht in seiner Ganzheit, sondern nur in voneinander getrennten unvollständigen Teilen verstanden werden. Das ewige DAO bleibt somit ewig unerkannt und daher unbeschreibbar. Nur im mystischen Prozess der Einswerdung kann es vollkommen erfahren werden. Dann jedoch gibt es keinen Unterschied mehr zwischen dem Erfahrenden und der Erfahrung, und es fehlt dem Subjekt im Moment der tiefsten Erfahrung das äußere Objekt. Daher entsteht hier der Prozess der Selbstlosigkeit als mystische Erfahrung. Innerhalb einer selbstlosen Erfahrung, also jenseits des ‚Ich' und der Verstandeswelt, kann die Erfahrung jedoch nur subjektiv sein, da in diesem Moment kein ‚äußeres Objekt' in mir vorhanden ist, sie zu beschreiben.[19] Dies tritt erst nach der mystischen Erfahrung mitsamt seinem Ich und Verstand wieder hervor und stößt damit auch wieder an seine Grenze, diese Erfahrung auszudrücken. Da es nichts außerhalb dieser Erfahrung gibt, erkenne ich, dass nichts größer ist als das DAO, weshalb es auch nicht von außen betrachtet bzw. beschrieben werden kann:

Die Erfahrung kann nur derart sein, dass ich mich zwar als das Ganze erfahre, doch mich als ‚ich' nur als unbeständiges Teil darin begreife und dies als Medium verstehe, eine Ahnung vom Ganzen zu erlangen. Alles liegt daher innerhalb des DAO, nichts liegt außerhalb von ihm - es gibt kein Außerhalb des DAO. Indem ich mich also quasi ‚reduziere', ist mein Wesen in der Lage, das DAO zu erfahren. Durch meine eigene Verringerung (‚Gedanken-, Ich- und Selbstlosigkeit') erkenne ich das Ganze. Dies stößt meine bisherige Erfahrung um, Dinge von außen zu betrachten. Schlimmer noch: Ich erkenne mein ‚Außen', also mich als Individuum, das die ‚Welt' betrachtet, als in Wirklichkeit gänzlich begrenzte Kleinigkeit innerhalb des Ganzen, während ich mein inneres, im wörtlichen Sinne selbstloses Sein, mein „Nicht-Sein", als Potenzial zur Erfahrung des Ganzen wahrnehme. Ich

[19]Ganz zu schweigen von einem anderen Wesen, das meine Erfahrung von außen beurteilen könnte.

schaue von innen und erfahre doch das Ganze, während ich von außen höchstens Teile wahrnehmen kann (vgl. Vers 47). Dies, indem ich meine Abgrenzung vergesse und meine Gleichheit mit allem anderen suche.

Letzteres zum einen passiv in mystischer Schau (die Leerheit erfahren durch ‚leer' werden), aber auch aktiv durch ‚tugendhaftes' Verhalten (DE, vgl. Vers 38), den Nächsten nicht als getrennt von mir wahrzunehmen, weshalb ich ihn nur lieben kann wie mich selbst. So erfährt das scheinbar Geringste (Selbstlosigkeit) das Ganze, während das scheinbar Große (Ich!) nur die Welt der Trennung erkennt.

Wichtig aber ist zunächst nur, zu verstehen, dass es einen permanent in uns und allem wirkenden Urquell gibt, der sich unserem Verstand zwar nicht vollkommen zugänglich machen, in der mystischen Schau jedoch erfahren werden kann. Wenn also nicht mit Worten vollständig ausdrückbar, so doch in der ‚Seele' wahrzunehmen. Diese Wahrnehmung drückt sich dann aufs ‚Herz' aus, das rein und tugendhaft wird und über den Verstand zu guter, aufrichtiger und selbstloser Handlung führt (DE).

Das DAO wirkt durch seine Wirkkraft DE. Das DE erschafft, denn es ist die Kraft des DAO. DAO und DE sind eins, unterschieden nur insofern, dass wenn das DAO wirkt (was es pausenlos tut), so ist es DE. Wäre DAO nicht schaffend, gäbe es kein DE. Das DAO an sich ist nicht handelnd (vgl. Vers 43). Handeln tut es durch das DE, seine Wirkkraft, die jedoch es selbst ist. Kurz: Das DAO ist in sich absolut - in seinem Wirken ist es DE. So wirkt es auch durch den im DAO lebenden Menschen durch diese Kraft, die sich als Tugend (DE) in Handlung zeigt. So spiegelt der vollkommene Mensch das unendliche DAO in seiner Endlichkeit wieder. Er erkennt sich als Teil der großen Einheit, die in sich durchweg gut ist. Das DAO ist ewig - tritt es als Kraft in Erscheinung, ist es DE.

Dieses „DAO", das im fortwährenden Prozess des Hervorbringens (DE) ein unaufhaltsames Fließen ist, kann daher auch im Äußeren, in der sichtbaren Welt, nicht benannt werden, da durch sein unaufhörliches Fließen das hieraus entstehende Zeit-Raumgefüge keine Beständigkeit in sich trägt und dadurch im Gegenteil unbeständig, sprich veränderlich ist. So würde ein Name oder eine Benennung, die die Manifestation des Ewigen im Endlichen ausdrücken sollte, nicht dauerhaft sein, da sie, wenn überhaupt, nur einen bestimmten Moment, nicht aber das Ganze benennen könnte. Es wäre wie einen Fluss in einem bestimmten Zustand definitiv festlegen zu wollen. Dies ist nicht möglich, und so können Dinge zwar innerhalb ihrer Zeit in gewisser Weise benannt werden, ein ewig feststehender Name jedoch kann es nicht sein, denn er würde die Realität nicht wiedergeben können:

Der Name, der sich nennen lässt,
ist nicht der ewige Name.

Bleiben wir bei unserem Flussbeispiel: Wir können zwar den gesamten Fluss als fließend und als seine einzige Konstante die Veränderung beschreiben, aber eben genau deshalb keinen fest definierten Zustand als dauerhaft bezeichnen. Einfach deshalb, weil es keinen fest definierten Zustand dauerhaft in der Dimension des „Seins" gibt. Dies wäre theoretisch nur im „Nicht-Sein" möglich - aufgrund seiner beständigen, immer gleichen Ewigkeit. Dort jedoch existiert an sich keine Wahrnehmung, es sei denn, sie käme vom Seienden. Und ohne Wahrnehmung gibt es keine Bezeichnung. So kann es also weder im „Sein", noch im „Nicht-Sein" eine ewige Bezeichnung geben, die eine in sich abgeschlossene Definition liefert. Namen und Bezeichnungen können nur einen Zustand markieren, der sich auch wieder verändert (also im „Sein" ist) und dann auch wieder neu benannt werden muss. Ein Beispiel: Anfangs habe ich etwas, was ich als ‚Baum' bezeichne. Schon der Begriff ‚Baum' jedoch ist nur ein Oberbegriff unendlicher kleinerer Einheiten, wie z.B. Äste und Blätter bis hin zu Molekülen, Atomen usw. Dieser Baum nun wird gefällt und in Stücke geschlagen. Nun spreche ich von ‚Holz'. Dies zünde ich an und nenne es ‚Feuer'. Ist das Feuer zu Ende gebrannt, nenne ich es ‚Asche'. Asche wird zu ‚Erde' usw. Daher ist „der Name, der sich nennen lässt, nicht der ewige Name". Ein Name bezeichnet also nur einen begrenzten Ausschnitt eines bestimmten Zusammenhangs bzw. eine Konstellation von Zusammenhängen zu einer bestimmten Zeit. Wie könnte das DAO da durch einen Namen benannt werden können? Beschreibbar sind daher nur bestimmte Symptome des DAO zu einer bestimmten Zeit, niemals aber das DAO selbst. Versucht man es dennoch, muss ein Name, der das Ewige und Unveränderliche, das einzig Permanente und aus sich selbst Geschaffene bzw. einzig ungeschaffen Existierende beschreibt, daher in sich die Fähigkeit enthalten, durch die Ewigkeit konstant bleiben und alle Veränderungen, die die äußere Wirkung des ewig Schöpfenden verursacht, mit einbeziehen zu können. Laozi bedient sich daher des Begriffs DAO, weil er als mystisch ganzheitlicher Begriff von jeglicher bezeichnender Bedeutung frei bleibt, gleichzeitig aber durch seine Umgangssprachlichkeit wie ‚Weg' und ‚Verlauf' oder auch ‚Prinzip' und ‚Wahrheit' sowie ‚innerer Sinn' und ‚Art und Weise' eine Widerspiegelung in der Welt zulässt. So ist dieser Begriff sowohl für die nicht seiende als auch für die seiende Dimension möglich, muss aber mystisch erfahren und hieraus in Handlung (DE) gelebt werden, damit man sich seiner wirklichen Bedeutung intuitiv annähern kann.

„Nichtsein" nenne ich den Anfang von Himmel und Erde.
„Sein" nenne ich die Mutter der Einzelwesen.

Der Anfang von Himmel und Erde. Hier erfahren wir etwas über die Entstehungsgeschichte unserer Welt, wie wir sie erleben. Laozi gibt uns eine Benennung des Anfangs: „Nichtsein". Himmel und Erde beschreibt die beiden Pole, aus denen alles gewirkt wird. Die beiden ersten und ursprünglichen Pole, deren Verbindung wiederum der höchste First, das ‚Taiji' ist: Yin und Yang. Vor Himmel und Erde war demnach nichts. Nach Himmel und Erde ist demnach alles. Das Nichts wird in der Mythologie des Daoismus als Wuji beschrieben. Es ist das Nichts, das potenziell zwar alles enthält, aus dem aber noch nichts hervorgetreten ist. Daher ist es nur ein einzig Eines. Da es nichts Geschaffenes gibt, gibt es im wahrsten Sinne des Wortes nichts. In diesem Nichts jedoch liegt der Anfang verborgen. Denn alles geht aus ihm hervor. Daher ist das „Nichtsein" der Anfang von Himmel und Erde. Es ist Quelle des Anfangs des „Seienden". Nun muss unterschieden werden zwischen dem Nichts und dem Anfang. Da am Anfang aber wie vor dem Anfang noch nichts ist, nach dem Anfang jedoch etwas ist, ist der Anfang noch im „Nichts", steht aber unausweichlich und nicht mehr zurücknehmbar an der Schwelle des „Ist". Dieser Anfang ist vollendet, wenn diese Schwelle beginnt, überschritten zu werden. Daher ist der Anfang zwar im „Nichtsein" - es ist der ureigene Zustand des ‚Taiji' - welcher sich somit noch unbewegt im ‚Wuji' befindet, jedoch schon nicht mehr anders kann als zu beginnen. Nach diesem unbewegten Anfang ist das ‚Taiji' sichtbar in Erscheinung getreten. Anfang hat stattgefunden: Es existieren Himmel und Erde. So ist das „Nichtsein" der Beginn von Himmel und Erde und die Stille der Ursprung der Bewegung, dessen Anfang (Ur-Taiji) zwar unbewegt ist, aber nicht mehr anders kann als zu bewegen. Diese erste Bewegung gebiert die beiden Urkräfte Yin und Yang, die in Stille einzig eine Potenzialität ist.

„Sein" beschreibt den Zustand nach dem Anfang, wenn, wie gesagt, die Schwelle überschritten ist. Himmel (‚qian2') und Erde (‚kun1'), als reines Yang und Yin, schöpfen ohne Unterlass und gebären durch ihre Interaktion als ‚Vater und Mutter, Tochter und Sohn': So entstehen Mond und Sonne, Wasser und Feuer (‚kan3' und ‚li2'). Aus dieser Verbindung entstehen die „Einzelwesen" *(wörtl.: „wan4 wu4" - ‚alle (10.000) Dinge, Materie, Substanzen, Umwelten, Wesen, Menschen')*, sprich alle differenzierbaren und existierenden Elemente, Dinge und Wesenheiten. Daher ist der Uranfang, das Ur-Taiji, aus dem das wahre Yin und Yang entsteht, die „Mutter der Einzelwesen", da hieraus ohne Unterlass geboren wird und alles hieraus entsteht, während sie selbst aus dem „Nichtsein" entsteht. „Mutter" als Singular zeigt uns aber zudem, dass sie Yin und Yang in ihrer ursprünglichen Einheit darstellt, dennoch aber auch bereits außerhalb des Nichts ist, da Yin und Yang bereits existieren, nur noch nicht entzweit sind. Sie ist daher genau der Moment und die Übergangslinie sowie das Tor, das genau zwischen Wuji und Taiji liegt: das Ur-Taiji. So liegt „Mutter" genau dort, wo es in Wahrheit gar keinen Unterschied zwischen „Nichtsein" und „Sein" gibt, an ihrer beider Quelle, an ihrem gemeinsamen Nenner.

Aus diesem Erstgeschaffenen entsteht alles durch Hervorbringungen der reinen, ursprünglichen Kräfte Yin und Yang. Diese sind in Einheit die Urkraft, die durch die „Mutter" in ihrer Zweiheit geboren wurden. So entsteht alles in und durch immer weitere Verzweigungen von Yin und Yang. Die Vielheit entsteht. Umgekehrt: Folgt man in anderer Richtung der Mutter zurück ins Nicht-Sein, zerfallen Yin und Yang wieder in ihren ursprünglichen Zustand der einen ungeteilten Urkraft, die einzig reine Potenzialität ist. Wir haben somit zum einen eine Verzweigung aus der eigentlichen Einheit hin zum Vielfachen. Da die Einheit jedoch unendlich ist, ist die Ausdehnung des Vielfachen in Wahrheit lediglich eingebettet in die größte aller möglichen, wenn auch raumlosen Ausdehnungen: dem Nichts. Schauen wir uns die Symbole von Wuji und Taiji genauer an, müssen wir verstehen, dass es sich hier nicht um zwei verschiedene Symbole handelt, sondern lediglich um eines, in das das andere, das aus ihm hervorgeht, eingebettet ist. Der Kreis, der das Unendliche beschreibt, ist derselbe Kreis und auch sein ‚Inhalt' ist der gleiche, nur dass er von reiner Potenzialität in Erscheinung und wieder zurück von Erscheinung in reine Potenzialität wechselt. Ein einfacher Vergleich: Haben wir einen stillen Raum und gehen hinein und schreien uns an, ist es dort nicht mehr still. Dennoch aber ist die Stille zu keinem Zeitpunkt hinausgegangen, was wir sofort wahrnehmen, wenn wir den Mund halten. Die Stille ist demnach immer da, und wir bewegen uns lediglich innerhalb dieser Stille. Der Fehler ist, dass wir die Wahrnehmung der Stille verlieren, da wir uns auf unser Schreien konzentrieren. Reden wir aber in völligem Gewahrsein der Stille, erkennen wir unser Reden als Teil der Stille und die Stille als Teil unseres Redens. Im ersteren Fall entzweien sich Yin und Yang in Disharmonie, im letzteren Fall wirken sie harmonisch zusammen und lassen Worte (Handlung) aus der Stille entstehen, in der sie wieder verschwinden, wenn sie verklungen sind.

Beachten wir das chinesische Original, so steht für „Nichtsein“: „wu2 ming2“ - „ohne Namen“ und für „Sein“: „you3 ming2“ - „mit Namen“. „Nichtsein“ kann also auch als ‚nicht definierbar‘ oder ‚nicht beschreibbar‘, als ‚nicht greifbar‘ oder ‚nicht zu orten‘ beschrieben werden. Es ist etwas da, aber irgendwie ist es auch nichts, weil es objektiv nicht auszumachen ist. Dies kann uns helfen zu verstehen, dass Wuji nicht einfach letztendliches Nichts ist, sondern potenziell alles, nur dass noch nichts in Erscheinung getreten ist. Daher ist es zwar die Leere, aber potenziell ist alles darin enthalten, nur dass es sich (noch) nicht entfaltet hat. Es ist somit von der letztendlichen Leere, wo wirklich rein gar nichts ist, zu unterscheiden. „You3 ming2“ - „mit Namen“ stellt somit die Dimension des „Seienden“ dar. Denn nun ist etwas in Erscheinung getreten und vervielfältigt sich. Wenn ich dies auch nicht im Ganzen beschreiben kann (es wäre wieder die reine Potenzialität und daher „ohne Namen“), so sind doch seine in Erscheinung getretenen (Einzel-)Teile zu einem gewissen Grad zu einem bestimmten Zeitpunkt an einem bestimmten Ort, die nun existieren und daher ‚zu orten‘ oder ‚zu greifen‘ sind, benennbar.

Eine mögliche Übersetzung wäre wörtlich daher auch:

„wu2 ming2 tian1 di4 zhi1 shi3“:
‚Unbeschreiblich (nicht benennbar, „ohne Namen“) ist Himmel und Erde Anfang.‘

„you3 ming2 wan4 wu4 zhi1 mu3“:
‚Beschreibbar (benennbar, „mit Namen“) ist der Einzelwesen (wan4 wu4 – ‚10.000 Dinge‘) Mutter.‘

Auch wäre eine völlige andere Deutung der Satzstellung möglich, die eine weitere sehr wichtige Nuance zulässt, nämlich, indem man jeweils nach dem „wu2“ und dem „you3“, statt nach dem jeweiligen „ming2“ ein Komma denken würde. So würde sich das „wu2“ und das „you3“ nicht auf „ming2“ = „Namen“, beziehen, sondern eine Eigenstellung erhalten.

Dann hieße es:

‚Das NICHTS ist Himmel und Erde Anfang.'

‚SEIN ist der 10.000 Dinge Mutter.'

Es ist sinnvoll, diese Übersetzungsvarianten in den folgenden Strophen im Hinterkopf zu behalten. Denn „Anfang" und „Mutter" sind mit sich identisch, wie auch „Nichtsein" und „Sein" keine verschiedenen Orte darstellen. Nicht beschrieben werden kann der Anfang. Kann er dann beschrieben werden, ist es Mutter. Vor dem Anfang ist das Nichts, nach dem Anfang ist das Etwas. Mutter (Anfang) ist somit das Bindeglied zwischen „Nichtsein" und „Sein", womit „Nichtsein" und „Sein" wie von Laozi angegeben von hier aus ihre Richtungen erhalten:

Darum führt die Richtung auf das Nichtsein zum Schauen des wunderbaren Wesens,
die Richtung auf das Sein zum Schauen der räumlichen Begrenztheiten.

Wir befinden uns auf der Grenze zwischen „Nichtsein" und „Sein", dem ureigentlichen Zustand von ‚Taiji'. Die Richtung auf das „Sein", das ist unser normaler Lebensfluss, mündet in Zeit und Raum. Er ist dem Dualismus unterworfen und damit begrenzt. Er ist dem Entstehen und Vergehen unterworfen und daher endlich. Zeit ist untrennbar mit Raum verbunden, denn vergehende Zeit bedeutet Ereignis. Und Ereignis muss stattfinden und braucht Raum. So kann es keine Zeit ohne Raum geben. Und da die Zeit nur innerhalb des Vergänglichen, also in Abfolge von Ereignissen wirkt, sonst würde sie nicht ‚vergehen', ist sie ihrer Natur nach begrenzt; somit also auch der Raum. Sie und ihr Raum sind begrenzt gerade durch Ereignis, das immer aussprechbar ist und niemals das Ewige umfassen kann. Es ist beschreibbar und daher in seinem Ausmaß begrenzt, was wiederum wörtlich den (Ereignis-)Raum als begrenzt beschreibt. Aber wo keine Ereignisse sind, ist keine Zeit, und wo keine Zeit ist, ist kein Raum. „Sein" ist bereits ein Ereignis, und daher führt die Richtung des „Seins" zum Schauen und gleichfalls zur Erkenntnis der räumlichen Begrenztheit. Es beschreibt die Wahrnehmung unserer bedingten Abhängigkeit und lässt nicht mehr zu als den Blick auf den kleinen Ausschnitt unseres „Seins" in der Art, in der wir sind: vergänglich, abhängig und begrenzt.

Die Richtung auf das „Nichtsein“ ist daher Schauen des Ursprungs. Dieser ist ‚vor‘ oder besser ohne Zeit und Raum. Denn diese Größen entstehen erst aus ihm. Dies macht ihn zum Ursprung, ohne den er nur seine eigene Natur wäre, und das ist das Nichts. Kein Ereignis, keine Zeit, kein Raum. Ewigkeit. Hier erkennen wir das Einzig-Eine, das einzig nicht Bedingte, das Einzige, das nicht Veränderung unterworfen und einzig nur aus sich selbst heraus ungeschaffen, ewig und daher unbegrenzt und allumfassend ist. Es ist das einzig Permanente, das einzige ohne Wandel. Dieses Nichts, aus dem alles hervorgeht und in dem sich alles Seiende befindet, ohne dass es existieren würde, ja das seine wahrhaftige Natur und seine letztendliche Wirklichkeit ist, beschreibt Laozi als „wunderbares Wesen“. Das Absolute, das sich selbst nicht wahrnimmt, und nimmt es sich wahr, ist es Gott. Aufgabe des Praktizierenden ist es nun, aus dem Bereich des „Seienden“ durch Versenkung Einblicke in den Bereich des „Nicht-Seins“ zu erfahren, um hier in dieser Einheitsschau der Urtümlichkeit des DAO näher zu rücken.

Die „räumliche Begrenztheit“ beschreibt demnach nicht lediglich eine Grenze des Raums im Sinn einer dreidimensionalen Größe, sondern die Begrenztheit des Stattfindenden im Verhältnis zum grenzenlosen Nichtereignis.

Beachten wir auch hier die wörtliche Übersetzung, erhalten wir:

„gu4 chang2 wu2 yu4, yi3 guan1 qi2 miao4,“
‚Darum: Beständig ohne Wünsche (Begierde), um zu erkennen seine Unfassbarkeit,‘

„chang2 you3 yu4, yi3 guan1 qi2 jiao4.“
‚Beständig mit Wünschen (Begierde), um zu erkennen dessen Grenze (Weg).‘

Bei tieferem Verständnis trifft also auch die wörtliche Übersetzung den Sinn von Wilhelm: Sich dem „Nichtsein“ zuzuwenden bedeutet schließlich, alles, auch die Wünsche, fallen zu lassen. Nur so kann ich in die Leere eintreten, wenn ich in mir mich dieser Erfahrung wesensgleich angenähert habe. Genauso umgekehrt: Bin ich voller

Wünsche, komme ich nicht zur Ruhe und erkenne nur die Welt der Erscheinungen, des „Seins“, und bewege mich damit nur in seiner Begrenztheit, die das „Sein“ nun mal seinenshaft in sich trägt. Loslassen als Meditation und Lebensweg bedeutet also über das „Sein“ hinaus auch das „Nichtsein“ zu erfahren und so das Gesamte - das Unendliche, Ewige und das Endliche, Entstandene - wahrzunehmen. Er liefert uns hiermit die Instruktion, wie wir uns der mystischen Erfahrung des Nicht-Seins annähern können: ohne Wünsche sein, nichts wollen, leer werden, wie das Nichtsein selbst und somit Wesensgleichheit mit ihm erlangen, wodurch die Erfahrung desselben entsteht.

Dies als Lebensweg zu beschreiten, lässt aber noch eine zusätzliche Deutung der zweiten Strophe zu: Nämlich im Bereich des „Seins“ den Wunsch zu haben, auch das „Nichtseiende“ zu ‚leben‘. Also den beständigen Wunsch hierzu als ‚Weg‘ zu erkennen, dieses „Unfassbare“ ebenfalls zu erfahren und sein Leben entsprechend darauf auszurichten: ‚*Beständig mit dem Wunsch, um zu erkennen dessen Weg*‘. So gelangen wir zur Harmonie zwischen „Sein“ und „Nichtsein“, indem wir das „Sein“ leben, um das „Nichtsein“ zu ergründen. Denn wird das Absolute in seiner Vollkommenheit erkannt und offenbart sich somit, wodurch es schöpft, auf dass die Schöpfung es als das erkennt, was es ist, Vollkommenheit, und sie sich daher mit ihm wieder als Absolutes vereint, so erfahren wir im Schluss dieses Kreises den SINN (DAO) des LEBENS (DE).

Und auch hier haben wir die Möglichkeit einer zusätzlichen Nuance, wenn wir, was im klassischen Chinesisch möglich ist, die Wörter in einen anderen Bezug setzen, sprich auch hier das (deutsche) Komma weglassen:

„gu4 chang2 wu2 yu4, yi3 guan1 qi2 miao4“:
‚Darum: das ewige NICHTS begehrt (um) zu schauen seine Herrlichkeit‘ und

„chang2 you3 yu4, yi3 guan1 qi2 jiao4“:
‚Das ewige Sein begehrt (um) zu schauen seinen Weg.‘

Nun haben wir eine mystische Beschreibung, warum alles entstanden ist. Das Absolute wird sich seiner selbst und vor allem seiner Vollkommenheit bewusst, ‚sieht‘ sich selbst in seiner Herrlichkeit. Dies gibt den ersten

Bewegungsanstoß, aus dem aus der ewigen Ruhe Bewegung entsteht. Hieraus entsteht das SEIN, dessen Bestimmung (Weg) es ist, seinen Ursprung zu erkennen (und dahin zurückzukehren). Das Begehren spielt auf beiden Seiten eine vollständig positive Rolle. Auf Seiten des NICHT-SEINS ist es der ‚Wunsch', diese Vollkommenheit mitzuteilen (hervorzubringen), auf der Seite des SEINS ist es der ‚Wunsch', in dieser Herrlichkeit aufzugehen. Auf diese Weise bleibt Schöpfung und Geschöpftes im Gleichgewicht. NICHT-SEIN und SEIN bleiben eine Einheit, was die Vollendung des LEBENS (DE) darstellt, was beide miteinander verbindet (Tugend/Liebe), was als Gesamtes das DAO ist.

So sind das „Nichtsein" und das „Sein" keine unabhängigen Größen, sondern ihrer Natur nach identisch (Potenzialität oder dessen Entfaltung) und unterschiedlich daher nur ihrer Erscheinung, ihrem „Namen" nach:

Beides ist eins dem Ursprung nach
und nur verschieden durch den Namen.

Das „Sein", sagt man, geht aus dem „Nichtsein" hervor. Letzteres ist Wuji, ‚ohne First', also wenn Himmel und Erde noch nicht voneinander getrennt sind und nichts zwischen ihnen liegt und sie noch nicht existieren. Hieraus entsteht Taiji, die Urkräfte Yin und Yang, in denen sich das Ursprüngliche entfaltet. Taiji ist der ‚höchste First', also die Verbindung zwischen Himmel und Erde (reines Yang und reines Yin) und deren harmonisches Zusammenspiel - wenn sie aus ihrer ursprünglichen Einheit in einen harmonischen natürlichen Zustand des anfänglichen Seins auseinander bewegt wurden. Dieses Zusammenspiel lässt in seiner verbindenden Energie (Qi) alles entstehen, was ist.

Da das „Nichtsein" eine unbewegte Einsheit ist, ungeboren und unsterblich, immer seiend, da nicht seiend, ist es ewig. Das „Seiende" geht aus dem „Nichtsein" insofern hervor, als es nun vom „Nichtseienden" differenziert werden kann. Doch müssen wir verstehen: Auch das „Nichtsein" kommt erst durch das „Sein" in Existenz. Wenn das „Sein" aus dem „Nichtsein" entsteht, gibt es ihm dadurch, dass es sich von ihm unterscheiden lässt, seine Existenz. Wenn sie auch eine Nicht-Existenz ist. Aber durch diese nun entstandene Zwei bildet das „Nichtsein" den Gegenpol zum „Sein". Daher ist der Ursprung des „Seins", das „Nichtsein", auch der Ursprung des

„Nichtseins", das das Entstehen des „Seins" ist. Sie haben einen gemeinsamen Knotenpunkt, an dem beide sich gebildet haben. Auch wenn das „Nichtsein" quasi eine Negativ-Existenz mit der Kohärenz -1 und das „Sein" eine Positiv-Existenz mit der Kohärenz +1 darstellt, so haben sie doch die gemeinsame Null, ihren gemeinsamen Ursprung, und sind daher nur dem Namen nach verschieden. Denn nichts kann etwas anderes sein als sein Ursprung, aus dem es sich entwickelt hat. Das eine kann nicht ohne das andere existieren, da es sonst nicht mehr benannt werden, besser: vorkommen kann. Beide sind in sich eine Einheit. Wuji und Taiji sind zwar in ihrem Erscheinen nach verschieden, ihrer Natur nach aber gleich. So entsteht aus demselben Ursprung das „Sein" und auch das „Nichtsein", wo sonst nur das wirkliche Nichts ist, das weder „Sein" noch „Nichtsein" wäre. Denn erkennen wir im „Sein" die Existenz der Dinge und im „Nichtsein" deren ‚bilderlose Bilder', sprich potenzielle Möglichkeit und undifferenzierte Gesamtheit, die noch von- und ineinander ungetrennt und damit ‚nicht ist', so haben wir eigentlich das Gleiche. Mit dem einzigen Unterschied, dass es auf der einen Seite in klarer Existenz und auf der anderen Seite im potenziellen Ganzen liegt. Immer aber ist alles da. Und so sind „Sein" und „Nichtsein" quasi die zwei Seiten derselben Medaille. Entstanden letztlich aus dem wirklichen, letztendlichen Nichts, das beiden zu Grunde liegt und in dem so wirklich nichts ist, dass man nicht einmal von Ewigkeit sprechen könnte:
Das DAO bewirkt durch seine Kraft (DE), die die 1 ist (vgl. Vers 42 und Zhuangzi, Buch 12, Kapitel 8), die 2, heißt: Wuji und Taiji. Das Wechselspiel zwischen Nichtsein und Sein erschafft die 3, die die gesamte Dimension des Seins und Nichtseins erschafft: die 10.000 (alle) Dinge. Hiermit haben wir eine vollständige ‚Welt', in der alles, was ist, und auch alles, was noch nicht oder nicht mehr ist, umfasst wird. Leben und Tod, Himmel und Erde, Einheit und Vielfalt, Ursprung, Ausbreitung, Rückkehr und wieder Ursprung: Nichts fehlt. Dies ist die gesamte Dimension, die es ‚zu leben' gilt, möchte man ein nach Laozi ‚wahrhaftiges' letztendliches Leben (DE) führen, das vollständig ist: Innen und Außen, sichtbar und unsichtbar, Ein(s)heit und den hierin existierenden Dualismus - alles ergibt das gesamte ‚Universum', in dem wir uns ‚bewegen': das fortwährende Wechselspiel von „Sein" und „Nichtsein".

Doch auch das Taiji, das aus dem Wuji entsteht: Die beiden Urkräfte Yin und Yang bilden in ihrem harmonischen Spannungsverhältnis, ihrer verbindenden Energie Qi alles, was wir sehen, schmecken, fühlen, tasten und hören können, inklusive uns selbst. So können wir im Kleinen die 1 auch als Wuji, die 2 als Taiji, also Yin und Yang, die 3 als deren Kombinationsmöglichkeiten und damit alle (10.000), wenn auch nur existierenden Dinge verstehen.

Alles zusammengenommen in seiner ursprünglichen harmonischen Ganzheit aber ist es das Paradies. Doch wir leben in keinem, und Laozi wird uns in den Versen seines Werkes erklären, wie wir aus dieser Einheit gefallen sind und wie wir in sie zurückfinden können. Es geht also um die Aufhebung der Getrenntheit zwischen „Sein" und „Nichtsein", um wieder zur Ganzheitlichkeit von „Himmel und Erde" zu kommen und über die „Mutter" wieder den Anschluss an unsere ureigene Quelle zu bekommen. Das Ergebnis wäre, dass unsere ‚himmlische' und unsere ‚irdische' Natur wieder als eine gemeinsame und einzige Natur wahrnehmbar wird. Dann ist unsere Wahrnehmung der gemeinsame Nenner beider, die 0, von der wir in beide Richtungen zu schauen verstehen. Es ist das eigentliche Taiji und wird charakterisiert durch ‚Ruhe in Bewegung', was auf diesem Niveau nichts weniger bedeutet, als aus dem „Nichtsein" heraus das „Sein" wahrzunehmen und aus der Ewigkeit das Zeitliche zu gestalten, um von dieser Gestaltung heraus wieder ins Ewige einzugehen, aus der ich nie getreten bin. Dies spiegelt sich dann für das Ich in einer tiefen, ehrfurchtsvollen und glasklaren Präsenz des ‚Hier und Jetzt' wieder. Es ist ein Hier und Jetzt, das die Ewigkeit mit der Zeitlichkeit verbindet. Auf emotionaler Ebene drückt sich dies in einem tiefen inneren Frieden gepaart mit ehrfurchtsvoller Glückseligkeit aus.

Das von Wilhelm gebrauchte Wort „Ursprung" entstammt dem chinesischen Original „tong2 (4) chu1", was so viel wie *‚gemeinsam (verbunden) hervorgehen'* heißt. Dies zeigt noch einmal deutlich, dass es schließlich und endlich keine Abfolge von „zuerst das Eine, dann das Andere" gibt (auch wenn das eine aus dem anderen entsteht). Sondern Nichtsein und Sein (Wuji und Taiji) sind ‚gemeinsam hervorgegangen', also nicht nur aus *einem* Ursprung kommend, sondern gleichzeitig entstanden, also ursprünglich eine Einheit bildend:

In seiner Einheit heißt es das Geheimnis.

Laozi gibt uns schon im ersten Vers seines Daodejing das Geheimnis und die Ethik des Lebens, die zur Vollkommenheit führt: Wie die Schöpfung sollen wir aus dem Wissen des „Nichtseins", das „Sein" kreieren. Also aus der Erkenntnis des Ewigen das Zeitliche gestalten. Das ‚Ich' ist zeitlich und daher eine Möglichkeit, das Ewige zu vermuten und entsprechend nach ihm zu wirken. Falsch wäre es demnach, wenn das ‚Ich' sich selbst als Maß aller Dinge nehmen würde. Denn dies ist nicht der Realität entsprechend und würde zu Egoismus führen, der der Schöpfung zuwider läuft. Wahres Leben (DE) bezieht sich auf beide Seiten der Medaille: die Kontemplation zur

'Erfahrung' des „Nichtseienden" und das aktive Leben (das „Seiende") zur Umsetzung dieser aus dem Wuji hervorgehenden Erfahrung innerhalb des Taiji.

Das bedeutet also das „Geheimnis" (des Lebens): Die „Einheit" von „Nichtsein" und „Sein" (zu leben). Aus der Betrachtung der Vollkommenheit des Ewigen („des wunderbaren Wesens") ergibt sich die Bestimmung des Einzelnen („die räumliche Begrenztheit"). Hieraus erkennt jeder seine Aufgabe im Leben, die in Einklang mit der obersten Natur steht, dessen Teil er ist. In diesem Sinne geht der vollkommene Mensch auf in der Erfahrung des „DAO" und der Handlung des „DE" und erlangt hierdurch seine Glückseligkeit. Dies zu erläutern ist Sinn von Laozis Daodejing, dem „Klassiker vom DAO und vom DE".

Des Geheimnisses noch tieferes Geheimnis
ist das Tor, durch das alle Wunder hervortreten.

Die höchste Einheit von Wuji und Taiji, von „Nichtsein" und „Sein", definiert sich aus ihrem gemeinsamen letztendlichen Ursprung. Dieser Ursprung wiederum ist das Geheimnis aller Existenz und Nichtexistenz, schlichtweg das Tor von der Zwei zurück zur reinen Wirkkraft (DE), der Eins (vgl. Vers 42), und zurück zum absoluten Nichts, dem Absoluten, welches so sehr nichts ist, dass es nicht definiert und daher auch nicht benannt werden kann. Laozi nennt es DAO. Das DAO schafft sowohl das „Sein", als auch das „Nichtsein" - durch seine Wirkkraft (DE). Die hieraus entstehenden Urkräfte Yin und Yang interagieren durch ihre verbindende Energie 'Qi', so auch durch Himmel und Erde (welche in ihrer reinsten Form sie selber sind) und somit auch in uns.

Blickt man in dieses Geheimnis von Seiten der ursprünglichen Zwei, des „Seienden" und theoretischerweise auch von Seiten des „Nichtseienden", blickt man nun nicht mehr nur in das Tor zwischen Wuji und Taiji, sondern gleichfalls in das große letzte, in beider gemeinsames Tor ihres gemeinsamen Ursprungs: Nämlich in das Tor, sprich „des Geheimnisses noch tieferes Geheimnis", hinter dem nur noch das letztendliche Absolute steht, das kein Mensch, auch Laozi nicht, in Worte fassen kann. So nennt er es „DAO". Daher ist das DAO nicht näher beschreibbar und Urgrund alles weiteren, so dass aus seinem Tor „alle Wunder hervortreten". Vereinfacht könnte man sagen: Es ist ein Absolutes, ein Nichts (DAO), aus dem schöpft sich durch DE das „Nichtsein" und (hieraus, jedoch ‚gleichzeitig‘) das „Sein“, die einander bewirken und im Gleichgewicht halten: „Des Geheimnisses noch tieferes Geheimnis“ (DAO) lässt in seinem Wirken (DE) durch dieses Tor das Geheimnis von „Nichtsein“ und „Sein“ hervortreten. Aus dem Tor zwischen „Nichtsein“ und „Sein“ wiederum entsteht das „Sein“, das durch das gleiche Tor wieder ins „Nichtsein“ vergeht und in diesem ewigen Taiji aus „Nichtsein“ und „Sein“ das endliche Taiji des Zeitlichen hervorruft, das sich immer wieder im nichtzeitlichen Wuji auflöst und erneut kreiert. Alles ergibt in sich selbst ein Ganzes (DAO), und nichts liegt außerhalb von ihm. So ist alles in sich selbst geschlossen (daher der Kreis als Symbol) – von un-, bis fassbar als „tiefstes Geheimnis“ bis hin zur „räumlich begrenzten“ Wahrnehmung.

Zusammengefasst: Das Geheimnis ist die Erfahrung des Tores zwischen Sein und Nichtsein, womit die Erfahrung nicht nur der seienden, sondern auch der nichtseienden Dimension gegeben ist (also Erfahrung zu beiden Seiten des Tores). Das diesem zu Grunde liegende „tiefere Geheimnis“ ist das Tor, aus dem wiederum Nichtsein und Sein selbst hervortreten. Es ist das ursprünglichste Tor, durch das das DAO in ursprünglichster Reinheit durch das ureigentlichste DE wirkt. An diesem Tor angelangt, lässt sich das reine DAO in seiner Absolutheit schauen, was gemeinhin mit höchster Erleuchtung bezeichnet werden kann und im Menschen das allerreinste uranfängliche DE entstehen lässt, allerhöchste ‚Tugend‘. Denn das DAO ist rein und makellos, und so ist auch seine Wirkkraft (DE), die das DAO selbst ist und nur sein Wirken ausdrückt, die die höchste Güte (Tugend) ist, aus der sich direkt die reinste Liebe ergibt, die alle Schöpfung entstehen lässt. Wer durch dieses ursprünglichste Tor schlüpfen konnte, ist am absoluten Anfang, an der absoluten Ursprünglichkeit von allem angelangt: Für ihn gibt es nichts mehr zu erreichen, er ist nach daoistischer Auffassung eins mit dem DAO und somit ein ‚xian1 ren2‘, ein ‚Unsterblicher‘.

Die letzte Strophe

„zhong4 miao4 zhi1 men4“ - wörtlich übersetzt ‚aller Mysterien (auch: Unbegreiflich-, Unfassbarkeiten, Wunder, Schönheiten, subtil, zart, geheimnisvoll, herrlich) Tor‘, beschreibt demnach zwar wie nach Wilhelm ein Tor, aus dem etwas heraustritt. Aber dieses Heraustreten selbst wird im Original nicht benannt. Ich möchte dies, obwohl Wilhelms Übersetzung großartig ist, anmerken, weil es wichtig ist zu verstehen, dass dieses Tor nicht nur in die eine, sondern in beide Richtungen wirksam ist. Alles Wunderbare der Schöpfung tritt aus diesem Tor hervor. Doch

ist es gerade auch dieses Tor, durch das ich in mystischer Versenkung zur Schau des Letztendlichen gelangen kann. Dieses Tor ist nicht nur der Ort, durch das alles ‚zu uns' kommt - sondern es ist auch das Tor, durch das ich hindurch zu meiner letztendlichen Quelle und somit zur letztendlichen ursprünglichsten Form meines und unser aller „Nicht (&) Seins", gelangen kann. Dieses ‚Unfassbare' zu schauen, wäre höchste Erleuchtung, tiefste Erkenntnis und Gotteseinung zusammen - doch für den menschlichen Verstand und sein Gehirn nicht ausdrück- und daher auch nicht erklärbar. Sondern schlicht und einfach in höchster Weise: „Wundervoll"!

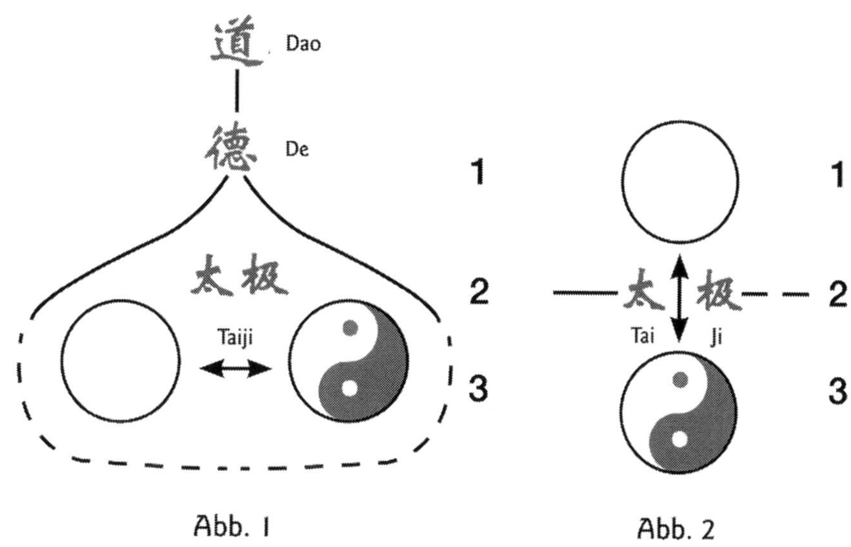

Diese Grafiken versuchen das „Tor", durch das „alle Wunder hervortreten" (Abb. 1) beziehungsweise das „Tor" zwischen Nichtsein und Sein (Abb. 2) zu verdeutlichen. Das Taiji in der Mitte steht hier für den Uranfang, das allererste Taiji.[20]

[20]Zeichnung von Jan Silberstorff, mit freundlicher Genehmigung des Taijiquan und Qigong Journals.

VERS 2

天下皆知美之為美
斯惡已
皆知善之為善
斯不善已.
故
有無相生
難易相成
長短相形
高下相傾
音聲相和
前後相隨.
是以聖人處無為之事
行不言之教.
萬物作焉而不辭.
生而不有
為而不恃
功成而弗居.
夫唯弗居
是以不去.

Wenn auf Erden alle das Schöne als schön erkennen,
so ist dadurch schon das Häßliche gesetzt.
Wenn auf Erden alle das Gute als gut erkennen,
so ist dadurch schon das Nichtgute gesetzt.

Denn Sein und Nichtsein erzeugen einander.
Schwer und Leicht vollenden einander.
Lang und Kurz gestalten einander.
Hoch und Tief verkehren einander.
Stimme und Ton sich vermählen einander.
Vorher und Nachher folgen einander.

Also auch der Berufene:
Er verweilt im Wirken ohne Handeln.
Er übt Belehrung ohne Reden.
Alle Wesen treten hervor, und er verweigert sich ihnen nicht.
Er erzeugt und besitzt nicht. Er wirkt und behält nicht.
Ist das Werk vollbracht, so verharrt er nicht dabei.
Und eben weil er nicht verharrt, bleibt er nicht verlassen.

Wenn auf Erden alle das Schöne als schön erkennen,
so ist dadurch schon das Hässliche gesetzt.
Wenn auf Erden alle das Gute als gut erkennen,
so ist dadurch schon das Nichtgute gesetzt.

Teil und Gegenteil sind wie zwei Seiten derselben Medaille, heißt es. Eine Seite kann nicht ohne die andere existieren. Es kann keine Medaille ohne zwei Seiten geben. Genauso kann Yang nicht ohne Yin sein, Teil nicht ohne Gegenteil. Alles, was in Erscheinung getreten ist, existiert im dualistischen System. Es hat ein Gegenstück, dem es sich nicht nur entgegensetzt, sondern durch das es sich auch zwangsläufig definiert. Wenn also jemand das Schöne bevorzugt, muss er zwangsläufig das Hässliche ablehnen. Denn er kann „das Schöne" nur „als schön erkennen", wenn er es von seinem Gegenteil zu unterscheiden gelernt hat und sich eine Meinung im Sinn von „schöner als" entwickelt hat. Eine Wertigkeit entsteht. Vorlieben entstehen, und durch Bevorzugung entsteht Ablehnung. Dadurch, dass „alle das Schöne als schön erkennen", entstehen Interessenkonflikte und dadurch Motive zu Übervorteilungen, Neid, Habsucht usw. Ein Loslassen hiervon führt zur Beruhigung des Herzens und daher zum Frieden und damit zum Glück. Nun könnte man einwenden, dass man Dinge auch ohne Bewertung in Teil und Gegenteil klassifizieren könnte. Das stimmt, und hierher soll es führen. Doch gerade das von Laozi gebrauchte Beispiel „schön" und „hässlich" impliziert von seiner Bedeutung her bereits eine Bewertung. Schauen wir noch mal auf seine Zeilen: Das „Schöne" wie auch das „Hässliche" sind in sich wertfrei - bis wir „das Schöne als schön erkennen", d.h. etwas Bestimmtes mit diesem Attribut versehen. Nicht das „Schöne" an sich trägt diese Bevorzugung in sich. Dies passiert nach Laozi erst dann, wenn wir es als ein solches auch „erkennen". Sprich, ihm die Bezeichnung „schön" zuordnen, wodurch das „Schöne" erst „schön" wird und daher als „Schönes" bezeichnet wird, das damit nicht mehr ohne Bewertung sein kann. Und genau diese soll man ablegen. Interessant wird nun Laozis Konsequenz, dies auch auf die Begriffe „gut" und „nicht gut" anzuwenden. Denn ist es ein universal gültiges Prinzip, kennt es keine Ausnahme, und auch diese Behauptung muss wahr sein. Und das ist es auch, wenn wir es aus dem dualistischen System heraus verstehen: Wenn ich mir Gut und Nicht-Gut auf einer durch das dualistische System vorgegebenen Geraden vorstelle, auf der sich an den Enden die Gegensätze befinden, und wenn ich am rechten Pol das allerbeste „Gut" und am linken Pol das allerschlechteste „Nicht gut" setze, befinden sich beide wortwörtlich auf gleicher Höhe. Und so beginnt eine die Geschichte der Zeit und Wesen durchlaufende Auseinandersetzung zwischen Gut und Nicht-Gut. Ein Ende ist nicht abzusehen, das lehren uns unsere Geschichtsbücher. Und das kann es auch nicht. Denn solange „auf Erden alle das Gute als gut erkennen" werden sie das, was ihnen nicht gleich ist, als besser oder schlechter beurteilen. Dadurch werden sich erneut Abneigung, Bewunderung, Neid und Verachtung entwickeln. Auch sind Hochmut und Trotz alle Türen geöffnet, wenn man beginnt, sich als etwas Besseres oder Schlechteres zu fühlen, als jemand anderer es wäre. Denn dadurch, dass der Gute sich als gut versteht, wird der nicht so Gute sich als schlechter verstehen. Der Gute sieht sich in der Versuchung des Hochmutes und der nicht so Gute in der Versuchung zum Trotz, zur Gegenwehr.

Laozis Erkenntnis versetzt uns also in eine scheinbar schlimme Lage: Sie könnte uns dazu bringen, das Gute nicht mehr anzustreben, wenn doch nichts dadurch erreicht würde. Hier jedoch läge der Fehler, wenn man Laozi auf diese Weise betrachtet. Denn wir müssen unterscheiden zwischen zweierlei „gut" und „nicht-gut". Das Erste ist wie oben beschrieben gut als Gegenstück zu nicht-gut zu sehen. Beide liegen auf einer Linie, und ein Entrinnen ist nicht möglich. Setzen wir aber gut nach oben an die Spitze und anerkennen die Vereinigung mit dem DAO als höchstes Gut, ist die immer größer werdende Entfernung hiervon immer weniger gut. Es gibt hierin kein Nicht-Gut mehr, also nicht sein Gegenstück, denn das DAO ist nicht auf den Dualismus beschränkt. Im Gegenteil, in seiner höchsten Erfüllung existiert keine Unterscheidung mehr. Nun gibt es also nur noch eine mehr oder weniger große Entfernung vom DAO, aber kein Nicht-Gut. Da der Weg zum DAO nun in der Selbstaufgabe liegt, ist es nicht möglich, dass durch immer weitere Annäherung Hochmut entstehen könnte. Bei voranschreitendem Aufstreben hierzu werden selbstbezogene Regungen immer kleiner und machtloser. Denn je tiefer ich das DAO erfahre, umso demütiger und dadurch bescheidener werde ich, durch Erkenntnis und Ehrfurcht vor dem Wunder des Letztendlichen. Daher entsteht hier bei diesem Emporsteigen zunehmend Tugend (DE), nicht jedoch sein Gegenteil. Es geschieht eher ein Mit-sich-ziehen, als ein Sich-gegenseitigabstoßen. Daher wird man das, was über einem liegt, als ‚gut' und sich selbst in seliger Demut empfinden. Das, wo man selbst steht, wird als Demut, und das darunter mit Mitgefühl und Wunsch zum Helfen wahrgenommen. Das Über-uns wird unser Lehrer, das Unter-uns unsere Schüler. So haben wir alle Lehrer und haben auch alle Schüler, denn immer ist jemand näher oder entfernter vom DAO als ich selbst. Da ich mich aber nicht mehr auf das duale System beziehe, sondern zum Einen strebe, sind mir alle als Teile des Einen bewusst und ist jeder in seiner Situation hilfreich, ob Lehrer oder Schüler, denn immer sind wir ein Ganzes, und ein Gegeneinander würde uns alle und damit auch mich nur aufhalten. Wir werden diese Treppe zur Vervollkommnung von Laozi noch in seinem ersten Vers des Abschnittes „DE" (vgl. Vers 38) beschrieben bekommen. Solange sich der Mensch also innerhalb des dualen Systems zu bewegen versucht, erschafft „gut" im gleichen Maße „nicht gut". Man wird versuchen, sich gegenseitig zu übervorteilen und zu bekämpfen. Laozi rät uns daher, unseren Blickwinkel auf das „Tor des dunklen Weibes" (vgl. Vers 6) zu richten, der Vereinigung mit dem DAO und damit dem Ausbruch aus der Dualität und zum Hinaufsteigen zum letztendlichen Gut, das kein Gegenstück und damit auch kein „Nicht-Gut" mehr besitzt.

Der Weg dahin ist nach Laozi der Weg zur Einfalt: Erst wenn ich im Innersten geläutert bin, wenn ich die Naivität des Nichtwissens erlangt habe und aus beidem zusammen eine Ahnungslosigkeit von Gut und Böse bei zeitgleichem Hervortreten von Selbstlosigkeit und Mitgefühl entwickelt habe, das durch das Gefühl der Einheit aller Wesen und Dinge entsteht, erst dann kann ich dem Zyklus von Gut und Böse entrinnen und wahrhaft ‚gut' sein.

Um am Text zu bleiben: Solange das Erstreben von Gut in einer Abgrenzung von Nicht-Gut geschieht, solange wir also „das Gute als gut erkennen", solange ist dadurch „schon das Nichtgute gesetzt". Sobald wir aber die Gegensätzlichkeit verlassen, beginnt eine Reise einzig zum „Guten", ohne dass dies sein Gegenteil in sich trüge. Wir werden niemanden mehr wegen seiner scheinbaren Nicht-Gutheit verurteilen, sondern versuchen zu verstehen und Wege suchen, ihm dabei zu helfen, selber sich dem DAO nähern zu können. So wird auch er „gut". Denn je mehr ich mich dem DAO nähere, umso stärker wächst in mir der Aspekt von DE, wahrhaftiger Tugend. „Gutsein" wird ein natürlicher Prozess, der quasi nicht um sich weiß und daher auch nicht sein Gegenteil provoziert, sondern ausschließlich heilt. Es ist klar, dass auf diesem Wege kein Raum mehr ist für Verurteilungen oder Unterscheidungen, z.B. wem zu helfen sein soll und wem nicht. Freund und Feind werden unterschiedslos betrachtet und der Mensch als Teil der Schöpfung ohne Urteil angenommen. Ein „Nicht-gut" oder gar ‚Schlecht' kann daher nirgends mehr vorkommen. Auf diese Weise entsteht zwar Liebe, aber kein Hass. Es entsteht der Wunsch zu helfen, aber hierin ist keine Klassifizierung. Kein Handeln des anderen ist mehr ‚schlecht', sondern die Person ist, wie sie ist, anzunehmen und vorbehaltlos mit in den Weg zu integrieren, so dass auch diese Person mehr Gefühl für das DAO erhalten kann und so von seinem für sich und für andere leidvollen Handeln mehr und mehr absehen kann.

Denn Sein und Nichtsein erzeugen einander.
Schwer und Leicht vollenden einander.
Lang und Kurz gestalten einander.
Hoch und Tief verkehren einander.
Stimme und Ton sich vermählen einander.
Vorher und Nachher folgen einander.

Wie wir erkannt haben, entsteht nicht nur Sein ausschließlich aus Nichtsein, sondern in der Entzweiung beider vom Ganzen (Ursprünglichen) erzeugen sie sich gegenseitig. Dies auch schon daher, weil nur eines ohne das andere wiederum von nichts weiterem unterschieden werden kann und somit in unendlicher Un-Unterscheidbarkeit im einzig Einen wieder zum Ursprung selbst würde. Kleine Lebensformel: Wir leben nur, weil es den Tod gibt. Gäbe es ihn nicht, würden wir auch nicht leben!

In den nächsten drei Strophen wendet Laozi diese Wahrheit auch auf einzelne Erscheinungen innerhalb des Dualismus des Seins selber an. Er weist nach, dass diese Wahrheit der Gegensätzlichkeit, die aus derselben Wahrheit der Einheit entstammt (denn die Gegensätze sind diese Einheit, nur in bewegter und dadurch getrennter Art), nicht nur im Großen und am großen Anfang gilt, sondern sich in gleicher Weise auch auf die Dinge auswirkt, die im nächsten Schritt aus und innerhalb des Seins hervorgegangen sind. So wie sich also essenziell Sein und Nichtsein gegenseitig erzeugen, erzeugen sich auch alle daraus hervorgehenden Gegenteile. Es kann das eine nicht ohne das andere geben. Eine Rückkehr zum DAO kann also nicht stattfinden, solange im Geist (noch) Bevorzugungen existieren. Wünsche halten uns vom DAO fern, wir werden nur ‚wunschlos' wahrhaft glücklich!

Er drückt ebenso nicht nur die Gegensätzlichkeit, sondern auch ihre Zugehörigkeit und vor allem Bedingtheit zueinander aus. In der Strophe „Stimme und Ton vermählen einander" erkennen wir nicht nur die gegensätzliche Bedingtheit zueinander, sondern vor allem ihre eigentliche Natur: ihre Harmonie miteinander. Hierin verstehen wir auch den eigentlichen Sinn ihres Daseins: ihre „Vermählung“ miteinander. Ob also unterschieden vorkommend oder undefinierbar im Nichts: Immer geht es um ihr harmonisches Zusammenspiel bis hin zur vollkommenen Vereinigung, die ihre Auflösung zur Folge hat.

Die letzte Strophe in diesem Abschnitt schließt den Kreis, indem sie auf das Zeitliche an sich eingeht und damit alle Ereignisse, die hierin liegen (und damit alles, was dem normalen Menschen wahrnehmbar ist), ebenfalls in diesen Kontext bringt. Denn da „vorher und nachher einander folgen“, ist in jedem Moment die Zweiheit gegeben und damit auch alles, was innerhalb dieser Zeit hervorgeht, da es, wie gesagt, zeitlich, damit dem Entstehen und Vergehen, damit dem Dualismus und damit der Gegensätzlichkeit unterworfen ist. So gibt es nichts Beständiges, die Gegensätze bedingen den Verlauf der Welt und des Lebens: Das eine kommt und vergeht im anderen - das Leben ist ein einziges Auf und Ab! Ursache bestimmt Wirkung, die wieder Ursache der nächsten Wirkung ist. Und so ist da ein unsichtbares Band, das das „Vorher“ und „Nachher“ miteinander verbindet. Es entsteht aus der Wirkkraft des Vorangegangenen, die das Folgende bestimmt. Das eine kann wieder nicht ohne das andere sein. Erst zusammen ergibt sich die Möglichkeit, überhaupt zu existieren. Gemeinsam erschaffen sie den Raum, in dem sie stattfinden (vgl. Vers 1). Nur hierdurch ist Sein möglich. Der Hintergrund jedoch, auf dem sie sich wechselseitig beständig folgen, ist die Ruhe. So wie das Nichts die Leinwand für alles Seiende ist, ist die Ruhe das Fundament aller Bewegung. Wir erkennen erneut, dass auch der zeitliche Wandel das Nichts in sich trägt und es niemals eine wirkliche Trennung von Taiji und Wuji geben kann. Laozi verweist uns ständig auf das Eine - auch in der Vielfalt.

Also auch der Berufene:

Wie des Öfteren in den folgenden Versen gibt Laozi am Anfang bestimmte Hinweise, die er dann durch den „Berufenen“ praktisch umgesetzt sehen möchte: die Fähigkeit, innerhalb des Dualismus als seiendes Wesen quasi den Dualismus gegen sich zu verkehren und so zur Einheit zu gelangen. Doch jeder muss seiner eigenen persönlichen Bestimmung folgen. Denn auch wenn jede Bestimmung am Ende im selben Ziel mündet, ist doch jeder an einer anderen Stelle des Weges und hat seine Aufgaben zu erledigen bzw. seinen ganz persönlichen Weg zu gehen. Wohl aber muss man sich hüten, das Erkennen seiner Aufgaben vom konditionierten Ich abhängig zu machen. Wir müssen den inneren Ruf, der von der Quelle selbst kommt, wahrnehmen, um unsere Berufung wahrzunehmen. Denn erst durch dieses Wahrnehmen der innersten Stimme, die uns eingegeben ist, werden wir zu einem Berufenen. Auch wird das Werk auf diese Weise nichts als gut (also ohne sein Gegenteil) und wirkt sich heilsam auf seine Umgebung aus:

Er verweilt im Wirken ohne Handeln.
Er übt Belehrung ohne Reden.
Alle Wesen treten hervor,
und er verweigert sich ihnen nicht.
Er erzeugt und besitzt nicht.
Er wirkt und behält nicht.
Ist das Werk vollbracht,
so verharrt er nicht dabei.

„Er verweilt im Wirken ohne Handeln": Er handelt ohne eigenes Hinzutun. Dies bedeutet nicht Passivität, sondern ein absichtsloses Handeln *(wu2 wei2)*: Dadurch ist Absicht, Handlung und Ergebnis durchzogen von Selbstlosigkeit und wird, da vom DAO durchdrungen, zu einem natürlichen und heilsamen Ereignis. Da der Berufene nichts für sich will, ist sein Wirken für die anderen da. Er will nicht nur anderen tun, was er selbst gerne möchte, sondern er schaut gar nicht auf sich und möchte anderen nur tun, was andere möchten, bzw. besser: was gut für sie ist, ohne dass dies im Bezug zu den Bedürfnissen des Berufenen, ebenso wenig aber auch zu den Bedürfnissen des Ego des anderen steht. Also wirklich das, was benötigt wird. So sprudelt die Tugend (DE) frei aus ihm heraus und wirkt ungehindert in seinem Nächsten.

„Er übt Belehrung ohne Reden": Reden meint hier Überzeugen. Es bezeichnet ein Wollen und enthält dadurch eine Absicht, die etwas will: überzeugen. Daher ist Reden in diesem Sinne nicht selbstlos, sondern auf einen Eigenwillen zurückführbar, auch wenn die Absicht edel ist. Eigenwille jedoch bedeutet, abgetrennt zu sein vom Ganzen und ist daher als Belehrung undenkbar. Belehrung entsteht durch Präsenz des Meisters, durch eine

Verbindung von Herz zu Herz: Das offene Herz des Meisters füllt das geöffnete Herz des Schülers, und Weisheit setzt sich fort. Dies kann in der Tat ohne Worte, aber auch (in der Regel) mit Worten geschehen.

Die Worte jedoch stellen nur die Brücke der Übertragung da. Daher können sie vom Meister gesprochen transformieren, während sie von anderen, normal gesprochen, vielleicht schon wieder ‚Reden' wären und in Diskussionen untergehen. Gerade Worte erlangen ihre Überzeugungskraft nicht aus dem Willen, überzeugen zu wollen oder durch ‚gekonntes reden'. Dies wäre nur temporär. Wirklich nachhaltiges Wirken, in diesem Falle Lehren durch Worte, passiert durch die Authentizität des Sprechers. Durch die ihm inneliegende Wahrheit. Seine Herzensreinheit und Offenheit, die sich einfach nur in seiner Tiefe und Wirklichkeit zur Verfügung stellt, nicht aber selbst etwas will. So „redet" der Berufene nicht, wenn er lehrt - ganz gleich, ob er spricht oder schweigt.

„Alle Wesen treten hervor, und er verweigert sich ihnen nicht": Was immer auf den Berufenen trifft, was immer ihm als Aufgabe gestellt wird, er nimmt es bereitwillig an: Er stellt sich zur Verfügung. Er lässt den Willen des Absoluten durch sich wirken und hat selbst keinen. Auch unterscheidet er, wie gesehen, bei den Personen in seiner Güte nicht zwischen ‚Freund und Feind'. Vom DAO durchdrungen, ist es das DAO, das durch ihn wirkt. So gelangt der Berufene zur höchsten Tugend (DE). Denn ein Eigenwille sieht nur die räumliche Begrenztheit (vgl. Vers 1) und ist daher unvollkommen. Nur das DAO durchdringt alles, da es das ‚Alles' in seiner Essenz ist. Daher ist höchste Tugend (DE) nur direkt aus dem DAO heraus ausübbar. Auch hier gilt die Vorsicht, dass das DAO wirklich durchdrungen worden sein muss und es nicht funktioniert, wenn es nur auf einem Wünschen oder ‚So-sein-wollen' basiert. Vor das Angesicht des Berufenen, der selbst nichts will, treten alle Wesen, und er verweigert sich nicht, da er alle und alles annimmt, was ihm der Himmel zuträgt. Wie das Wasser alles in sich aufnimmt, ohne etwas zurückzuweisen. Er schaut nicht nach persönlichem Glück und vermeidet auch nicht Leid. Beides verliert vor ihm seinen Glanz und seinen Schrecken, da er wie ein Spiegel alles in sich aufnimmt, was ihm begegnet, und an nichts haften bleibt. Da er nichts für sich selbst will, erzeugt er zwar durch das ewige Erzeugen des DAO, behält aber nichts davon bei oder für sich.

Auf diese Weise dient er den Wesen ohne Unterlass, indem er ständig für sie erzeugt (durch sich erzeugen lässt) und nichts davon für sich selbst beansprucht: „Er erzeugt und besitzt nicht. Er wirkt und behält nicht. Ist das Werk vollbracht, so verharrt er nicht dabei.“. Er ist also gleich dem DAO: Da es nicht nur schöpft, sondern auch die Schöpfung ist, kann es weder besitzen noch verlieren. Da auch der Berufene, durch den das DAO wirkt, nichts besitzt und nirgends verweilt, kann er auch nichts verlieren und braucht somit nirgends anhaften. So hat er nichts und besitzt doch alles, denn das DAO wirkt in ihm.

Dies bedeutet nicht notwendigerweise, dass der Weise keinen materiellen Besitz hätte oder haben dürfte. Nur, wenn er ihn hat, ist er ihm gleichgültig. So kümmert ihn auch kein Verlust. Sein Herz ist in Ruhe, und Sorge kümmert ihn nicht. Er überlässt alles dem DAO: bekommt und gibt und übt das Nicht-Handeln. Sprich, er lässt das DAO durch sich handeln. So ist er im Nichts und handelt im Sein. So bleibt ihm nichts als Seligkeit, und er wird durchdrungen vom Höchsten:

Und eben weil er nicht verharrt,
bleibt er nicht verlassen.

Denn gerade durch das Nicht-Wollen und das Nicht-Anhaften hat er in sich eine Leere geschaffen, so dass das DAO frei durch ihn wirken kann. Er hat sich dem DAO gleich gemacht. So „bleibt er nicht verlassen“, denn das DAO ist immer ‚bei ihm‘, das sprudelnder Quell des Lebens (DE) selbst ist, dabei außerhalb der Vergänglichkeit steht und daher der ‚treueste Begleiter‘ ist, den es gibt.

Eine wörtliche Übersetzungsmöglichkeit, die Vorheriges noch einmal unterstreicht, wäre auch:

„fu1 wei2 fu2 ju1“ - ‚Und (Nun) eben (nur, allein) weil er nichts in Besitz nimmt‘
„shi4 yi3 bu2 qu4“ - ‚Darum geht ihm nichts verloren.‘

Simpel: Wer nichts hat, kann auch nichts verlieren. Wobei wir hier im Kopf behalten wollen, dass ‚nichts in Besitz (zu) nehmen‘, sowohl frei gewählte Armut, als auch ‚besitzen ohne Anhaftung‘ bedeuten kann. Letzteres zeigt sich in seiner Wahrheit wohl meist erst im Moment des Verlusts…

VERS 3

不尚賢
使民不爭.
不貴難得之貨
使民不為盜.
不見可欲
使民心不亂.
是以聖人之治
虛其心
實其腹
弱其志
強其骨
常使民無知、
無欲
使夫智者不敢為也.
為無為
則無不治.

Die Tüchtigen nicht bevorzugen,
so macht man, daß das Volk nicht streitet.
Kostbarkeiten nicht schätzen,
so macht man, daß das Volk nicht stiehlt.
Nichts Begehrenswertes zeigen,
so macht man, daß des Volkes Herz nicht wirr wird.

Darum regiert der Berufene also:
Er leert ihre Herzen und füllt ihren Leib.
Er schwächt ihren Willen und stärkt ihre Knochen
und macht, daß das Volk ohne Wissen
und ohne Wünsche bleibt,
und sorgt dafür,
daß jene Wissenden nicht zu handeln wagen.
Er macht das Nichtmachen,
so kommt alles in Ordnung.

Die Tüchtigen nicht bevorzugen,
so macht man, dass das Volk nicht streitet.
Kostbarkeiten nicht schätzen,
so macht man, dass das Volk nicht stiehlt.
Nichts Begehrenswertes zeigen,
so macht man, dass des Volkes Herz nicht wirr wird.

In der vom DAO abgetrennten (Un-)Wirklichkeit sitzen Neid, Habsucht und Hochmut tief im Menschen verankert. Denn unser Ego leitet uns, wenn wir die Schau des Gesamten verloren haben. Und dieses sieht vor allem sich selbst gegen die anderen und nicht alle zusammen als Einheit. So möchte es die eigene Position, auch zum Nachteil des anderen, stärken. Will haben, was andere haben, ist neidisch, wenn es dieses nicht hat, und möchte sich dem ‚Gegenüber' überlegen fühlen. Einen Tüchtigen zu bevorzugen, klingt zwar gerecht, würde nach Laozi jedoch nur dessen Hochmut und den Neid der Übrigen wecken. Diese beiden emotionalen Qualitäten sind in ihrer Art destruktiv, und es kann mit ihnen keine Einswerdung mit dem DAO geschehen. Es entsteht Streit zwischen den Menschen, die sich in dieser Art begegnen. Streit führt zur weiteren Stärkung des Egos, und das wiederum führt zum weiteren Abfall vom DAO. So führt diese Abfolge immer weiter fort von Weisheit und Seligkeit.

Auch für den eigenen Geist führt Bevorzugung zu einem Abfall von Güte: dadurch, dass ich den einen dem anderen vorziehe, beginne ich zu unterscheiden und bin weniger in der Lage, jeden gleich seiner Art anzunehmen und objektiv helfen zu können. Ich werde ‚Sympathien' entwickeln, die meine Zuwendung zu dem einen größer werden lassen als zu dem anderen. Die Einheitsschau jedoch sieht alle Menschen gleich, und ihre Güte trifft ebenfalls alle Menschen gleich, wie die Sonne nicht unterscheidet, wen sie erwärmt und wen nicht.

Ähnlich ist es mit dem „Schätzen von Kostbarkeiten": Dadurch, dass etwas Dingliches, das nicht zum normalen physischen Erhalt des Menschen notwendig ist, begehrenswert erscheint, entsteht Habsucht. Haben wollen führt zum einen zum ‚Nicht-kriegen-können', zum anderen zum ‚Immer-wieder- und/oder Mehr-haben-wollen' und dadurch zu einer Verkettung in immer weitere materielle Abhängigkeit. Da die begehrten Güter nicht jedermann zugänglich sind, sonst würde man sie nicht schätzen, sondern als normal betrachten, führt dies zum Stehlen. Denn hierdurch wird das Ego so weit angeregt, dass man meint, es ist besser, jemand anderem etwas wegzunehmen, um es selber zu besitzen. Da dieses Stehlen aber zum Leid des anderen und eigener weiterer Abtrennung (Entfernung) vom DAO, (vgl. Vers 2) führt, nimmt dies ein unglückliches Ende. Doch ein weiterer Aspekt ist ausschlaggebend: Solange wir unsere Wertschätzung auf Güter richten, die über unser natürliches Bedürfnis hinausgehen, und uns somit immer weiter nach außen fokussieren, können wir uns immer weniger nach innen, auf uns selbst richten.

Wahre Glückseligkeit ist nach Laozi jedoch nur durch die Vereinigung mit dem DAO zu erlangen, und diese liegt in der Innenschau und dem Erkennen des Selbst (SEIN) und seinem Ursprung (NICHT-SEIN). Daher macht man das Volk wirr, wenn man in ihm den Wunsch nach „Begehrenswertem“ regt, womit sich zwar prima Profit machen lässt, den Einzelmenschen jedoch vom eigentlichen Weg (DAO) abbringt. Und da das „Zeigen von Begehrenswertem“ einer Profit- oder Profilierungssucht dient, fügt sich der Verursacher, also der ‚Zeiger‘, großen Schaden zu. Denn statt sich in und durch sich selbst mit dem DAO zu vereinen, treibt er auch sich selbst mehr und mehr in die Abgründe egoistischer Abgetrenntheit und damit weg von seiner natürlichen Bestimmung.

„Nichts Begehrenswertes zeigen, so macht man, dass das Volk nicht wirr wird.“ Das Gegenteil von wirr ist klar. So erkennen wir, dass gerade die Abkehr von Begehren zu einem klaren Geist und damit zur Vernunft und damit zum Frieden und damit zur Möglichkeit rechter Versenkung und damit zum Einswerden mit dem DAO führt.

Laozi erkennt eindeutig die Wichtigkeit der Befriedigung der natürlichen Bedürfnisse. Das ist lebenswichtig. Alle weiteren Bedürfnisse jedoch sind künstlich und führen zum Verfall. Daher soll man sie nicht „zeigen“. Damit meint er, weder eine künstliche Nachfrage zu schaffen, denn sie dient nur dem Profit und macht daher Anbieter und Verbraucher „wirr“, noch sich mit Materiellem zu brüsten, was wie erwähnt auf der einen Seite zu Hochmut, auf der anderen Seite zu Neid führt. Einfachheit ist das Zauberwort. Denn Seligkeit ist nicht in materiellen Gütern zu erlangen, sondern einzig in der inneren Schau der kosmischen Einheit, die dann ganz von selbst zur Natürlichkeit und Güte führt.

***Darum regiert der Berufene also:
Er leert ihre Herzen und füllt ihren Leib.
Er schwächt ihren Willen und stärkt ihre Knochen
und macht, dass das Volk ohne Wissen
und ohne Wünsche bleibt, und sorgt dafür,
dass jene Wissenden nicht zu handeln wagen.***

Ein leeres Herz ist im wahrsten Sinne des Wortes wunschlos glücklich. Denn solange Begehren im Herzen ist, solange sind da auch Wünsche. Aber wo Leere ist, ist nichts, also auch kein Verlangen, keine Unzufriedenheit, sondern, und das weiß jeder, der sich mit Meditation eingehender praktisch befasst hat, seliges Glücklichsein. Wie kommt das? Durch inneren Frieden entspannen sich Körper und Geist. Die Energien beginnen wieder, frei zu fließen. Dadurch stellt sich ein äußerst angenehmes Körpergefühl bei gelassenem Geist ein. So ist der Mensch auf natürliche Weise glücklich. Bei weiterer Vertiefung kommt hinzu das immer größere Staunen und die wachsende Ehrfurcht vor dem, was allem zu Grunde liegt und was Laozi mit DAO bezeichnet. Glückseliges Empfinden ist somit der Anfang, Einswerdung mit dem DAO die Erfüllung.

Nun ‚lebt der Mensch zwar nicht vom Brot allein', mit Hunger im Bauch ist es aber durchaus schwieriger, ein leeres Herz zu behalten. Daher gibt Laozi den Ratschlag, das Volk ohne Wünsche zu lassen, nicht aber, indem er ihnen alle Wünsche erfüllt (was auch gar nicht möglich wäre, da es in der Natur der Wünsche liegt, immer neue zu erschaffen), sondern indem er bei ihnen gar nicht erst welche aufkommen lässt. Gleichzeitig aber sorgt er für alle notwendigen Lebensgrundlagen und „füllt ihren Leib". So ist es dem Menschen möglich, in Einfachheit grundzufrieden dem DAO nahe zu stehen. Genauso verhält es sich mit dem „Schwächen ihres Willens und Stärken ihrer Knochen": Die Entwicklung des Eigenwillens ist die Entwicklung des Egos, daher rät Laozi Milderung. Denn es gibt zwei Arten von Selbsterkenntnis. Die eine, die auf „die Richtung auf das Sein" und damit zum „Schauen der räumlichen Begrenztheit", und die andere, die auf „die Richtung auf das Nichtsein", zum „Schauen des wunderbaren Wesens" (vgl. Vers 1) führt. Bei ersterer unterliegt der Schauende in der Regel der falschen Ansicht, sein ‚Ich' wäre aus sich selbst heraus permanent und beständig. Aus dieser falschen Sichtweise entstehen das Ego und seine kurzfristigen und vor allem kurzsichtigen Wünsche. Die zweite und wahrhaftige Art der

Selbsterkenntnis zielt auf das uns allen innewohnende DAO ab, das Einzige, das nach Laozi permanent aus sich selbst heraus existiert und ewig ist. Hierauf soll jeder Geist ausgerichtet sein. Hierin jedoch liegt der ‚Nicht-Willen', sprich das Loslassen vom Eigen-Willen. Dies, um Weisheit zu erlangen, aber auch um sozialen Unfrieden durch Individualismus, hervorgebracht aus Egoismus, zu beseitigen. Mein Lehrer in Sri Lanka hat mal zu mir gesagt: ‚Es gibt nichts Schöneres als die Leere. Doch um sie zu erfahren, muss man das ‚Ich' zuvor an der Kasse abgeben.' Daher soll „der Wille geschwächt werden."

Ein gesunder Körper („stärkt ihre Knochen") wiederum fördert nicht nur die spirituelle Praxis, er stellt auch sicher, dass sich der Mensch wohl fühlt und von daher schon keinen Grund sieht, gegen seine Umwelt aufzubegehren. Im wahrsten Sinne des Wortes wunschlos glücklich, gesund und satt - innerer Friede, Erfüllung der Grundbedürfnisse und ausreichend Bewegung: Dies sichert einen friedvollen Zustand des Einzelnen und der gesamten Gesellschaft. Daher soll „das Volk ohne Wissen und ohne Wünsche" bleiben. Nicht, um es dumm zu halten und für welche auch immer geartete Form von Machtmissbrauch zu unterdrücken. Wer so argumentiert, würde Laozi von Grund auf falsch verstehen. Laozis Rat an den Herrschenden ist stets: ‚Der beste Herrscher ist der, den keiner wahrnimmt' (vgl. Vers 17). Es geht für ihn in der Politik also nicht um Profilierung, sondern ganz im Gegenteil um die demütige Arbeit, im Stillen dafür zu sorgen, dass alle ihr Auskommen haben und in Frieden miteinander leben können. Daher sorgt der Berufene dafür, „dass jene Wissenden nicht zu handeln wagen." Denn genau hier schiebt Laozi den korrupten Machthabern einen Riegel vor. Die, die „wissen", also die, die Wünsche wecken (wollen), im Herzen Begehren initiieren, egozentriertes Wissen fördern, kurz also jenen, die die Welt in einen profitorientierten Wettbewerb stürzen und damit vom DAO entfernen, soll es gerade nicht möglich sein, handeln zu können. Genau hier soll durch die Einfältigkeit des Volkes (als Gegensatz zur Zwiespältigkeit) kein Missbrauch geschehen. Denn die in diesem Zusammenhang stehende negative Form des Wissens gründet nicht auf Weisheit („Schauen des wunderbaren Wesens", vgl. Vers 1), sondern auf der falschen Vorstellung eines unabhängig existierenden Ichs („der Einzelwesen" vgl. Vers 1).

Er macht das Nichtmachen,
so kommt alles in Ordnung.

Gerade indem der Berufene, hier gemeint als der Herrscher, eine Atmosphäre des „Nichtmachens" schafft, bleibt sozusagen der Ball flach. Denn gerade durch diese Einfachheit entsteht keine Beschränkung, sondern im Gegenteil erst die volle Entfaltung des Lebens (DE). Gerade in Ruhe und Genügsamkeit entsteht das größte Wunder des Menschseins: das Öffnen seines Herzens, die Erkenntnis vom wahrhaft Guten sowie vollkommene Liebe für sich selbst, seinen Nächsten und der Schöpfung (DAO-DE). So entsteht Ordnung von ganz alleine und muss nicht künstlich hervorgerufen werden. Die wahre Natur des Menschen (DE) wird auf diese Weise freigelegt und ist gleich seiner Schöpfung (DAO) gut.

„Er macht das Nichtmachen" - „wei2 wu2 wei2", ist die aktive Betonung des scheinbar passiven Nichthandelns. Es bedeutet, dass das Nichthandeln „wu2 wei2" auch ein aktives, handelndes Nichthandeln sein kann. Es bedeutet wörtlich: ‚handeln ohne zu handeln' - also handeln ohne einzugreifen. Man sorgt dafür, dass die Dinge ihren natürlichen Gang gehen können. Ist aktiv insofern, als man hilft, dass sich der natürliche Zustand wieder herstellen kann. Nicht aber handelt man nach eigener Vorstellung oder gar zu eigenen Gunsten. Man könnte es auch als aktive Passivität verstehen. So soll nach Laozi der Herrscher lediglich dafür Sorge tragen, dass die Grundbedürfnisse für Leib und Seele befriedigt werden und soll sich selbst dabei ansonsten im Hintergrund halten. Völlig falsch wäre demnach eine aktive Politik, die der Person des Herrschers selbst oder einer Ideologie dienlich wäre: Sie würde aktives Eingreifen bedeuten und zu negativen Spannungen führen, die sich dann in Krieg, Machtmissbrauch, Übervorteilung und allen anderen „Wirr"nissen offenbart.

Dao4 ke3 dao4
Das Dao, das sich aussprechen lässt..

VERS
4

道沖而用之或不盈.
淵兮似萬物之宗.
挫其銳
解其紛
和其光
同其塵
湛兮似或存.
吾不知誰之子
象帝之先.

Der SINN ist immer strömend.
Aber er läuft in seinem Wirken doch nie über.
Ein Abgrund ist er, wie der Ahn aller Dinge.
Er mildert ihre Schärfe.
Er löst ihre Wirrsale.
Er mäßigt ihren Glanz.
Er vereinigt sich mit ihrem Staub.
Tief ist er und doch wie wirklich.
Ich weiß nicht, wessen Sohn er ist.
Er scheint früher zu sein als Gott.

Das DAO ist immer strömend.
Aber es läuft in seinem Wirken doch nie über.

Die einzig eine, letzte unbewegte Ursache, die selbst keine Ursache hat (vgl. Vers 25), das Nichts, das Absolute, die Leere: Wie immer man es nennen mag, hieraus entsteht unentwegtes Fließen von Werden und Vergehen. Einzelwesen, Welten, Universen, Zeitalter – ein ewiges Entstehen und Vergehen. Nach Laozi beständig hervorgebracht durch das DAO, bezeichnet es das, was nicht zu benennen ist. „Das DAO ist immer strömend" bezeichnet somit zum einen das immerwährende Wirken. Denn das DAO durchdringt alles, ist in allem vorhanden und wirkt alles. Letzteres gibt einen Hinweis auf die zweite Bedeutung: Da alles aus dem DAO ausströmt, gebiert es ohne Unterlass in Ewigkeit alles, was war, ist und sein wird. Es ist beständig und ewig strömend in seinem Wirken, Hervorbringen und Durchdringen. Und doch „läuft es in seinem Wirken niemals über". Wie könnte es, da es ja alles ist. Wäre das DAO groß, strömte es groß aus ihm, wäre es klein, strömte es klein. Aber niemals könnte es überfließen, da es selbst das Maß des Volumens ist, in dem es wirkt. Und da nichts von ihm unterschieden werden kann bzw. nichts genannt werden kann, was nicht von ihm durchdrungen wäre, kann von ihm keine Größe bestimmt werden, da es die Größe selbst und somit endlos groß oder klein ist, wie immer man es benennen mag. Im Endlosen aber kann nichts überfließen, es fließt ja immer nur in sich selbst!

Aber noch einen zweiten Hinweis möchte uns der Alte Meister geben: handeln im entsprechenden Maß. Entsprechend dem Prinzip von Yin und Yang ist das DAO niemals zu viel, niemals zu wenig. Es ist gerade so, wie es ist. Und das ist so, wie es sein soll. Und das ist wiederum so, wie es weder ein Zuviel noch ein Zuwenig hat. Sondern genau so viel, wie gebraucht wird. So auch der Mensch: Er soll in seinen Handlungen immer das rechte Maß halten. Und dieses bestimmt sich wiederum aus dem Gesamtzusammenhang, nicht aus seiner privaten Vorstellung. So „macht er das Nichtmachen" (Vers 3): Er handelt so, wie es der Situation entspricht und lässt seine eigene Meinung ohne Wirkung. Auch er selbst „fließt nicht über", denn er verweilt nicht bei seinem Werk. Er handelt gerade so, wie es sein soll und belässt es dann dabei. Nicht zu viel, nicht zu wenig – wie das DAO selbst.

Der daoistische Großmeister Ren Farong übergab mir einst eine Kalligraphie „chong1 he2", und erklärte sie mir folgendermaßen: ‚Wenn Yin und Yang zur Mitte finden (chong1), entsteht Harmonie (he2).' Wörtlich bedeutet

„chong1 (bzw. 4)“: *‚fließen, aufbrühen, übergießen, vorstoßen, stanzen etc.‘* Doch in der Bedeutung nach Ren Farong könnte man dieses ‚zur Mitte finden‘ auch mit ‚Einheit‘ oder ‚Leerheit‘ übersetzen. Denn wenn Yin und Yang zur Mitte finden (wir sehen innerhalb des Schriftzeichens chong1 沖 links ein Symbol für Yin und Yang (wenn man es so sehen möchte) und rechts das Symbol für Mitte), dann zerfallen sie ineinander, und Taiji zerfällt in Wuji, Sein zerfällt in Nicht-Sein. Das Etwas annulliert sich zur Leerheit. Damit wäre wieder die Harmonie des Anfangs hergestellt, und wir hätten einen Hinweis, wie wir uns dem DAO nähern können: durch Harmonisierung von Yin und Yang in uns und unserer Umwelt. Das DAO zu erreichen, wäre die Vereinigung von Yin und Yang: Die Erfahrung des DAO, des Uranfangs und die Weisheit, diese Harmonie in den Schwankungen des Lebens entsprechend aufrecht zu erhalten (DE)!

Nun heißt es im Original:

> *„dao4 chong1, er2 yong4 zhi1, huo4 bu4 ying2.“*

Wörtlich scheint die Übersetzung von Wilhelm in diesem Falle richtiger als die nun folgende, doch nach Ren Farongs Belehrung könnte man auch sagen:

> *‚Das DAO ist leer (dao4 chong1) und doch in seinem Gebrauch (er2 yong4 zhi1) nicht zu füllen (huo4 bu4 ying2).‘*

Auch wenn alles aus ihm hervorgeht, bleibt das ewige DAO doch stets unbewegt und damit leer. Es ist in seiner Essenz unveränderlich, weshalb es zwar leer, aber dennoch nicht zu füllen ist. Denn seine Leerheit umfasst ja gerade alles. So ist es permanent, unbewegt, unveränderlich und gerade dadurch Ursprung allen Wandels. Denn es ist ‚Alles und Nichts‘ gleichermaßen. Wie könnte da etwas von ihm abgetragen oder ihm zugefügt werden?

Wenn wir hier statt ‚nicht zu füllen‘ ‚unerschöpflich‘ einfügten, da es ja gerade, weil ‚es nicht zu füllen ist‘, aus derselben Ursache heraus (siehe oben) ebenso wenig zu entleeren oder auszuschöpfen ist, dennoch aber endlos gebiert, käme noch eine weitere Bedeutung zum Vorschein:

‚Das DAO ist leer und doch in seinem Gebrauch (Wirken) unerschöpflich.'

Dies würde Vers 1 deutlich unterstreichen, dass alles SEIN aus dem NICHT-SEIN kommt, dass aus der Leere alle Fülle entsteht und sich in seinem Gegenteil auch wieder auflöst. Und dass beides gemeinsam in Wahrheit ein Eines ist, das sich daher nicht verbrauchen kann, da nichts außerhalb von ihm liegt. So kann nichts verloren gehen. Nichts wird verbraucht, nur gewandelt - nie fließt das DAO über, nie versiegt es.

Verstehen wir beide Übersetzungen, könnten wir schließen: *‚Das DAO, leer, doch immer (aus-)strömend - in seinem Wirken ist es unerschöpflich und fließt doch nie über.'*

Ein Abgrund ist es, wie der Ahn aller Dinge.

Der „Ahn aller Dinge" ist der Urvater, das Erste, was war und aus dem alles gekommen ist: sprich das DAO ist tiefster und erster Grund. Alles strömt aus ihm hervor.

Es mildert ihre Schärfe.
Es löst ihre Wirrsale.
Es mäßigt ihren Glanz.

Das DAO strömt nie über – es wirkt so, wie es ist, sprich wie es sein soll. Daher bringt es alles ins rechte Maß. „Schärfe wird gemildert, Glanz gemäßigt, Wirrsale werden gelöst" – alle Extreme werden angeglichen, nichts läuft aus dem Ruder. Wer aus dem DAO heraus handelt, ist wie das Wasser, das sich allem anpasst und selbst doch nichts will (vgl. Vers 8). Es fließt so, wie es den natürlichen Gegebenheiten entspricht. Wer aus dem DAO handelt, handelt gemäßigt und in Milde und lässt sein Handeln nicht ereifern, seine Rede nicht scharf werden. Seine Handlungen führen nicht zu Verwirrung, und Hochmut ist ihm fremd. Alles relativiert sich in sein natürliches, gesundes Maß – durch das Wirken des DAO. Der Weise lässt das DAO in sich wirken und wirkt nicht selbst. Aus seinem Scharfsinn wird Einfalt, seine wirren Gedanken werden klar, und statt sich zu profilieren (zu „glänzen"), wird er wirklich.

Es vereinigt sich mit ihrem Staub.

Staub gilt als etwas sehr Niedriges, liegt am Boden, bedeutet Schmutz. Das DAO ist mit allem vereint. Aber wenn man es so sagen könnte, dass es mit etwas mehr vereinigt wäre, dann wäre es das Allerniedrigste. Denn nur im Allerniedrigsten und Allerkleinsten finden wir Anfang, finden wir Demut, finden wir Bescheidenheit und Abkehr von Hochmut. Nur wer anderen der Diener ist, kann sich in Wahrheit erheben. Nun ist Staub aber auch das Letzte, was übrig bleibt, wenn etwas längst vorbei ist. So bezeugt das DAO auch hier noch einmal seine Beständigkeit, ist sowohl Anfang als auch Ende, sowie alles dazwischen. Es bezeugt fortwährendes, ewiges Wirken und ist beständig bei dem, der von sich lässt und lieber das DAO in sich wirken lässt. So gelingt ‚Unsterblichkeit'. Aus dem Kleinsten entsteht das Größte. Aus dem Niedersten das Höchste, so würde Laozi sagen. So bedeutet, sich mit dem Niedersten („Staub") zu vereinigen, an der Quelle und hiermit im ‚Höchsten Letzten' (Taiji) zu sein. Und wer an der Quelle handelt, handelt immer leicht, er „hat nie Mühsal", denn alles ist noch gering und leicht auszusteuern. Daher vereint sich der Weise mit dem Geringsten und handelt so im Höchsten. Er verzichtet und bekommt doch alles.

Mit dem chinesischen Begriff für „Staub" (chen2) ist auch die irdische Welt, unsere Welt gemeint. Daher sagt uns Laozi hiermit noch einmal, dass zwar das DAO die höchste Instanz ist, aber gerade daher am geringsten erscheint und sich nicht ‚zu schade' ist, sich mit unserer Welt zu vereinen. Gemeint ist damit, dass das DAO als das Allerhöchste gleichzeitig auch das Allerniedrigste ist. Es hält sich nicht fern von uns und ‚lädt' uns quasi ein, bei ihm zu sein, denn es selbst ist ständig bei uns. Nun beschreibt Laozi mit dem DAO so gesehen keine Wesenheit, denn als Wesen hätte es ja wieder eine Grenze (aufgrund seiner Grenzenlosigkeit es allerdings wiederum Wesenheit auch nicht *nicht* sein kann). Aber man könnte sagen, es reicht uns beständig die Hand. Es stellt sich als Allerhöchstes noch unter uns und gibt uns damit die Möglichkeit, am Allerhöchsten teil zu haben. Denn nichts ist je von uns getrennt. Wir sind es, die sich trennen und damit unser Leid verursachen.

Laozi rät uns und den Herrschern dieser Welt, wenn wir groß sein wollen, uns am allerkleinsten zu machen. Regieren bedeutet helfen. Helfen bedeutet, sich unter den zu Helfenden stellen. Ob Herrscher oder nicht - immer möchte Laozi, dass wir uns in die Passivität des Dienens statt in eine aktive Selbstverherrlichung stellen.

Tief ist es und doch wie wirklich.

Dadurch bezeugt es seine „Tiefe" *(zhan4, auch: ‚durchsichtig, rein, klar')*. Aller Wesen Anfang, Quelle allen Seins und nie von uns getrennt. Unaussprechlich, unsichtbar, nicht greifbar – man kann es nicht hören, nicht riechen, nicht sehen, nicht ertasten, und man kann es auch nicht schmecken. Dennoch ist es in allem merklich enthalten. Mit den Sinnen kann man das DAO nicht begreifen, es scheint wie *‚durchsichtig'* (zhan4). Und doch: Für den Erfahrenden scheint das DAO „wie wirklich" *(cun2, auch: ‚bewahren, erhalten')*. Mehr noch, es erscheint ihm als die einzig wahre Wirklichkeit. So ist es ihm stets allgegenwärtig (wie man „wirklich" auch verstehen kann). Alles andere erscheint ihm mehr und mehr unwirklich oder zumindest: aus dem DAO hervorkommend doch bereits von ihm entfernt. Man kann einen Fluss verschmutzen, doch seine Quelle bleibt dabei klar (zhan4): So kann alles, was aus dem DAO hervorgebracht wurde, verschmutzt, missverstanden und missbraucht werden. Das DAO selbst jedoch, aller Dinge Quelle, bleibt immer rein und klar. Nichts kann es je zerstören (es bleibt erhalten: cun2), denn es ist nie erschaffen worden. Wie könnte man es zerstören? Freude und Leid hängen davon ab, wie weit ich mich von der Quelle entfernt habe, wie ‚unsauber' ich meinem eigentlichen Ursprung gegenüber geworden bin. Nichts hat das DAO je erschaffen, es ist ewig: Immer ist es bewahrt *(cun2, „wirklich", auch: ‚beständig')*.

Ich weiß nicht, wessen Sohn es ist.
Es scheint früher zu sein als Gott.

Laozi kann vor dem DAO nichts finden. Daher kann er nicht sagen, wessen Sohn es ist, sprich – woraus es hervorgegangen ist. Es ist aus sich selbst hervorgegangen bzw. andersherum: Es ist aus nichts hervorgegangen - das es selbst ist: Nichts. Oder vereinfacht: Es ist nicht hervorgegangen.

Gott ist die wesenhafte Erkenntnis seiner selbst, dem unwesenhaften Ewigen. Gott ist allmächtig und wirkt aktiv. Gott ist Wesen und die allerhöchste Tugend. Doch Gott als handelndes Wesen ist Spiegelbild seines wesenlosen unbegrenzten Selbst. Das Absolute tritt in Erscheinung und wird so wesenhaft. Gott ist somit Verkörperung des DAO. Daher „scheint das DAO früher zu sein als Gott". Da das von Wilhelm korrekt übersetzte Wort „xiang4"

(„scheinen") auch *‚Gestalt/Zustand'* oder auch *‚gleichen/ähneln'* bedeutet, könnte man als Interpretation auch übersetzen:

„xiang4 di4 zhi1 xian1" – ‚(es ist) früher als der Zustand (die Gestalt) Gottes.',
oder: ‚(es) gleicht/ähnelt dem Früheren von Gott (wie Gott früher war).'
Sprich, als er/es noch nicht (Gott/in Erscheinung getreten) war.

Da beides jedoch miteinander identisch und unterschiedlich nur im Namen ist (vgl. Vers 1), „scheint" es nur so. Denn beides ist eins, in seinem In-Erscheinung-treten jedoch schöpfend, dadurch temporär und daher scheinbar aufeinander folgend. Laozi sieht im DAO den allerersten Ursprung, aus dem, wie bereits erläutert, alles Nicht-Seiende und Seiende hervorgeht. Also auch alles Wesenhafte. Da für ihn Gott *(di4: wörtl. ‚Himmelswesen, Ahnherr, höchster Herrscher, höchster Gott')* wesenhaft ist, scheint das DAO, da alle Wesen aus ihm hervortreten, früher als Gott. Denn selbst Gott ist als Wesen hieraus hervorgetreten, mit dem einzigen Unterschied, dass er das, aus dem er hervorgetreten ist, selbst ist. Er ist seine eigene Verkörperung, die Verkörperung des allerursprünglichsten Seins, dem Nichtsein: Der Urgrund (DAO) schafft aus sich selbst ein erstes Bild, das es selbst zeigt: Gott.[21] So ist sein allererstes SEIN (you3) es selbst, ist bildgewordenes NICHT-SEIN (wu2), aus dem es aktiv schöpfend hervortritt (DE).

[21]Auch: Taiyi (tai4 yi1, ‚die große Einheit/das-der Große (Erste) Eine/das Weltall vor der Schöpfung'), Yuanshi (yuan2 shi3, ‚vor dem Anfang (Universum)') oder Taiji (tai4 ji2), ‚Urbeginn'. Drei Namen, die alle sowohl einen (und zwar prinzipiell denselben) Zustand, als auch eine, ebenfalls prinzipiell gleichemp - fundene (daoistische) höchste Gottheit ausdrücken.

VERS
5

天地不仁
以萬物為芻狗.
聖人不仁
以百姓為芻狗.
天地之間
其猶橐籥乎.
虛而不屈
動而愈出.
多言數窮
不如守中.

Himmel und Erde sind nicht gütig.
Ihnen sind die Menschen wie stroherne Opferhunde.
Der Berufene ist nicht gütig.
Ihm sind die Menschen wie stroherne Opferhunde.
Der Zwischenraum zwischen Himmel und Erde
ist wie eine Flöte,
leer und fällt doch nicht zusammen;
bewegt kommt immer mehr daraus hervor.
Aber viele Worte erschöpfen sich daran.
Besser ist es, das Innere zu bewahren.

Himmel und Erde sind nicht gütig.
Ihnen sind die Menschen wie stroherne Opferhunde.
Der Berufene ist nicht gütig.
Ihm sind die Menschen wie stroherne Opferhunde.

Himmel und Erde folgen dem Prinzip der Natur. Dieses Prinzip ist in seiner Art neutral und folgt nur sich selbst. Es nimmt daher weder Rücksicht auf das Einzelwesen, noch benachteiligt es dieses. Weder ist diesem Wirk-Prinzip von Himmel und Erde der Mensch egal, noch ist er ihm nicht egal. Dem Prinzip entsprechend wirkt es ohne Unterschied und Anteilnahme. Es ist einfach ein neutrales natürliches Prinzip, das Prinzip von Yin und Yang. Daher muss sich das Prinzip nicht dem Menschen anpassen, sondern es ist dem Menschen ratsam, sich diesem Prinzip anzupassen. Es ist eigentlich ganz einfach: Der Regen achtet nicht darauf, ob jemand ins Kino möchte. Wer aber ins Kino gehen möchte, sollte bei Regen einen Schirm mitnehmen.

Für den Menschen also ist es sinnvoll, sich dem Prinzip unterzuordnen, denn so kann er in Harmonie mit ihm leben. Ein ‚Dagegenstemmen' würde die Kräfte des Menschen überfordern, und er würde daran zu Grunde gehen. So auch die Gesundheitslehre der chinesischen Kultur: im Einklang mit der Natur, nicht gegen sie. Dieses Taiji-Prinzip ist es, dem sich der Mensch anzupassen sucht, um Weisheit und Gesundheit zu erlangen. Was meint Laozi in seinem Vergleich mit den „strohernen Opferhunden"? Dies waren aus Stroh gebastelte Figuren, die zu rituellen Festlichkeiten zuvor geschmückt, dann verehrt - und nach ihrem Gebrauch achtlos liegengelassen wurden. Da Himmel und Erde nicht gütig sind und sich achtlos gegenüber dem Menschen verhalten, soll es auch der Berufene tun, der sich dem Prinzip der Dinge anzupassen sucht: Auch er ist nicht gütig, auch er verhält sich achtlos. Nun meint Laozi dies jedoch nicht asozial im Sinne der Ignoranz. Sondern es sei weder ein Bevorzugen noch ein Benachteiligen. Eine teilnahmslose, undifferenzierte Weisheit, die den Menschen in sich frei lässt und auf natürliche Weise dazu verhilft, sein volles Potenzial zu entwickeln. Es ist ein Nicht-Eingreifen, es ist ein Gewährenlassen. Indem er alle Menschen gleich behandelt, differenziert er nicht, und indem er selbst ohne Absicht ist, kann er alle Wesen in ihrer Natur belassen. So behandelt er alle Wesen gut, da er nicht eingreift und die natürliche Ordnung nicht stört. Jedoch bleibt an dieser Stelle die soziale Frage insofern offen, als noch nicht geklärt ist, inwieweit der Berufene sich eines Handelns in Not gegenüber einem hilfsbedürftigen Wesen verhält. Ist ein Mensch am Ertrinken, verhält sich das Wirk-Gesetz von Himmel und Erde diesem Ertrinkenden gegenüber neutral. Hat er keine Kraft mehr und versinkt, wird ihn das Wasser ertränken. Der Berufene, der sich nach diesem Prinzip verhält, erhält in diesen Strophen noch keine genaueren Hinweise, ob er sich auch hier gleich oder doch differenziert verhalten soll, und wir müssen die folgenden Verse beachten, um weiteres zu erfahren.

Nun kann der Vergleich zu den „Opferhunden“ jedoch noch anders gedeutet werden. Denn werden „stroherne Opferhunde“ nach dem Ritual zwar achtlos weggeworfen und nicht weiter beachtet, werden sie doch nach Herstellung bis zum Ritual und währenddessen verehrt und mit großer Sorgfalt behandelt. Wir können daher Laozis Worte auch in dem Sinn von Schicksal und Bestimmung insofern deuten, als dass Himmel und Erde jedem Wesen seiner Bestimmung entsprechend wohlgesonnen und behilflich, nach Erfüllung ihm jedoch teilnahmslos gegenüber steht. Da dem DAO jedoch keine wesenhafte Intelligenz zugesprochen wird, die so etwas wie Bestimmung oder Schicksal festlegen würde, könnte man an dieser Stelle Zweifel hegen. Dies jedoch braucht nicht der Fall zu sein. Denn wenn ich eine Billardkugel anstoße, und sie trifft auf andere, wird dies einen Effekt haben, der sich auf die nächste Kugel und so weiter auswirkt. Auch hier herrscht keine denkende Intelligenz, und dennoch kann ich von der Bestimmung der Kugel reden, die ihr zuteil kommt, da die vorherige Kugel sie entsprechend treffen wird, was sich vom ersten Anstoß auf alle Kugeln fortsetzt. Wir können also auch dann von einem Schicksal und einer Bestimmung ausgehen, wenn kein ‚himmlischer intelligenter Herrscher‘ eingebunden sein muss. Allerdings muss auch erwähnt werden, dass Laozi ihn keinesfalls ausschließt: Er bezieht ihn sogar mit ein, setzt ihn nur nicht mit dem letztendlichen DAO gleich, da dieses „vor Gott zu sein scheint“ (vgl. Vers 4). So ist es mehr eine erste Wesenhaftigkeit des DAO, dem dann die weitere Schöpfung folgt bzw. das DAO, wenn es als Uranfänglichkeit wesenhaft in Erscheinung tritt.

Nicht nur das Gesetz von Ursache und Wirkung, sondern gerade auch die mystische Erfahrung kommt zu dem Schluss, dass jedes Wesen gemäß seiner Natur und seinem Umfeld ein Schicksal hat, zu dessen Erfüllung es bestimmt und gefördert, danach aber achtlos zurückgelassen wird. Für den Berufenen bedeutet dies, sowohl für ihn selbst als auch für die Menschen, denen er begegnet, die Bestimmung zu fördern, die innere Stimme freizulegen und ihr zu folgen - nach getanem Werk jedoch nicht dabei zu verharren und sich selber aufzugeben und wieder ins

Nichtsein einzutauchen. So kann der Mensch sein Schicksal annehmen, indem er genau das lebt, wozu er lebt und auch negative wie positive Einschläge mit Gelassenheit hinnimmt. Es ist wie ein ‚Nach-Hause-gehen', wenn ‚die Arbeit' dann getan ist.

Der Zwischenraum zwischen Himmel und Erde
ist wie eine Flöte,
leer und fällt doch nicht zusammen;

Der Mensch ist Bindeglied von Himmel und Erde. Er steht auf der Erde und reicht mit seinem Geist in den Himmel. Er ist zwischen Himmel und Erde. Er ist in dem Zwischenraum zwischen Himmel und Erde. Vom Taiji-Konzept her kann man auch sagen, er ist der Zwischenraum von Himmel und Erde. Dieser Zwischenraum jedoch ist leer. Alles, was in Existenz kommt, trägt in sich essenziell die Leerheit. Montiere ich von einem Wagen die Räder ab, habe ich den Wagen nicht weggenommen, sondern nur die Räder. Nehme ich die Deichsel ab, habe ich den Wagen nicht weggenommen, sondern nur die Deichsel. Nehme ich die Achsen des Wagens, habe ich den Wagen nicht weggetragen, sondern nur die Achsen. Nehme ich den Sitzkasten, habe ich den Sitzkasten entfernt, doch nicht den Wagen. Zu keiner Zeit habe ich den Wagen fortgenommen, und doch ist irgendwann nichts mehr da. Alles zwischen Himmel und Erde ist eine Zusammensetzung vorheriger kleinerer Bestandteile. Diese wiederum sind auf gleiche Weise hervorgetreten. Ich kann dies immer weiter zurückverfolgen, bis nichts Definitives mehr übrig bleibt. So ist alles zwischen Himmel und Erde letztendlich in seiner Essenz leer. Und doch ist es existent, es fällt nicht zusammen – wie bei einer Flöte. So soll auch der Mensch sein: in sich leer und doch (seine Bestimmung) erfüllend. Durch Bewusstwerdung seiner eigenen Leere vereint er sich mit dem Einen aller Dinge und Wesen, mit unser aller Natur, der Leere, und ist somit ganz im DAO, aus dem er seiner Art nach wirkt und wie die Flöte ‚Himmel und Erde nicht zusammenfallen lässt' (denn dies würde passieren, wenn kein beobachtendes und wahrnehmendes Wesen da wäre. Denn wer könnte dann sagen, dass so etwas wie Himmel und Erde da wäre?). Die Flöte ist das Göttliche (auch in uns), die Energie aller Existenz. Auch zeigt dieses Bild, dass wir mit allem ausgestattet sind, was wir brauchen, es aber keinen Grund gibt, stolz und überheblich zu sein, da wir ausgestattet *worden* sind und auch wieder vergehen und hieran keinen Anteil haben. Wir können lernen, dass gerade die Leere nicht nichts ist in dem Sinn, sondern hier die Essenz ist, aus der alles kommt und die alles zusammenhält. Auch können wir hier einen ganz lebenspragmatischen Schluss ziehen: im Grunde geistig klar und leer, physisch aufrecht und stabil. Dies ist die Basis für Gesundheit, Lebensfreude und Erfüllung.

Wilhelm führt auch die Übersetzung der Flöte als *„Blasebalg“ (wörtl. tuo2 yue4)*[22] an. Dieser Blasebalg zwischen Himmel und Erde wird betätigt durch deren Wechselwirkung und erschafft so den „Wind“, der alles dazwischen erschafft:

bewegt kommt immer mehr daraus hervor.

Denn ‚bewegt sich diese Leere‘, wirkt sie schöpferisch. Aus dem DAO heraus wirkt das DAO. Wirken jedoch ist immer ein Vorher und ein Nachher, Zeit und Raum entsteht. Dies ist nur möglich innerhalb des Dualismus – Yin und Yang entstehen. Yin und Yang ergänzen einander, verbinden sich, entwickeln unendliche Kombinationen des ewig Schöpfenden. Und solange dies nicht zur Ruhe kommt, solange dies in Bewegung ist, „kommt immer mehr daraus hervor“.

Aber viele Worte erschöpfen sich daran.

Dies ist ein natürlicher Prozess. Er ist erfahrbar. Man kann sich mit ihm verbinden und mit ihm fließen. So werden wir naturgerecht unser Leben leben können. Wir werden gesund. Darüber zu reden, bedeutet, sich für den Moment der geistigen Analyse und dessen Veräußerung aus diesem Prozess, des intuitiven Mit-Fließens, herauszunehmen. Aus dem Nicht-Wissen (vgl. Vers 56) wird ein bewusster Akt der Trennung, des Wissens. Das Fließen stockt. Uns selbst bewusst, nehmen wir uns aus dieser heilsamen Schöpfung. Diese Worte jedoch erschöpfen uns, entzweien uns aus unserer Natur und unserer rechten Weise. Daher sagt Laozi:

Besser ist es, das Innere zu bewahren.

---

[22] Wilhelm 1986, Seite 204

Dies bedeutet, dem natürlichen Fluss wieder angeschlossen zu sein. Wer zu weit von zu Hause fortgeht, mag sich verirren und nicht mehr zurückwissen. Er ist von seinem Zuhause, von sich selbst getrennt. Sein Inneres zu bewahren heißt, bei sich, sprich bei seiner Essenz und seiner Schöpfung zu bleiben. Eins mit sich selbst und seiner Schöpfung zu leben. Dies bedeutet Nicht-Wissen. Denn zum Wissen muss ich mich herausnehmen. Ich muss mich als getrenntes Einzelwesen empfinden, um unterscheiden zu können. Und nur über diese Unterscheidungen kann ich beschreiben. Das „Innere zu wahren" *(wörtl. shou3 zhong1 - ‚Mitte wahren')* bedeutet, bei sich zu bleiben und Einheit zu bewahren. Der Daoismus, dessen Grundlage das Daodejing ist, hat für alle, die ‚nicht mehr zu Hause sind', Wege entwickelt, wieder hierher zurückkehren zu können, wieder „das Innere zu bewahren". Nun müssen wir darum wissen (sonst gäbe es auch keinen Grund für das Daodejing), aber nur, um uns voll und ganz der Praxis und dem LEBEN zu widmen und das Wissen darum quasi wieder zu vergessen. Es geht darum, die Grenzen aufzulösen. ‚Nach Hause' zurückzufinden, zu Hause zu bleiben (siehe Vers 47) und von dort aus, also stets die eigene Mitte wahrend, im Außen zu wirken, wenn es sein soll.

Zusammengefasst können wir sagen, dass wir der Natur in ihrem Wirk-Prinzip Folge leisten sollen. Ohne ‚wenn und aber'. Wir sind wie „stroherne Opferhunde". Wir haben unsere Zeit, und dann vergehen wir wieder. Das natürliche Prinzip achtet nicht auf unser individuelles Wollen, sondern folgt nur seinem eigenen ‚Ursache/Wirkungs-Prinzip'. Wenn wir das verstehen, können wir uns selber aufgeben und ihm folgen. Dies bedeutet, den ‚Tönen der Flöte', dem ‚Wind des Blasebalgs' zu folgen und nicht gegen sie zu agieren. Sich ganz dem DAO zu überlassen bedeutet, sein Handeln auf das Natürliche abzustellen, gerade um unsere natürliche Bestimmung zu erfüllen.

So wird unser Handeln zum Nicht-Handeln. Denn was getan wird, entspringt nicht meinem Eigenwillen, sondern ist lediglich das, was anliegt zu tun. So ist meine Handlung nicht anstrengend, weil es nichts Zermürbendes, keinen Zweifel, keine Entscheidungen in diesem Sinn erfordert. Daher ist es auch nicht nötig, hierüber (mehr) Worte (als nötig) zu machen. So kann ich mein Inneres wahren, komme nicht in den Verbrauch und folge einfach dem Lauf der Dinge. Im Sinn meines Ausfließens aus meiner tiefsten Quelle, die dem Nichts entspringt und doch alles (DAO) in sich trägt - und erfülle so mein Schicksal.

Fei1 chang2 dao4

..ist nicht das ewige DAO.

VERS 6

谷神不死
是謂玄牝.
玄牝之門
是謂天地根.
綿綿若存
用之不勤.

Der Geist des Tals stirbt nicht,
das heißt das dunkle Weib.
Das Tor des dunklen Weibs,
das heißt die Wurzel von Himmel und Erde.
Ununterbrochen wie beharrend
wirkt es ohne Mühe.

Der Geist des Tals stirbt nicht,
das heißt das dunkle Weib.
Das Tor des dunklen Weibs,
das heißt die Wurzel von Himmel und Erde.

Ein Tal ist der tiefste Punkt eines Berges. Der „Geist des Tals" ist demnach die tiefste Ebene unseres Geistes. Unser Seelengrund. Sigmund Freud beschrieb einmal unser Bewusstsein als Spitze eines Eisberges, der aus dem Wasser hervorschaut, jedoch nur 5 % des ganzen Berges ausmacht. Und nun wollen wir hinab bis auf den Grund dieses Berges, der uns in Wahrheit fast vollständig unbewusst ist. Wir wollen bis zu seinem tiefsten Beginn, seinem tiefsten Tal. ‚Im ‚Grunde' sind wir alle gleich', sagt ein Sprichwort. Wir können es wörtlich nehmen und finden hier seine Erfüllung. Im Grunde des Geistes, das bedeutet: vor den Gedanken, vor den Sinnen, vor dem Ich und sogar vor dem Selbst, dort, wo jedes Einzelwesen noch nicht ist und doch schon ist (vgl. Vers 1). Im Anfang. Dort im Grunde gibt es noch keinen Unterschied. Es ist das reine Sein, reines Yin und Yang, eingebettet in noch ungetrennter Urkraft. Fünf verschiedene Finger, und doch kommen sie alle aus derselben Hand. Ein Ursprung, aus dem alles Unterscheidbare fließt. Alles kommt aus diesem Allen gemeinsamen Grund des „Geistes". Laozi nennt diesen Grund des Geistes „das dunkle Weib" und erinnert uns damit an den Terminus „Mutter" aus Vers 1. Denn dieser „Geist des Tals" ist bar aller Bilder. Auch, was uns ganz persönlich betrifft: unser Charakter, unsere Persönlichkeit, unsere Körperlichkeit, alle Geschehnisse und Ereignisse, die durch uns und in uns in Erscheinung treten. All dies ist hier im ‚Grunde' noch nicht hervorgetreten. Gebärend ist nur das Weibliche, daher wählt Laozi dieses Bild. Aller Grund ist dunkel, aller Anfang vor dem Licht. Daher heißt es „das dunkle Weib(liche)" *(xuan2, wörtl.: ‚dunkel, tiefgründig, geheimnisvoll'; pin4, wörtl.: ‚weiblich'*). Gerade auch die Bedeutung *‚tiefgründig', also ‚tiefer Grund' oder hier im Zusammenhang vereinfacht: ‚tiefster Grund' für „xuan2", weist noch einmal auf die Quelle hin.* Weiter heißt es: „das Tor des dunklen Weibs, das heißt die Wurzel von Himmel und Erde." „Himmel und Erde", die natürlich auch immer eine physikalische Bedeutung haben, verweisen hier in erster Linie auf die ersten Erscheinungsformen von Yin und Yang als zwei voneinander differenzierbare Zustände. Die Wurzel von Yin und Yang, das „Tor", ist demnach das ursprüngliche Taiji, durch das die Daseinsformen geschaffen (geboren) werden. Wir haben es bereits in Vers 1 besprochen: Es ist der Durchgang zwischen Wuji und Taiji. Es ist der Übergang aus dem Nichts (wu2), ‚aus dem Dunkel', ist Geburt („Weib") in das Sein (you3). Vor dem Tor ist Ewigkeit, nach dem Tor ist Zeit und Raum[23], Vergänglichkeit, Freud und Leid. Aber auch Möglichkeit. Durch diesen Grund, nämlich durch das ihm inneliegende Tor, sprudelt es daher grenzenlos. Es gebärt unaufhörlich, denn es ist seine Natur (zi4 ran2), von selbst ohne Unterbrechung zu gebären. Dieser Geistesgrund hat ein Tor. Und aus diesem Tor heraus ist alles gegeben. Umgekehrt bedeutet dies für unsere Meditation: Wir können „den Geist des Tals", unseren eigenen und aller Welten Grund, durch ‚herabsteigen bis ins Tal' mystisch erfahren und hierin ein Tor entdecken, das uns den Blick ins Große Nichts (da4 wu2) werfen lässt. Und hier kommt es zum Vorschein (vgl. Vers 1): Das Schauen unseres Grundes lässt uns den Grund unseres Daseins erkennen. Dieses Wortspiel ist kein Zufall und sollte wörtlich verstanden werden.

Ununterbrochen wie beharrend
Wirkt es ohne Mühe.

Aus der Natürlichkeit, von selbst (zi4 ran2) „ununterbrochen wie beharrend *(cun2, wörtl. u.a.: ‚bewahrend*', vgl. Vers 4) wirkt es ohne Mühe". Denn alles kommt aus der unendlichen Energie reiner Potenzialität. Nichts wird verbraucht, obwohl doch alles entsteht. Energie geht nicht verloren. Auch bei uns: Jede Handlung, die uns wie von selbst von der Hand geht, ist mühelos. Wir atmen „ununterbrochen wie beharrend" und doch völlig „ohne Mühe". Niemals werden wir müde zu atmen. Es geht von selbst. So ‚atmet' auch dieses Tor unbeirrt und ohne Pause alles hervor, was ist und entstehen wird. Kommt unser Ich ins Spiel und verpassen wir den Fluss der Natürlichkeit, versuchen wir unseren Eigenwillen gegen den Strom des Lebens einzusetzen, verbrauchen wir uns. Denn es kostet Mühe, und unser Ich ist nicht von Dauer. Das Unbeständige kann nichts Beständiges hervorbringen. Nur das Beständige kann (sich) erhalten. So gilt im Großen der Schöpfung dasselbe wie in jeder kleinen Alltagshandlung: ‚der Weise handelt nicht und doch bleibt nichts ungetan' - „beim Nichtsmachen bleibt nichts ungemacht" (Vers 48). „Nichtsmachen" bedeutet auch konzentriertes Handeln. Stellen Sie sich vor, sie sind voll und ganz in einer Handlung. Ohne darüber nachzudenken. Im Einklang. Alles scheint ohne Verbrauch zu gehen. Und nun stellen Sie sich eine Handlung vor, bei der Sie unkonzentriert sind, sich zur Konzentration zwingen müssen. Die Sie nicht mögen. Die Sie ‚zwie(zwei) spältig' betrachten. Es ist anstrengend, nervenaufreibend, und Sie sind erschöpft,

[23]Der Grund des Geistes reicht zu beiden Seiten dieses Tores, weshalb er sowohl *Grund*lage unseres Seins, als auch „nicht stirbt", sprich ewig ist.

wenn die ‚Arbeit' endlich erledigt ist. Nur was Mühe macht, ist Arbeit. Alles andere braucht diesen Namen nicht. *„Ohne Mühe" - „bu4 qin2", wörtlich auch ‚ohne Fleiß'*, bezeichnet also nicht nur eine Handlung ohne Verbrauch, sondern (daher) auch ohne Anstrengung, ohne Ehrgeiz, und demnach ist sie: ganz natürlich (zi4 ran2).

Wir kommen und gehen, Sein und Nicht-Sein wechseln „ununterbrochen wie beharrend" (im Sinne von ‚kontinuierlich', auch: ‚bewahrend') miteinander. Nichts geht verloren, nichts verbraucht sich. Wir sind es, die uns verschleißen und verbrauchen - durch unseren abgetrennten Eigenwillen. Das DAO ist ewig und bewahrt alles. Daher ist es gerade auch unsere Gesundheit, die von der Einswerdung mit dem DAO profitiert.

„Nicht-Handeln" (wu2 wei2) ist demnach nicht nur Nicht-Eingreifen oder spontanes Handeln, sondern auch Handeln im Einklang mit allem, konzentriert (eins gerichtet) und ohne Widerspruch. Es ist das Handeln (wei2) aus dem Nichts (wu2) durch das Tor des Geistesgrundes. So ist Wuwei ein Handeln aus der Quelle und daher ohne Verbrauch. Denn diese ist ewig unerschöpflich, da unwandelbar. Wir kommen aus dem Wu und befinden uns im You. So ist auch die vollkommene Art zu leben: zu Hause im Nichts, von hier ‚ausgehend' in Handlung kommend, die unser Sein kreiert. Das wäre dem DAO ‚folgend'.

Man kann das Tal auch als den leeren Zwischenraum zwischen zwei Bergen bezeichnen, die essenzielle Aussage bleibt jedoch die gleiche. Denn aus der Leere entsteht alle Fülle, sie ist Quelle alles Vollen. Denn das Nichtsein ist der Quell des Seienden, das sich im Nichtsein wieder auflöst.

Qi2 an1 yi4 chi2
Dauerhaftigkeit durch Ruhe und Einfachheit

VERS 7

天長地久.
天地所以能長且久者
以其不自生
故能長生.
是以聖人後其身而身先
外其身而身存.
非以其無私邪.
故能成其私.

Der Himmel ist ewig und die Erde dauernd.
Sie sind dauernd und ewig,
weil sie nicht sich selber leben.
Deshalb können sie ewig leben.

Also auch der Berufene:
Er setzt sein Selbst hintan,
und sein Selbst kommt voran.
Er entäußert sich seines Selbst,
und sein Selbst bleibt erhalten.
Ist es nicht also:
Weil er nichts Eigenes will,
darum wird sein Eigenes vollendet?

Der Himmel ist ewig und die Erde dauernd.
Sie sind dauernd und ewig,
weil sie nicht sich selber leben.
Deshalb können sie ewig leben.

Der Himmel ist aufgrund seiner Natur ewig. Die ewige Weite des leeren Raums. Die Erde, Ort des Werdens und Vergehens, ist selbst dem Werden und Vergehen unterworfen, denn sie existiert im Zeitlichen. Doch für ein Menschenleben oder sogar einem Menschengeschlecht erscheint auch sie endlos. Daher ist sie nach Laozi zwar nicht ewig, aber „dauernd". Der Himmel, als unser Ursprung und unser Ziel, und die Erde, als Stätte unserer Entwicklung, leben sich nicht selber. Sie leben, sprich dienen, nicht sich selbst, sondern – uns. Sie sind Plattform, nicht Betretender. Geben Wohnstätte, aber wohnen nicht. Sie verleihen Sinn, suchen ihn selbst jedoch nicht. Da sie nur im Geben und Gestatten weilen, leben sie sich nicht selber. Da sie sich nicht selber leben und sich selber nicht einmal bewusst sind, leben sie ewig. Denn was nicht um sich selber weiß, weiß auch nicht um sein Vergehen. Der Übergang vom Sein ins Nichtsein, vom Vergänglichen ins Ewige und umgekehrt, findet auf natürliche Weise statt und ohne wertendes Bewusstsein. Aus der Leere entsteht Materie, und Materie vergeht wieder im Nichts. Da nichts bewertet, ist nichts anderer Meinung. Da keine Meinungsverschiedenheiten existieren, herrscht Harmonie. Stört nichts diese Harmonie, bleibt jeder Wandel ohne Wirkung. Und gibt es keine Wirkung mehr, verändert sich in Wahrheit schließlich nichts. Verändert sich nichts, ist alles ewig. So sind „Sein und Nichtsein unterschiedlich nur im Namen" (Vers 1).

Auch kann man folgende Betrachtung anstellen: Der Himmel und die Erde, ob nun rein ursprünglich geistig oder physisch materiell - in beiden Fällen sind sie abhängig entstanden. Sie sind nicht aus sich selbst heraus, sondern aus etwas Vorherigem geworden. Nehmen wir das Nicht-Sein und ihm zur letztendlichen Quelle das DAO als Ursprung und begreifen, dass nur das DAO aus sich selbst heraus unabhängig existiert (vgl. Vers 1), so verstehen wir den Text auch folgendermaßen: Nur das DAO ist als einzige Größe in der Lage, sich selbst „zu leben" (vgl. Vers 25). Alles andere steht in Abhängigkeit zu ihm. Will anderes aber versuchen, sich selbst zu leben und durchtrennt diese ‚Nabelschnur' zum Ursprung - muss es vergehen, da es aus sich selbst heraus nicht sein kann.

Nur dadurch also, dass es seine innerste Natur (an)erkennt und durch diese, also nicht durch sich selber, lebt - kann es ewig leben. Denn es ist an das Ewige angeschlossen und lebt einzig durch dieses. Während es selbst ohne dieses Ewige eben nicht ewig wäre und vergehen müsste, versuchte es denn, sich selbst zu leben, was es in Wahrheit nicht kann.

Also auch der Berufene:
Er setzt sein Selbst hintan,
und sein Selbst kommt voran.

Der Berufene weiß um sich, seine Natur und die Natur der Dinge. Alles ist schließlich und endlich eine einzige Natur. Er erkennt sich selbst und ist daher in der Lage, sein Selbst von seinem Ego und seiner Persönlichkeit zu trennen. Das „Selbst" hintenan zu stellen, bedeutet, es von Ego und Eigenwillen/heit zu befreien. Das „Selbst", das dadurch vorankommt, ist dieses befreite, reine und ureigentliche „Selbst" der eigentlichsten Existenz. Das reine „Selbst", das von nichts getrennt und ewig ist. Der „Berufene" weiß um die Ewigkeit und die Gleichheit mit dem Ganzen seines Selbst. Daher ist er frei vom Werden. Daher ist er frei vom Schaffen. Da er frei vom Werden und Schaffen ist, hat er keinen Ehrgeiz. Da er mit der Natur fließen kann, kennt er aber auch keine Müdigkeit und keine Trägheit. Er tut, was zu tun ist und tut nicht, wenn nicht zu tun ist. Da er auf diese Weise nichts will und das DAO frei und ungehindert durch ihn wirken kann, ist es ihm leicht, sein (von Ego und Eigenwillen/heit beladenes) Selbst hintenan zu setzen. Denn sein Ego und seine Geltungssucht haben keine Macht über ihn. Da er sein Selbst hintenan setzt, ist er ein Meister der Demut, schätzt sich selber niedrig und hält an nichts fest, auch nicht an sich selbst. Daher kommt sein (befreites) Selbst voran, denn derjenige, der an nichts festhält, der sich selbst entäußert und sich von sich selbst befreien kann, durch den kann sich das DAO gänzlich entfalten. Daher wird der Letzte der Erste sein, der Niedrigste der Höchste. Der Berufene kommt voran, indem er sein Selbst hintenan stellt. Auf diese Weise wird sein Herz rein, und Weisheit steigt in ihm auf. So entsteht sein Vorankommen.

Er entäußert sich seines Selbst,
und sein Selbst bleibt erhalten.

Dadurch, dass er sich seines Selbst entäußert, also sein Ego und seine Persönlichkeit nicht mehr mit sich selbst identifiziert, dadurch haben beide keine Macht mehr über das Selbst. So wird das Selbst in nichts bedrängt, in keine Form gegossen und ganz seiner Natur - und nichts anderes ist das Selbst - überlassen. Daher kann es sich frei entfalten und bleibt sich selbst erhalten. Der Mensch, der seinem Selbst aufgesetzt ist, erfährt hierdurch die Natürlichkeit seines Selbst auch in seiner Person und in seinem Ich. So wird seine diesem „Selbst" aufgesetzte Person von dieser Wahrheit ganz übernommen und erfüllt. Die Person transformiert und personifiziert nun das reine DAO, das frei durch ihn wirken kann. Der Unwissende geht den entgegengesetzten Weg und lässt sich nicht von seinem Selbst formen, sondern versucht, sein Selbst durch seine konditionierte, unbeständige und künstliche Persönlichkeit und dem daraus entstandenen Ego zu formen. Hierdurch geht das Selbst scheinbar verloren, und er lebt im Widerspruch, in Disharmonie und in Vergänglichkeit, da im Unterschied.

Ist es nicht also:
Weil er nichts Eigenes will,
darum wird sein Eigenes vollendet?

So erreicht er noch zu Lebzeiten seine Bestimmung. Denn wenn nichts künstlich Aufgesetztes das Selbst vernebelt und auf Abwege bringt, kann seine Klarheit scheinen und der Person ist bewusst, was ihr Weg ist und wie sie ihn zu gehen hat. Basis hierfür ist das Freilegen des natürlichen Selbst. Dies bedeutet: sein Eigenes vollenden. Gerade also „weil er nichts Eigenes will, darum wird sein Eigenes vollendet."

Xiu1 xing2
(Körper und Geist) kultivieren / nach dao-/buddhistischer Doktrin leben

VERS
8

上善若水.
水善利萬物而不爭
處眾人之所惡
故幾於道.
居善地
心善淵與善仁
言善信
正善治
事善能
動善時.
夫唯不爭
故無尤.

Höchste Güte ist wie das Wasser.
Des Wassers Güte ist es,
allen Wesen zu nützen ohne Streit.
Es weilt an Orten, die alle Menschen verachten.
Drum steht es nahe dem SINN.
Beim Wohnen zeigt sich die Güte an dem Platze.
Beim Denken zeigt sich die Güte in der Tiefe.
Beim Schenken zeigt sich die Güte in der Liebe.
Beim Reden zeigt sich die Güte in der Wahrheit.
Beim Walten zeigt sich die Güte in der Ordnung.
Beim Wirken zeigt sich die Güte im Können.
Beim Bewegen zeigt sich die Güte in der rechten Zeit.
Wer sich nicht selbst behauptet,
bleibt eben dadurch frei von Tadel.

Höchste Güte ist wie das Wasser.
Des Wassers Güte ist es,
allen Wesen zu nützen ohne Streit.

In diesem Abschnitt spricht Laozi über die Güte. Güte steht vom Wortstamm her in direkter Verbindung mit „gut". Aber es trägt zusätzlich noch diese Wärme in sich, die einen nicht nur gut als Gegenstück von schlecht oder böse sein lässt. Auch ist Güte im Vergleich zu gut nicht so neutral und sachlich. Gut sein beschreibt eine nicht zwangsläufig mit anderen in Beziehung stehende Haltung oder Handlung. Güte dagegen ist stets auf etwas gerichtet zum Zwecke der Hilfe, des sich Erbarmens und der Zuwendung. Es hat im Vergleich zum schlichten gut immer eine Herzensverbindung zu der in Güte zugewandten Wesenheit. Güte aber setzt gut als Ausgangsposition voraus. Ohne das Wissen um das Gutsein kann keine Güte entstehen. Nur gut sein ohne Güte jedoch ist ohne Herz. Aus dem Gutsein gebiert das Herz die Güte. Diese ist gerichtet auf die Wesenheiten, ihnen zu nutzen. Güte ist für den anderen da und kennt daher nur Selbstlosigkeit. Daher kann sie nicht streiten. Warum benutzt Laozi in diesem Zusammenhang das Bild des Wassers? Wasser passt sich jeder Form an, ohne selbst zu wollen. Worin immer es fließt, füllt es die Räume so aus, wie sie gegeben sind. Es ist weich und nachgiebig, spart aber nichts aus. Es trägt in sich eine gewaltige Kraft, hat aber keinen Eigenwillen, sondern folgt nur dem höchsten Prinzip der Natur. Es bleibt sich in seinem Element immer treu und passt sich doch allem an. Güte, die wie das Wasser ist, kann den Menschen so sehen und annehmen, wie er ist. Sie kann ihn füllen, will ihm aber nichts aufzwingen. Sie fließt in die richtige (natürliche) Richtung, tut dies aber absichtslos. Sie ist nachgiebig und füllt doch aus. Diese Güte wirkt auf die Wesen, ohne sie erziehen zu wollen. Sie ist einfach da und folgt der Natürlichkeit. Sie bietet sich stets als Hilfe an, wird sich selbst aber niemals untreu. Jeder kann sie wahrnehmen, kann sie annehmen, muss es aber nicht. So nützt die Güte allen Wesen ohne Streit - wie das Wasser.

Es weilt an Orten, die alle Menschen verachten.
Drum steht es nahe dem DAO.

Wasser weilt immer am tiefsten Punkt, an den es gelangen kann. Es versucht nicht, nach oben emporzuschießen, denn seine Natur ist es, nach unten abzufließen. So orientiert sich auch die Güte immer am Geringsten und Niedrigsten und stellt sich selbst noch darunter. Was die Menschen achten, ist Emporsteigen, Ruhm und Reichtum. Es ist das Vergängliche, das Künstliche. Wasser verkörpert jedoch aufgrund seiner Natur das Demütige, das Bescheidene. Daher steht es dem DAO nahe. Denn das DAO ist nur in dieser ‚Erniedrigung', Demut und Selbstentäußerung erfahrbar. Auch bewegt es sich nie von alleine, sondern folgt nur den auf sie wirkenden Impulsen. Es nimmt alles auf und gibt allem seinen Platz, ohne sich dagegen zu wehren. Nicht im Stolz, im Eigenwillen, sondern im Hinnehmen, im Aufnehmen und in der demütigsten Liebe zeigt sich die Güte, gleich dem Wasser.

Im Schriftzeichen für *Wasser, „shui3", findet sich ein stabiles Inneres, wobei das Äußere vollständig nachgiebig ist*. So auch die Güte: Sie bleibt immer gut, und doch kann sie sich vollständig hingeben und jeder Situation anpassen, ohne sich selbst dabei zu verlieren.

Beim Wohnen zeigt sich die Güte an dem Platze.
Beim Denken zeigt sich die Güte in der Tiefe.
Beim Schenken zeigt sich die Güte in der Liebe.
Beim Reden zeigt sich die Güte in der Wahrheit.
Beim Walten zeigt sich die Güte in der Ordnung.
Beim Wirken zeigt sich die Güte im Können.
Beim Bewegen zeigt sich die Güte in der rechten Zeit.

Da die Güte für sich selbst nichts will, passt sie sich jeder Form widerstandslos an. Die Güte ist, aus dem DAO wirkend, die Essenz jedes Gedanken, jeder Handlung, jedes Geschehens und jeder Begebenheit. Das Heilsame im Wohnen hängt grundsätzlich von dem Ort ab, auf dem die Wohnung errichtet wird. Daher zeigt sich grundlegend seine Güte am gewählten Platz. Denken findet seine Perfektion in der Tiefe, sprich in einem Denken, das bis auf den Grund der Betrachtung hinabzusinken vermag. Und genau hier trifft es auf seine Güte, denn im Grunde findet sich jegliche Wahrheit. Ein Geschenk wird wertvoll im Äußeren durch seine Gebräuchlichkeit. Im Innern aber durch seine Absicht. Daher nehmen wir auch unnütze Geschenke an, wenn wir eine liebende Absicht dahinter wahrnehmen. Diese liebende Absicht ist daher die Güte des Schenkens. Reden hat nur Sinn, wenn es in Wahrheit geführt wird und zum Guten führt. Sonst sollte der Mensch schweigen. Daher zeigt sich seine Güte in der Wahrheit als Essenz und Ausgangspunkt eines jeden Wortes. Walten und verwalten bedarf Gerechtigkeit. Es muss recht gerichtet werden. So entsteht auf natürliche Weise Ordnung, sprich Harmonie. Daher ist es für ein harmonisches Walten die Güte, die die Ordnung hervorruft, da sie nicht anders kann, als mindestens gerecht zu sein. Ein Wirken ohne wahres Wissen und wahres Wissen ohne die Fähigkeit zur Umsetzung sind wertlos. Ist jedoch wahres Wissen und die Fähigkeit zu seiner Umsetzung vorhanden, ist Wirken heilsam. Dies zeigt sich am Können. Daher ist des Wirkens Güte im Können zu entdecken. Denn wahres Wissen beruht auf dem Guten. Und aus jedem Guten entsteht zwangsläufig die Güte. Eine Bewegung, zum Beispiel ein Schritt, kann dazu führen, dass ich einen Abgrund hinunterfalle, er kann aber auch dazu führen, einem Auto auszuweichen. Eine Bewegung an sich sagt also nichts über schädlich oder heilsam aus. Erst die richtige Bewegung im richtigen Moment macht also das „richtige“ und somit das ‚Gute‘ an der Bewegung aus. Daher zeigt sich die Güte einer Bewegung an der rechten Zeit. Durch die Güte wird also jeder Ort, wird Denken, Schenken, Reden, Walten, Wirken und Bewegen zu seinem SINN (DAO) geführt und damit wahrhaftig.

Immer ist es aber in Wahrheit die gleiche Güte, die sich, wie das Wasser, jeder Begebenheit, Situation und jedem Vorhaben anpasst und daher in allem auf das Rechte weisend in seiner Essenz wirkt, wenn wir sie denn (freigelegt) haben.

Wer sich nicht selbst behauptet,
bleibt eben dadurch frei von Tadel.

Wilhelm übersetzt hier *„zheng1“ (wörtl.: (‚wett-)streiten‘) mit „sich selbst behaupten“.* Wenn wir *„fu2 wei2 bu4 zheng1“ also übersetzen mit: ‚Denn (fu2) allein (wei2) ohne (bu4) zu streiten (zheng1)‘*, wird klar, dass der ohne Tadel bleibt, der sich nicht nur „nicht behaupten“ (was immer auch Streit bedeutet) will, sondern auch, wer durch Nicht-Streiten generell keine Angriffsfläche bietet. Nehmen wir hierzu noch einmal das Bild des Wassers, verstehen wir, dass mit „Nicht-Streiten“ kein ‚Schwanz einziehen‘, sondern eine ehrliche, gütige, herzensreine Begleitung von Umständen gemeint ist, bei der das Eigene keine Wichtigkeit erhält. Wer könnte hier tadeln?

Daher sollte die grundlegende Ursache eines jeden Handelns die Güte sein. Die von ihr ausgehende Selbstlosigkeit beseelt unser gesamtes Wesen. Auf diese Weise verlieren wir im positivsten Sinne die Fähigkeit zur Selbstbehauptung, unser Egoismus muss unserer Güte weichen, und wir werden ein vollkommener Mensch – durch unsere Güte.

VERS 9

持而盈之
不如其己
揣而銳之
不可長保
金玉滿堂
莫之能守
富貴而驕
自遺其咎.
功遂身退
天之道.

Etwas festhalten wollen und dabei es überfüllen:
das lohnt der Mühe nicht.
Etwas handhaben wollen und dabei es immer scharf halten:
das läßt sich nicht lange bewahren.
Mit Gold und Edelsteinen gefüllten Saal
kann niemand beschützen.
Reich und vornehm und dazu hochmütig sein:
das zieht von selbst das Unglück herbei.
Ist das Werk vollbracht, dann sich zurückziehen:
das ist des Himmels SINN.

Etwas festhalten wollen und dabei es überfüllen:
Das lohnt der Mühe nicht.

„Etwas festhalten wollen...“: hier wird aktives Handeln bezeichnet. Ein ‚Sich-einmischen‘, ein ‚Verändern-wollen‘ nach eigenen Maßstäben. ‚Ich will … festhalten‘. Nicht fließen mit der Natur, sondern selbst eingreifen und sagen: ‚Ich möchte das jetzt so.‘ Das ist das Festhalten. Etwas im natürlichen Fluss ergreifen und den Fluss an dieser Stelle unterbinden. Doch der Fluss geht weiter. Nachfolgendes nähert sich, es beginnt sich zu stauen und – es überfüllt sich. Daher „lohnt es der Mühe nicht“, denn es richtet sich gegen die Gesetzmäßigkeit der unaufhörlichen Wandlung. Es blockiert. Es birgt Unheil in sich und lohnt daher nicht, festgehalten zu werden. Denn der natürliche Fluss wird sich durchsetzen und mein Festhalten wie einen Damm durchbrechen. So ist alle Anstrengung nutzlos gewesen.

Etwas handhaben wollen und dabei es immer scharf halten:
das lässt sich nicht lange bewahren.

Auch hier kritisiert Laozi die Idee, etwas immer gleichbleibend halten zu wollen. Dinge verändern sich, und der menschliche Wunsch, etwas immer gleich behalten zu wollen, muss daher scheitern und ist also leidvoll. Denn wie immer ich mich auch anstrenge, es „lässt sich nicht lange bewahren“. Schon gar nicht kann ich etwas „handhaben“, und gleichzeitig bleibt es „scharf“. Es nutzt sich mit der Zeit ab. Ebensowenig kann ich etwas immer scharf halten, denn durch das ständige (über-)schärfen, geht es kaputt. Die Klinge nutzt sich durch Gebrauch ab und wird durch übertriebenes Schärfen brechen. Es ist der Weg der Mitte, den es zu erkennen und befolgen gilt. Am besten also einfach „Sein“ lassen, seinem natürlichen Lauf entsprechen. Für den Ergriffenen kann dies ein völliges Aussteigen und ein Leben abseits der Gesellschaft in vollständigem Nicht-Handeln in der Art, sich tatsächlich außer dem passiven Beiwohnen nicht mehr zu betätigen, bedeuten. Für den Adepten in der Welt aber kann dies bedeuten, die Dinge, die er tut, so zu handhaben, dass er sich den steten Veränderungen ebenso stetig anpasst. Er greift nicht, hält nicht fest, will nicht handhaben. Aber dennoch bleibt er bei den Dingen insofern, als er die Kunst beherrscht, sich den Veränderungen fortwährend anzupassen. Dem einen widerfährt nichts, und so kann er seine Ruhe wahren. Dem anderen widerfährt ständig, doch durchs ‚Nicht-Ergreifen' hält auch er seine Ruhe und wahrt die Mitte.

Mit Gold und Edelsteinen gefüllten Saal
kann niemand beschützen.

In dieser Passage beleuchtet Laozi das Vorhergehende von einer anderen Seite: Nicht nur starres Festhalten geistiger und handelnder Art lohnt sich nicht. Auch der Versuch, angehäuften materiellen Besitz ständig zu (be-)halten, ist unheilvoll. Denn jedes ‚mehr' regt die Gier der anderen, und man kommt in die Bedrängnis, diesen Besitz vor anderen schützen zu wollen. Dies hält einen ständig in Atem, und man kommt nicht zur Ruhe. Und egal, wie sehr ich mich anstrenge, schließlich und endlich wird mir der Reichtum aufgrund des Gesetzes der Wandlung sowieso abhandenkommen, spätestens bei meinem Tod. Je mehr ich habe, umso mehr bringe ich mich also in Unsicherheit. Laozi macht uns klar, dass ein einfaches Leben die Ruhe des Himmels genießt, ein mit allerlei Dingen beladenes Leben irdischer Unruhe jedoch unbeschützbar ausgesetzt ist.

Reich und vornehm und dazu hochmütig sein:
Das zieht von selbst das Unglück herbei.

In der Praxis des Taiji(quan) gibt es ein Sprichwort: Vermeide den Fehler der doppelten Schwere! Damit ist gemeint, dass man immer auf die Balance von Yin und Yang achten sollte und nichts einseitig doppelt mit nur einer der beiden Energien beladen sollte. Reichtum und ein hoher gesellschaftlicher Stand für sich ist bereits problematisch, da es soziale Unruhen der Darunterstehenden provoziert. Dieser Reichtum und die hohe gesellschaftliche Stellung lassen zudem aber noch Hochmut entstehen, da man sich leicht für etwas Besseres hält (was übrigens auch ‚Weltabkehrern' passieren kann...). Diese beiden Eigenschaften zusammen wirken jedoch doppelt negativ. Wäre Reichtum gekoppelt mit Wohltätigkeit und ein hoher gesellschaftlicher Rang verbunden mit einem erhöhten Grad an Nächstenliebe (gerade den Untergebenen gegenüber) - man hätte einen gewissen Ausgleich und eine gewisse Balance. Beide Attribute jedoch gepaart mit Hochmut, stellen eine Unbalance in nur eine Richtung dar. Das Gegenüber kann daher nur soziale Unruhe sein, die dann durch Entladung auf ihre Weise ausgleichend wirkt: gleich wie Wind entsteht, wenn irgendwo ein Ungleichgewicht an Molekülen in der Luft vorherrscht. Auf diese Weise zieht es „von selbst das Unglück herbei", denn es führt zu Gewalt und Krieg.

Ist das Werk vollbracht, dann sich zurückziehen:
das ist des Himmels DAO.

Hier präsentiert uns Laozi die Lösung: Stolz und Überheblichkeit zeigen sich, wenn man sich mit etwas zur Schau stellt. Und genau dies sucht er zu verhindern. Der Weise soll nicht verharren bei seinem Werk. Was immer er vollbracht hat – er soll sich nicht damit brüsten, sich nicht darin niederlassen. Er soll weiterziehen, am besten in einer Weise, dass nicht ersichtlich wird, dass er das Werk vollbracht hat. Mit der Erfahrung, dass in Wirklichkeit auch nicht er, als das vergängliche Selbst, sondern rein das DAO durch ihn alle Dinge wirkt, erzeugt er nicht für sich das Gefühl, es selbst, aus seiner eigenen Kraft hervorgebracht zu haben. Er ist lediglich Wirkmedium gewesen, eine Art Werkzeug. Daher kommt er auch nicht auf die Idee, Urheber dieser Leistung zu sein, und entwickelt weder Stolz, noch möchte er Dank oder bei dieser erbrachten Leistung verweilen, um sich in ihrem Schatten zu sonnen. Denn er empfindet kein ‚eigenes Hinzutun', lässt nur das DAO durch sich wirken und ist daher wie zuvor auf der ewigen Wanderung im Fluss der Zeit. Eventuell übersetzte Wilhelm hier den Begriff *„sui4" (‚gelingen, glücken')* aus einem anderen Original mit dem Begriff *„cheng2", ‚vollenden, gelingen, vollbringen'.*

Xing2 yu2 da4 dao4
(Auf-)gehen im Großen DAO / Zugehen auf das Große DAO

VERS 10

載營魄抱一
能無離乎.
專氣致柔
能如嬰兒乎.
滌除玄覽
能無疵乎.
愛國治民
能無為乎.
天門開闔
能為雌乎.
明白四達
能無知乎.
生之畜之
生而不有
為而不恃
長而不宰
是謂玄德.

Kannst du deine Seele bilden, daß sie das Eine umfängt,
ohne sich zu zerstreuen?
Kannst du deine Kraft einheitlich machen
und die Weichheit erreichen,
daß du wie ein Kindlein wirst?
Kannst du dein geheimes Schauen so reinigen,
daß es frei von Flecken wird?
Kannst du die Menschen lieben und den Staat lenken,
daß du ohne Wissen bleibst?
Kannst du, wenn des Himmels Pforten
sich öffnen und schließen,
wie eine Henne sein?
Kannst du mit deiner inneren Klarheit und Reinheit
alles durchdringen, ohne des Handelns zu bedürfen?
Erzeugen und ernähren,
erzeugen und nicht besitzen,
wirken und nicht behalten,
mehren und nicht beherrschen:
das ist geheimes LEBEN.

Kannst du deine Seele bilden, dass sie das Eine umfängt,
ohne sich zu zerstreuen?
Kannst du deine Kraft einheitlich machen
und die Weichheit erreichen,
dass du wie ein Kindlein wirst?
Kannst du dein geheimes Schauen so reinigen,
dass es frei von Flecken wird?

Hier können wir uns üppig über die mystische Praxis auslassen. Denn auch wenn es zu Zeiten des Laozi noch keinen Daoismus mit all seinen Meditationen und körperlich/energetischen Übungen gab (zumindest nicht in systematisierter Form), so berufen sich doch viele derartige Entwicklungen zu recht auf diese (und viele andere) Zeilen. „Die Seele bilden, dass sie das Eine umfängt, ohne sich zu zerstreuen“: „Sich nicht zerstreuen“, das ist die Konzentration. „Umfangen“, das bedeutet, etwas ganz und gar zu durchdringen, so dass nichts nicht in diesem „Umfangen“ enthalten wäre. Und was „umfängt“ es? Das „Eine“. Dies aber ist gleichzeitig alles und damit gibt es nichts, was größer sein könnte. Wenn also „deine Seele (so) gebildet (werden soll), dass sie das Eine umfängt“, muss sie alles in sich aufnehmen können und alles, ja, umfassen („umfangen“) können. Als mystische Erfahrung bedeutet dies, in tiefer Konzentration seinen Geist zu (ent)leeren, so dass die Seele sich von allem lösen kann. Auf diese Weise dehnt sie sich wieder aus und geht im Ganzen auf. Um das „Eine zu umfangen“, muss man ihm gleich werden. Denn da es nichts außerhalb des Einen gibt, kann man es nur völlig „umfangen“, wenn man sich (mit) diesem komplett eint. Es gibt aber nur eines, dass alles umfasst und das allem Essenz ist: Die Leere. Daher kann die Seele in konzentriertem Loslassen, bis sie von sich selber lässt, in diesen Zustand der Einswerdung mit dem „Einen“ gelangen. Dies ist die wesentlichste Form der Meditation. Ist zu Beginn die Konzentration notwendig, so muss auch diese in einer bestimmten Tiefe gelassen werden, wo der Geist gerade durch das „Umfangen“ sich „nicht mehr zerstreut“, sondern auf sich selbst zurückgeworfen, immer tiefer in sich selber und schließlich in sein Nicht- Sein zurückfällt. So entsteht über die Konzentration eine „Nicht-Zerstreutheit“, die dann aber reine Natürlichkeit ist und nicht mehr Konzentration verstanden als Anstrengung des Ausübenden. Hieraus entsteht dann das „wu2 wei2“, das Nicht-Handeln.

Wir wollen uns noch eine mögliche wörtliche Übersetzung der ersten beiden Zeilen anschauen:

„zai1 (wenn) ying3 (Geistseele ‚hun2') po2 (Körperseele) bao4 (umarmen) yi1 (eins)
neng2 (können) wu2 (ohne) li2 (trennen) hu1 (wahrhaftig)":
‚Wenn Geist- und Körperseele sich als eins umarmen, ist man wahrhaftig nicht zerspalten.'
Oder: ‚Wenn Geist- und Körperseele umarmen das EINE,
kann (man) wahrhaftig ohne Trennung sein.'

Ein interessanter Unterschied wäre also, dass hier in der wörtlichen Übersetzung die Seele nicht bereits als eine vorausgesetzt wird, sondern gerade die Einung der verschiedenen Seelenkräfte selber es ist, die Einung mit dem EINEN hervorruft und zur Auflösung von Zerstreutheit und Trennung führt. Anders ausgedrückt: Wenn alle Seelenkräfte das EINE umarmen, werden sie einander gleich, bilden ein Eines und umfangen das (letztendlich) EINE. Umgekehrt: Wenn wir alle unsere Seelenkräfte einen, erlangen wir die Sicht des letztendlich EINEN. Die geeinte Seele geht auf in dem ‚höchsten Letzten' (Taiji). Wie könnte man da (noch) zerstreut (getrennt) sein? Die Frage wäre ja, wie - hat man die Seele erst „gebildet, dass sie das Eine umfängt" - sie dann überhaupt noch zerstreut sein könnte. Insofern ist die Art der Fragestellung der Wilhelmschen Übersetzung eventuell unverständlich und würde nur wie am Anfang erläutert Sinn haben, wenn man es als Folge erkennt und nicht als daraus ergebene Aufgabe. Wie also kann ich Zerstreutheit ablegen, um Einheit zu gewinnen?

Um es in der mystischen Praxis zu verstehen, müssen wir erkennen, wie wir die Seelenkräfte einander angleichen und diese Gleichheit nun dem letztendlichen EINEN wiederum angleichen können. Wenn wir unsere vergängliche (angeborene) Seelenkraft (po2) nehmen, die durch unseren Körper entstanden ist und unser Ich gebildet hat, und sie unserer unvergänglichen (ewigen) Seele (hun2) angleichen wollen, muss sie sein wie diese: leer. Schaffe ich es, mein Seelen-Ich zu entleeren und zu läutern, wird sie gleich meiner geleerten und geläuterten (hun2-) Seele. Die gängigen Bezeichnungen Körperseele (po2) und Geistseele (hun2) mögen hier vereinfacht Nutzen finden. Gleichen sich beide im Zustand der Leere, sollen diese ‚noch leerer' werden, um in der absoluten Leere des ureigensten DAO Einheit zu finden (vgl. Vers 1).

„Deine Kraft einheitlich machen und die Weichheit erreichen, dass du wie ein Kindlein wirst": Was ist unsere „Kraft"? Wir haben Geisteskraft, wir haben Körperkraft - und wir haben Lebenskraft (innere Energie). Diese drei gilt es einheitlich zu machen. Da ist zunächst die Geisteskraft. Sie besteht in daoistischer Beschreibungsweise aus der Verstandeskraft (yi4, auch: ‚Aufmerksamkeit') und dem (geistigen) Herzen, also der emotionalen Kraft (xin1), und ihrem tieferen Wollen. Diese beiden Kräfte müssen in Harmonie zueinander sein. Das tiefe Wollen darf nicht gegen die Vernunft sein. Wenn da ein Begehren ist, doch der Verstand lässt es (gern auch zu recht) nicht zu, ist da ein Zwiespalt. Einheit entsteht, wenn entweder kein Begehren da ist, so dass die Kontrollinstanz Verstand nicht zur Gegenwehr berufen wird und in Ruhe bleibt, oder ein tugendhaftes Begehren (DE), das letzterem nicht entgegensteht. So eint man die Geisteskraft. Das Ergebnis ist ein einsgerichteter (konzentrierter), ruhiger und gelassener Geist (shen2).

Weiter: Die Körperkraft muss in sich geeint werden. All die ‚Muskeln, Sehnen und Knochen' (Körper) müssen in einem Miteinander bewegt und harmonisiert werden. Nichts soll einander behindern oder entgegenwirken. Dazu ist ein entspannter Körper und ein Medium erforderlich, das den gesamten Körper ganzheitlich führt, sprich bewegt. Dieses Medium, das zwischen Geist und Körper steht, ja die Verbindung beider herstellt, ist die Lebenskraft, die sogenannte innere Energie „qi4". So wie dieses „qi4" Himmel und Erde, also Yin und Yang beieinander hält, so hält es auch Körper und Geist beieinander. Der Geist (Himmel) führt die Energie (Qi) und steuert damit den Körper (Erde). Alles beginnt, entspannt und harmonisiert miteinander zu fließen. Blockaden und Starrheit werden aufgelöst. So gelangt man über die Pflege des Geistes, der inneren Energie und der Körperkraft sowie ihrer Harmonisierung zu einem einheitlichen Sein. Aus dieser Einheit entsteht die ursprüngliche „Weichheit", wie man sie noch bei einem „Kindlein" vorfindet. Körper und Geist werden wieder rein und unschuldig. Natürlich naive Geistigkeit, also Unschuld in einem ebenso biegsamen und unverbrauchten Körper: Das wäre die „Kindlichkeit", die Einheit mit aller Natur, und das ist der Kern, der später zu den daoistischen Praktiken zur Erreichung von Gesundheit bis hin zu ‚Unsterblichkeit' geführt hat.

Aus diesem gereinigten Körper/Geist, der sich nun in Konzentration versenkt und entsprechend entleert, entsteht ein Schauen, das zum Ursprung allen Seins führt. Zum „Tor des dunklen Weibes" (vgl. Vers 6), zum ursprünglichen ‚Taiji' - zum „geheimen Schauen": So kann der Geist auf das „Nichtsein" gerichtet werden, zu

„schauen das wunderbare Wesen". Zu erkennen des „Geheimnisses noch tieferes Geheimnis, das Tor, aus dem alle Wunder hervortreten" (vgl. Vers 1). Um mit diesem Schauen bis ins Letzte zu gelangen, muss dieses letztendliche „Schauen" von allen „Flecken gereinigt" werden, sonst kann es nicht bis in den tiefsten Grund sehen. Die „Flecken" verhindern die letztendlich klarste Sicht. So lange da noch „Flecken" sind, kann ich noch nicht wirklich alles klar sehen. Ich muss also in tiefer Leere noch von der Vorstellung des eigenen Schauens, des Ichs, des Selbst und dann sogar noch von der Leere selbst lassen. Nur so ist es wirklich vollends „gereinigt", und alles ist klar (sprich: erleuchtet). Dass diese „Freiheit von Flecken" nur in einem tugendhaften Leben erreichbar ist, spricht aus sich selbst. So erkennen wir, dass wir durch liebevolles, selbstloses Handeln auch für uns selbst nichts Besseres tun können.

Diese Reinigung, um zur Vollendung zu gelangen, schließt also zum einen die mystische Schau, zum anderen aber auch die Körperkräfte und Energien und hierüber auch seine Handlungen ein. Ein „Reinigen" findet also sowohl in geistiger Versenkung als auch in äußerlichen Handlungen statt. Alles, was uns ausmacht, wird so diesem Läuterungsprozess unterworfen. DAO DE: Der Weg der Erkenntnis des EINEN und seiner HANDLUNG, die sich als TUGEND zeigt. Mystische Praxis und heilsames Handeln gehören also zusammen. Beides wird erreicht durch „wu2 wei2" - dem „Nicht-Handeln", das gerade dieses weiche, nachgiebige, selbstlose (und auf diese Weise nichteingreifende) Handeln ist, an dem die Welt gesunden soll.

Im Originaltext steht für den von Wilhelm gebrauchten Begriff „Kraft" (nur) die Lebensenergie *„qi4":*

> *„zhuan1 qi4 zhi4 rou2*
> *(‚Sammle deine Lebenskraft, führe Weichheit herbei)*
> *neng2 ying1 er2 hu1."*
> *((und) du wirst wahrhaft wie ein Neugeborenes')*

Aber gerade das „qi4" ist es ja, das zwischen Geist und Körper korrespondiert und über das der Geist den gesamten Körper geschmeidig macht, das rückwirkend wiederum den Geist zur Sanftheit bringt. Denn nur in

Sanftheit des Geistes kann das „qi4" durch den (entspannten) Körper zirkulieren. So erreichen wir, wie oben beschrieben, die Sanftheit (rou2) von Körper und Geist, die Laozi mit dem Neugeborenen (ying1 er2) vergleicht. Denn dieses ist sich selbst noch nicht bewusst, und daher kann noch kein ‚Ich-Bewusstsein' den Körper verhärten. Ist also die Lebenskraft (qi4) zerstreut, ist es auch der Körper, und dadurch spannt er an. Ist das „qi4" gesammelt, so kommt der Körper (auch in Bewegung) zur Ruhe und entspannt. Hieraus ergibt sich wiederum rückwirkend seine Voraussetzung: ein gesammelter, ruhiger Geist.

‚yi dao, qi dao' – ‚Kommt die Vorstellungskraft (yi4) an, kommt auch die Energie (qi4) an'. Ist also der Geist gesammelt, ist es auch die Lebenskraft. So sagt ein klassischer Lehrsatz zu Übungsmethoden der Kultivierung von „qi4", wie zum Beispiel das Taijiquan. Der ruhige Geist entspannt den Körper. Der entspannte Körper beruhigt den Geist. So fließen beide in dreifacher Einheit zusammen: Körper, Geist und Lebenskraft.

Ein kleiner Hinweis noch zum letzten Zweizeiler:

„di1 chu2 xuan2 lan3
neng2 wu2 ci1 hu1."

(Wilhelm: „Kannst du dein geheimes Schauen so reinigen, dass es frei von Flecken wird?", auch möglich: ‚Wasche deine innere Sicht sauber, (so) kannst du wahrhaft ohne Makel sein').

Der Begriff *„lan3"*, den Wilhelm richtig mit „Schauen" übersetzt, kann auch ‚Landschaft' bedeuten. Für den Sinologen scheint dies hier unpassend. Ich möchte aber nicht unerwähnt lassen, dass das ‚innere Schauen' im Sinne einer den Körper betrachtenden Meditationspraxis im Chinesischen gerne mit der ‚nei4 jing3 tu2', einer bildhaften inneren Landschaft des sitzend Meditierenden dargestellt wird. Alle Energiezentren oder sonst wichtigen inneren Zusammenhänge innerhalb der mystischen Praxis werden hier anhand von Landschaftsbildern oder in ihnen eingebetteten Menschen und Tieren wiedergegeben. Das Wort „xuan2" bedeutet ‚*tiefgründig, geheim, innerlich*'. Daher gibt uns die Übersetzungsvariante ‚*Wasche deine innere Landschaft sauber, (so) kannst du ohne Flecken sein*' einen wichtigen Hinweis für das bereits Erwähnte: dass der Einklang von Körper, Geist und innerer Energie zum reinen Schauen und damit zur letztendlichen Tugendhaftigkeit führt. Und dass geistige und körperliche Reinheit (Güte und Gesundheit) diesen Einklang möglich macht. Dabei kann eine entsprechende physisch-spirituelle Praxis sehr hilfreich sein.

„Di1 chu2" wiederum kann in Kombination auch ‚ausmerzen' im Sinne von ‚heilen' heißen. Wir könnten also sogar übersetzen: *‚Durch innere Sicht (Unheiles) ausmerzen, (so) kannst du wahrhaft ohne Makel sein.'* (ci1 heißt sowohl *‚Flecken'*, als auch *‚Makel'*.)

**Kannst du die Menschen lieben und den Staat lenken,
dass du ohne Wissen bleibst?**

Ein wie so oft klares Adressat an den Herrscher: Er soll die Menschen lieben und den Staat auf natürliche Weise lenken.[24]Ohne das Wissen um Macht, um Eigennutz (den er aus der ihm zugeordneten Macht ziehen könnte), um Expansion (seines Einflusses) oder ähnliches. Er soll ‚handeln ohne zu handeln'[25]: einfach dafür sorgen, dass die Grundbedürfnisse der Menschen befriedigt werden und sich ansonsten im Hintergrund halten (vgl. Vers 3). Damit ein Herrscher (und nun auch wir) so rein und tugendhaft handeln kann, sind sicherlich die vorangegangenen Zeilen dieses Verses von großer Bedeutung.

**Kannst du, wenn des Himmels Pforten
sich öffnen und schließen,
wie eine Henne sein?**

„Öffnen und Schließen" ist im Sinne alter chinesischer Vorstellung das Zusammenspiel von Yang (öffnen) und Yin (schließen). Das „Nicht-Sein" öffnet seine „Pforten" und bringt (durch seinen Mutterschoß, vgl. Vers 1 und 6)

[24]Man findet die Zeichen „ai4", „lieben" und „zhi4", „lenken" (im Sinne von „regieren") teilweise vertauscht: „Kannst Du den Staat lieben und die Menschen lenken (regieren)…", was aber, adressiert an den Herrscher, in seiner Bedeutung keine wesentliche Änderung hervorruft.

[25]„Wu2 wei2", *‚nicht handeln'*, wie hier im chinesischen Text. Manche Originale verwenden hier jedoch das Zeichen „zhi1", „wissen" (nach wu2, „nicht"), wie es auch in Wilhelms Übersetzung vorkommt.

Yang und Yin hervor. Himmel und Erde, die das anfassbare Sein hervorbringen, werden selbst aus einem ‚dahinterliegenden Himmel', nämlich dem Nicht-Sein hervorgebracht. Diesem weiblichen Akt des Hervorbringens, den Laozi bereits in Vers 6 so schön beschrieben hat, wird hier noch ein weiteres Attribut hinzugefügt: *„Kannst Du (dabei) wie eine Henne (wei2 ci2, auch: ‚weiblicher Vogel') sein?"* Es ist ein Hinweis auf die Weiblichkeit, die wir in unseren Taten entwickeln sollen. Doch was ist mit dieser Weiblichkeit gemeint? Hervorbringen ist weiblich, doch genauer ist hier nicht einfach nur Hervorbringen, sondern ein Hervorbringen im Sinne des DE, der Tugend, gemeint. Also reines, unschuldiges Hervorbringen. „Frei von Flecken", in „Weichheit wie ein Kindlein", in „einheitlicher Kraft", d.h. ohne Zwiespalt in einer geeinten Seele und ihrem Körper. So sollen unsere Handlungen sein: Des Himmels DAO auf der Erde (DE) verwirklichen.

Doch was sagt uns die Henne? Die Henne brütet und dies in sorgfältiger Geduld, bis das Werk vollbracht ist. Wenn also des „Himmels" Pforten sich „öffnen und schließen", wenn also Schicksal geschieht, Ereignisse entstehen, sollen wir sie in Ruhe und Gelassenheit aufnehmen. Wir sollen also, wenn dieses Wortspiel erlaubt ist, ruhig wie eine brütende Henne, statt wie ein ‚aufgeregtes Huhn' sein.

Letzteres erhält auch gerade in der meditativen Praxis eine tiefgründige Bedeutung: Wenn der Geist in richtiger Versenkung weilt, geschieht es ab und an, dass sich „des Himmels Pforten öffnen und schließen". Gemeint sind tiefgreifende meditative Erfahrungen, die zur Transformation führen können. Nun reagiert der Körper auf solche Wahrnehmungen aber oft mit Aufregung und der Geist gerne mit Neugierde. Dadurch wird der Geist abgelenkt, und es gelingt ihm nicht, diesen Geisteszustand zu halten bzw. sich über diese Erfahrung hinaus in tiefere Ebenen des Bewusstseins vorzubewegen bzw. diese Eindrücke als Tor oder Vehikel zu tieferer Bewusstheit zu nutzen. Auch werden diese Eindrücke sofort durch mein bewertendes Ich-Bewusstsein verfälscht. Wie mir einer meiner Lehrer sagte: „Fährst Du von Hamburg nach Berlin, und Du siehst einen schönen Sonnenuntergang oder ein Reh im Wald laufen - schau es ruhig an, aber höre nicht auf, weiter nach Berlin zu fahren. Biegst Du ab, bist Du vom Weg abgekommen!" Es geht also darum, in Gleichmut neutral diese oft sehr schönen oder interessanten oder sehr spannenden Wahrnehmungen zu überdauern, ohne sich durch sie zu „zerstreuen". Denn nur so kann ich sie neutral beobachten und ihrem Wesen nach durchdringen, ohne mein ‚Ich' wieder hinzuzuschalten, und nur so kann ich weiter, hinter sie schauen und mich dem letztendlichen Ziel nähern. Auch ist es die Natur selbst, die auf ein Öffnen auch immer wieder ein Schließen folgen lässt. Auch hier sollten wir nicht mit Traurigkeit oder Enttäuschung reagieren, wenn solche Momente geistiger Wonne auch wieder verfliegen. Laozi fragt uns hier also auch, ob wir in der Lage sind, tiefen geistigen Erfahrungen in Ruhe gegenübertreten zu können, so dass wir uns dem DAO weiter nähern können, oder ob wir der Versuchung verfallen, diese aufzugreifen und unseren Hochmut und unsere Sensationslust oder auch unser Geltungsbedürfnis zu vergrößern, statt es zu verringern (auch dies ist mit „zerstreuen" gemeint). Dies ist auch ein entscheidender Faktor genereller spiritueller Entwicklung: Wir müssen, ganz praktisch in der Meditation, aber auch im Alltag, „wie eine Henne" sein, die über ihrem Ei brütet, bis es wirklich ausgebrütet ist. Nicht vorher abbrechen, nicht wirr werden durch Anfangserfolge und vor allem sich nichts auf diese ansonsten sehr wertvollen Erfahrungen einbilden, halten sie mich doch sonst sogar noch auf. Dasselbe gilt natürlich auch, wenn man das Gefühl hat, Rückschritte zu machen oder scheinbar nichts passiert. Sind wir jedoch wie eine Henne, werden die tieferen Erfahrungen lange halten, uns weiterführen, und wir werden auf diese Weise ‚den Himmel (bereits) auf Erden erleben können.' Genauso werden wir die ‚Durststrecke' des scheinbaren Nichterfolges überdauern können.

Ob in der Meditation oder im Alltag: Ereignisse, Wahrnehmungen, schöne und unschöne Dinge kommen und gehen, wie das „Öffnen und Schließen des Himmels". Wir sollen wie die „Nabe" des Rades sein (vgl. Vers 11). Im Innern unbewegt und ruhig, auch wenn wir außen dem Geschehnis entsprechen. So findet Ruhe in Bewegung statt, Yin und Yang erhalten ihren Ausgleich, und wir verlieren uns nicht in der Dramatik der Erscheinung(en) und können so bewusst beobachten, richtig handeln und auch wirklich genießen bzw. brauchen dem Leid nicht nachzuhängen. Gesundheit und Weisheit entsteht. Auf diesem Weg der Henne ist Erleuchtung erreichbar.

Wörtlich kann man diese Strophen folgendermaßen übersetzen:

„tian1 (Himmel) men2 (Pforte) kai1 (öffnen) he2 (schließen) neng2 (können) wei2 (handeln) ci2 (weiblich) hu1 (wahrhaft)?" - ‚Wenn die Himmelspforten sich öffnen und schließen, kannst Du wahrhaft weiblich handeln?

„Wei2 ci2" zusammen kann wie erwähnt auch *‚weiblicher Vogel'* oder *„Henne"* heißen, was, wie erläutert, der weiblich hervorbringenden Reinheit noch die Geduld, das Ausharren, die Nachgiebigkeit und die Ruhe verleiht, die für meditative Praktiken und für ein ausgewogenes Leben so wichtig sind.

Kannst du mit deiner inneren Klarheit und Reinheit alles durchdringen, ohne des Handelns zu bedürfen?

Nun geht es Schlag auf Schlag: Laozi setzt nun den oben beschriebenen Prozess bereits voraus und fragt uns, ob wir mit dieser entwickelten (oder besser zurückgefundenen) „inneren Klar- und Reinheit" alles durchdringen können, ohne des Handelns zu bedürfen? Dass Klarheit durchdringt bzw. in Klarheit durchdrungen werden kann, ist ‚klar'. Habe ich einen „fleckenlosen" Geist, gelingt es mir, in seine Tiefe zu schauen. Ganz wie ich durch klares Wasser auf den Grund schauen kann. Aber warum „ohne des Handelns zu bedürfen"? Zweierlei: Zum einen ist es auch auf der nun tieferen Ebene des Bewusstseins wichtig, der „Handlung nicht zu bedürfen". Denn innerhalb der mystischen Schau würde, wie erwähnt, auch hier immer noch das Ich-bewusste Handeln, also das darüber nachdenken und daraus Gedanken spinnen (wie: ‚oh ist das schön, das muss ich erzählen, hoffentlich geht es noch tiefer etc.'), also dass generell sich damit beschäftigen, uns aus der Versenkung wieder hervorholen. Und es ist immer unvergleichlich schwieriger, hier hineinzugelangen, als durch „Zerstreutheit" wieder herauszufallen. Zum anderen gilt auch für den normalen Alltag: Wir sollen normal bleiben. Nicht mit unseren Erfahrungen prahlen oder sich als etwas Besonderes vorkommen. Wir sollen schlicht und einfach diese Erkenntnisse zum Wohl der Menschen nutzen, am besten, ohne dass jemand überhaupt unser Wirken mitbekommt. Denn so lange ich tiefer in Demut und Einfachheit rutsche, statt mich in das Gefallen der Welt zu stürzen, bin ich in der Lage nicht nur zu helfen, sondern mich auch selbst weiter zu vervollkommnen. Denn ich möchte ja auch über jene Erfahrungen noch hinaus kommen. Je tiefer die Erfahrung, umso schlichter nach außen. ‚Je reiner und klarer ich durchdringe, desto weniger soll/brauche ich zu handeln.' Nicht- Handeln ist, wie gesagt, nicht mit passivem sich verstecken zu verwechseln. Es soll einfach auf die zu entwickelnde Selbstlosigkeit und das absichtslose Handeln, ganz im Sinne des DAO verweisen. Hinzu kommt aber auch das äußerst interessante Phänomen, dass, je tiefer ich den Geist durchdringe, sich umso mehr hier auf dieser Welt alles von alleine zu regeln scheint. Das Nicht-Handeln hat also auf jeden Fall auch einen wörtlichen Bezug, mehr noch, es kann sogar zur Vollendung von Handlung führen. Nur muss dies natürlich sein, sonst endet es in Faulheit oder Ignoranz. Meistens (und so auch hier) steht hier im Original statt „wei2“, „handeln“, „zhi1“, ‚*wissen, mitteilen*‘. Dies macht jedoch für oben beschriebenen Kontext keinen Unterschied.

So gibt er uns zum Schluss noch ein paar Handlungshinweise, die seinen SINN noch einmal zusammenfassen und ihn in Tugend bzw. im LEBEN (DE) ausdrücken:

Erzeugen und ernähren,
erzeugen und nicht besitzen,
wirken und nicht behalten,
mehren und nicht beherrschen:
das ist geheimes DE.

VERS 11

三十輻共一轂
當其無
有車之用.
埏埴以為器
當其無
有器之用.
鑿戶牖以為室
當其無
有室之用.
故有之以為利
無之以為用.

Dreißig Speichen umgeben eine Nabe:
In ihrem Nichts besteht des Wagens Werk.
Man höhlet Ton und bildet ihn zu Töpfen:
In ihrem Nichts besteht der Töpfe Werk.
Man gräbt Türen und Fenster, damit die Kammer werde:
In ihrem Nichts besteht der Kammer Werk.

Darum: Was ist, dient zum Besitz.
Was nicht ist, dient zum Werk.

Dreißig Speichen umgeben eine Nabe:
In ihrem Nichts besteht des Wagens Werk.
Man höhlet Ton und bildet ihn zu Töpfen:
In ihrem Nichts besteht der Töpfe Werk.
Man gräbt Türen und Fenster, damit die Kammer werde:
In ihrem Nichts besteht der Kammer Werk.

Darum: Was ist, dient zum Besitz.
Was nicht ist, dient zum Werk.

Auch in diesem Vers bedient sich Laozi der mehrfachen Wiederholung, um dem Schüler immer wieder eine Sache aus verschiedenen Richtungen vorzuführen: Ziel des „Werks" ist stets das Nichts. Die Leere. Und diese wiederum ist uns die Basis jeglichen SINNs, als auch die Brauchbarkeit der Dinge. Um das Nichts in Nabe und Rad aufrechtzuerhalten, dienen unter anderem die Speichen. Um einen leeren Raum zu schaffen, bildet man aus Ton den Topf. Und ebenso baut man Türen und Fenster wegen des Raumes innerhalb ihrer Rahmung. Nun wird dieser Raum, dieses Nichts, ganz unterschiedlich genutzt. Mal zum Fortkommen, mal, um etwas hineinzutun, und mal, um hindurchzuschauen oder -zugehen. Doch immer dient das Werk der Speiche, des Topfes, der Türen und Fenster zur Erschaffung des leeren Raums. Dieser leere Raum unterscheidet sich von seinen Begrenzungen und von allen nicht leeren Erscheinungen dadurch, dass er quasi nicht ist. Denn es ist nichts darin, es ist ein Nichts, eine Leere. Man kann sie nicht festhalten, man kann sie nicht anfassen. Und doch scheint in ihr die Quelle allen Seins, die Quelle unseres Selbst und unser ‚wahrhaftiger Lebensraum' zu sein. Das Werk des Schülers nun ist es, sich der Quelle der Dinge, seiner eigenen Natur und damit dem alles innewohnenden und aus sich selbst entsprungenen DAO zu nähern. Dies ist das Werk, das es zu vollbringen gilt. Das, was nicht ist, ist das, was in allem ist. Das, was ist, ist eine Erscheinung innerhalb des Ganzen, eine von unendlich vielen verschiedenen. Und diese verändern sich, sind ‚sterblich'. Doch nur eine einzige ‚Erscheinung' ist überall, in allem und unveränderlich und damit permanent und ewig: Das Nichts. Hierauf zielt die ganze Schule. Das, was ist, ist anfassbar und damit besitzbar. Damit dient dies dem „Besitz". Wer jedoch dem Höheren zustrebt, verharrt nicht beim Besitz, sondern geht ans „Werk“: Dies ist das Nichts! Nicht jedoch nur als abgehobene Mystik, sondern auch als realer ‚Nutzraum‘ des täglichen Lebens, dem wir uns bewusst werden sollten. So greift Nicht-Sein und Sein also nicht nur in scheinbar unerschwinglichen Höhen oder bei dem Wechsel von Leben und Tod ineinander und bildet den SINN. Sondern auch bei den Dingen in ihrem normalen, täglichen Gebrauch: Erst das Ineinanderwirken von Nicht-Sein und Sein macht die Dinge brauchbar. Hier in genanntem Beispiel durch die Kombination von Leere und Fülle innerhalb eines geographischen Raums. Doch genauso gilt dies in generell jeder Handlung. Denn hier sollten wir versuchen, Ruhe und Bewegung so miteinander zu verbinden, dass wir im Kern unseres Selbst immer in diesem Ruhepol bleiben, während wir aus ihm in entsprechender Übersicht unsere Tätigkeiten verrichten. Also aus dem Wuji heraus im Taiji handeln. So wird unsere Handlung wahrhaftig.

Die Brauchbarkeit des Nichts, steht bei Laozi über allem - in Alltag und Mystik. Und somit erkennen wir, dass wir es hier sozusagen mit einer ‚Formel für alles‘, mit einem generellen Prinzip und nicht nur mit philosophisch-spiritueller Spekulation zu tun haben: Wahres und vollkommenes Leben schließt Sein und Nicht-Sein nicht aus, sondern verbindet sie zu einer gelebten Einheit. Wie könnte so der Tod nicht überwunden werden und das Leben nicht in Vollständigkeit gelebt werden?

Und so, wie wir in dem Seienden das Nichts haben, haben wir auch in dem Nicht-Seienden das Seiende: z. B. in der mystischen Schau. Denn das reine Nichts kann sich nicht selbst erkennen. Nichts kann nichts nicht erkennen. Erst wenn das Nichts seiend wird, erkennt es sich selbst als Nichts. In dem Moment jedoch wirkt es bereits schöpfend, wenn auch an sich selbst, und zwar in seiner eigenen Erkenntnis der ungeschöpften Ewigkeit. So wird es spekulativ, ob wir die sogenannten Himmelswelten in dem Bereich des Nicht-Seins erkennen wollen, denn für unsere seinshafte Wahrnehmung sind sie nicht (daher der ‚Glaube‘). Oder ob wir sie im subtilen Sein beschreiben wollen, denn sie sind ja. So erkennen wir auch hier das Taiji: Im einen ist das andere und umgekehrt: Das Sein hat in sich auch das Nicht-Sein, und das Nicht-Sein trägt in sich bereits das Sein. So erkennen wir zwischen dem Nichtsein (wu2) und dem Sein (you3) die Ebene des Nichtseienden Seins (wu2 you3), die beide Ebenen miteinander in Verbindung bringt.

So auch wir in unserer mystischen Schau: Nur wenn wir unser ‚Ich' vergessen, wenn wir ‚nichts' sind, können wir ins Nichts hineinsehen. Doch nur weil wir sind, können wir es wahrnehmen. Wir müssen also unser Sein aufgeben, um das Nicht-Sein aus dem (wenn auch völlig entleerten) Sein heraus wahrzunehmen. Die Dimensionen gehen fließend vom absoluten Nichts über zu den ersten nicht-haften Seins-Zuständen, über subtile Seins-Zustände bis hin zu den groben und gröberen, bis hin zu materiellen Zuständen, die auch wir als Menschen dann klar als ‚seiend' anerkennen. Vom Nichts über formlose Form bis hin zum formhaften Sein.

Und ganz nebenbei zeigt uns der Alte Meister hier noch etwas Entscheidendes. Er zeigt uns Raum. Reinen Raum. Gewöhnlich sind wir Menschen es gewohnt, leeren Raum durch seine Begrenzung zu definieren. Fragt mich jemand, wie groß ein Zimmer ist, schaue ich zur Wand und schätze die Entfernung. Laozi aber verweist auf die Eigenständigkeit des Raumes. Er schult uns im Blick für den Raum selbst. So lernen wir nach und nach tatsächlich Raum zu sehen und wahrzunehmen und nicht bloß durch seine Begrenzung. Wir erfahren, dass wir Raum bisher nur indirekt (durch seine Begrenzung) wahrgenommen haben. Nun aber sehen wir ihn direkt und erkennen, dass alles in und mit diesem Raum verwoben ist. Dass er keine Grenze hat, in sich selbst leer ist und nichts von ihm getrennt ist. Wir durchbrechen mit dieser Wahrnehmung die scheinbare Grenze unseres persönlichen Ichs und finden uns wieder in der eigentlichen und tatsächlichen Ungetrenntheit von uns, unseren Mitmenschen, allen Erscheinungen und dem endlosen leeren Raum. Hierdurch erkennen wir unsere eigene Ewigkeit und gelangen so zum DAO. Anstelle der Ignoranz des Raumes und der Fokussierung auf den Raum scheinbar begrenzenden Gegenstand (z.B. der Mauer), setzen wir jetzt die direkte plastische Raumwahrnehmung und können alle Dinge in diesem Raum durch den Raum selbst wahrnehmen. Wir sind ihnen verbunden, da auch wir in diesem Raum sind, uns der Raum berührt, durchdringt, miteinander verbindet, wir selber Teil dieses Raums sind, gleich den übrigen hierin befindlichen Dingen, und erfahren daher eine direkte Kommunikation mit ihnen ohne Vermittelndes. Außer dem Nichts, denn dieses ist es, was uns alle gleichermaßen erfasst. Dies bezeichnet man mit Hier und Jetzt. Denn alles Vermittelnde braucht Zeit und vermittelt uns daher nur Vergangenes. Unvermittelt jedoch blicken wir in das, was ist, und nicht mehr in das, was war (oder sein wird). Hier und Jetzt bedeutet daher auch die schnellste Möglichkeit der Wahrnehmung, die möglich ist, weil sie direkt und unvermittelt, also zeitlos im Sinne von zeitgleich ist. Und der einzige solche Vermittler ist das Nichts, also wird es von nichts vermittelt und ist daher unvermittelt. Bei guter Praxis ist es möglich, in diesem Hier und Jetzt des Raumes sogar den Durchbruch zu jenem höheren Tor zu erreichen, aus dem „die Wunder hervortreten“ (vgl. Vers 1). Der Raum bricht auf und gibt den tiefer verborgenen Raum frei. Und es geht noch tiefer und noch tiefer - bis wir angekommen sind, bei dem, was nur noch als DAO benannt werden kann.

Die von Wilhelm benutzen Übersetzungen „Besitz“ und „Werk“ heißen im Original: „wei2 li4“ - ‚machen Vorteil (Gewinn)‘ und „wei2 yong4“ - ‚machen Verwendung (Gebrauch)‘. Also: Daher: was ist, dient zum Vorteil, was nicht ist, dient zum Gebrauch.‘

Insgesamt wird klar, dass das wirklich Nützliche nicht das Besitzen von Dingen, sondern deren Gebrauch ist. Nicht das Erringen von Vorteilen als reiner Selbstzweck, dienlich der Erhöhung, wozu man also auch Besitz im Sinne von Reichtum, der über den tatsächlichen Gebrauch seines ‚Vorteils‘ hinausgeht, zählen kann, sondern das Benutzen im Rahmen natürlicher Bewerkstelligung gibt den Dingen erst ihren Wert. Es geht also zum einen um die Erkenntnis der Wirksamkeit des Nichts und zum anderen um die Bewusstwerdung, dass die Dinglichkeiten für eine Gebräuchlichkeit existieren und nicht für die Zierde. Die Frage der Gebräuchlichkeit von Dingen im Sinn tatsächlichen natürlichen Lebens ist entscheidend und nicht das privateigentümliche anhäufende Besitzen. Die Sinnfrage von Statuseigenschaften, die aus dem Besitz von Dingen oder Titeln hervorgehen, klärt sich somit von allein. Hiermit wendet sich Laozi erneut gegen eine wettbewerbsorientierte Schaffung künstlicher Nachfrage. Es geht ihm lediglich um die Gebräuchlichkeit von Dingen, die alltäglich notwendig sind, um sich ansonsten jedoch in Ruhe dem DAO widmen zu können (vgl. Vers 3, 19, 57 und 65).

VERS 12

五色令人目盲
五音令人耳聾
五味令人口爽
馳騁畋獵令人心發狂
難得之貨令人行妨.
是以聖人
為腹不為目
故去彼取此.

Die fünferlei Farben machen der Menschen Augen blind.
Die fünferlei Töne machen der Menschen Ohren taub.
Die fünferlei Würzen machen der Menschen Gaumen schal.
Rennen und Jagen machen der Menschen Herzen toll.
Seltene Güter machen der Menschen Wandel wirr.

Darum wirkt der Berufene für den Leib und nicht fürs Auge.
Er entfernt das andere und nimmt dieses.

Die fünferlei Farben machen der Menschen Augen blind.
Die fünferlei Töne machen der Menschen Ohren taub.
Die fünferlei Würzen machen der Menschen Gaumen schal.

Haftet der Mensch an der Vielfalt, verliert er das Eine. ‚Alles hat nur einen Geschmack', oder: ‚Die schönste Musik ist die Stille, das leckerste Getränk ist Wasser', das sind Worte, die dem Buddha zugesprochen werden. Äußere Einfachheit und durch Bescheidenheit errungene Klarheit helfen dem Schüler, im Innern zur Ruhe zu kommen. Daher ist Laozi in diesen ersten Versen durchaus auch wörtlich zu nehmen. Das Verlangen, immer schönere Dinge zu sehen, immer schönere Dinge zu hören und immer geschmackvollere Dinge zu essen, vereinfacht: die (fünf) Sinne voll auszukosten, versetzt den Geist in einen unaufhörlichen Trieb, der kein Ende hat und nicht zur Ruhe führt. Das Verringern dieser Sinneswünsche führt nicht nur zu einer Einfachheit, die von dem Zwie(zwei)spalt zur Einfalt(-heit) führt. Sie entwickelt im Schüler auch eine klare Direktheit. Wenn er Hunger hat, isst er. Er isst nicht, weil es ihm schmeckt, sondern einfach nur, weil er Hunger hat. Dadurch werden essenzielle und einfache Nahrungsmittel für ihn zur größten Freude. Er wohnt tief in seinem eigenen Geist und erfährt dort selige Stille. Daher ist ihm auch im Äußeren Stille die größte Freude. Sein Geist gewöhnt sich an das Einfache, und er ist froh, wenn auch das Außen einfach und natürlich ist. So sind diese neuerworbenen Freuden der Genügsamkeit gleichzeitig eine große Hilfe zur vertieften Innenschau. Denn erfahre ich im Draußen keine Ablenkung, ist es im Innern einfacher, zum Quell hinabzusteigen. Wer einen inneren Weg geht, meidet daher das Äußere. Dies kann zu einem Einsiedlertum oder auch einfach zu einem im normalen Leben verankerten Nicht-Teilhaben führen. Dies bedeutet zwar in der Welt, aber nicht von der Welt zu sein: Ich kümmere mich um die Belange, die an mich herangetragen werden, doch hafte ich an ihnen nicht. Bleibe selbst frei, nehme zwar alles an, gebe es in jedem Moment aber auch schon wieder auf, sollte es sich so ergeben. Um diese Einfachheit zu erreichen, ist zurückgezogene Kontemplation genauso hilfreich wie aktiv gelebte Selbstlosigkeit und Demut. Die Hilfe am Nächsten sowie die einsame, stille Innenschau wäre eine gelebte Form, zum Einen zu gelangen. Denn ist da keine Vielfalt, erkenne ich leicht die Einheit. Will ich für mich selber nichts, erfahre ich in der Vielfalt durch Selbstlosigkeit ebenfalls das Eine, das in allem ist. So hat alles ‚nur einen Geschmack'. Im ersten Vers ist uns bewusst geworden, dass Einheit und Vielheit in Wahrheit ein und dasselbe sind. Es geht also nicht darum, sich in der Vielheit zu verlieren. Aber auch nicht darum, sie verzweifelt abzuwehren und immer nur starr auf die Einheit blicken zu wollen. So oder so würde ich schließlich doch nur den Wald vor lauter Bäumen nicht sehen. Laozi ruft daher nicht zwingend zur Askese auf, sondern zur richtigen Geisteshaltung, mit der dann, ist sie fest verwurzelt, schon wieder alles getan werden kann, ohne dass „die Farben, Töne und Würzen" in Anhaften enden würden. Führt dies dann zu einer immer einfacheren und natürlicheren Lebensführung in innerer Stille und tiefer Güte zum Nächsten, ist dies sicherlich im Sinn des Meisters.

Die fünf Farben (rot, weiß, schwarz, grün (blau), gelb), Töne (c, d, e, g, a) und Gewürze (bitter, scharf, salzig, sauer, süß) werden im chinesischen Kulturgut, wie so vieles andere auch, immer den fünf Richtungen (die fünfte ist die eigene Position, die Mitte) zugeordnet. Alle fünf zusammen verwirren also bildlich gesehen schon daher, weil man ständig rastlos in alle Richtungen schaut und rennt, bis einem schwindelig ist und man schwankend die Mitte verliert.

Rennen und Jagen machen der Menschen Herzen toll.
Seltene Güter machen der Menschen Wandel wirr.

Ich glaube, an dieser Stelle verstehen wir schon durch Vorangegangenes, was uns vermittelt werden soll. Wie „Rennen und Jagen" den Puls erhöht und uns aus der Puste bringt, ist das geistige Rennen und Jagen, das hier gemeint ist, ein psychischer Dauerstress und bringt das Herz aus seinem natürlichen Rhythmus. Es wird zu unruhig und angespannt („toll"). Nicht nur, dass dies im Gegensatz zum physischen Rennen nicht stärken, sondern schwächen und zu Krankheit führen kann, finde ich hierbei keine Herzensruhe, die aber für eine tiefe Innenschau von Nöten ist. „Herz" (xin1) ist im Chinesischen wie auch im Deutschen nicht nur das Organ, sondern beschreibt auch die grundlegenden geistigen Komponenten. Wieder soll betont werden, dass dies nicht zwangsmäßig ein Verharren im Schaukelstuhl sein soll. Nur soll die innere Haltung sich bei allen Aktivitäten nicht aus der Ruhe bringen lassen. So gilt für Körper und Geist das, was im Taijiquan ‚huo2' (Agilität) bedeutet: Bei allen Aktivitäten, seien sie langsam oder schnell, eilig oder langfristig, immer zentriert und im Innersten still zu bleiben. „Seltene Güter" sind oft Anlass für das geistige Rennen und Jagen. Daher wird der Materialismus meist einer spirituellen Entwicklung entgegengesetzt. Denn hierdurch entsteht das Haben-Wollen. Dadurch entsteht die Gier, und durch die Gier entsteht Egoismus, was wiederum „den Wandel wirr" macht.

Darum wirkt der Berufene für den Leib und nicht fürs Auge.
Er entfernt das andere und nimmt dieses.

„Darum wirkt der Berufene für den Leib und nicht fürs Auge." Dies hat zweierlei Bedeutung. Zum einen weist es uns darauf hin, dass unser äußeres Streben nicht einem trügerischen Glanz, einem Kommerz, einem Anhäufen von Besitz oder Erwecken von Gelüsten, also nichts, was unser Auge erspähen und begehren mag, zum Opfer fallen soll. Sondern es soll lediglich dem Erhalt des physischen Körpers dienen. Hierin findet sich auch eine geistige Komponente: Der Leib ist unsere Wohnung. Unsere tiefste Wohnung ist unser Seelenquell, unser Ursprung, hier: das DAO. Das Auge schaut nach draußen. Dort ist Veränderung, Vergehen, kein Ewiges, sondern Wandelndes und daher Unbeständigkeit. Daher soll der Blick nicht ‚durch die Augen nach draußen', sondern der Blick soll vergeistigt nach Innen gerichtet werden. Daher „entfernt er das andere und nimmt dieses". Er lässt alles vergängliche Äußere fallen und nimmt an sich das ewige Innere.

Bo2 ai4
Umfassende Liebe

VERS 13

寵辱若驚
貴大患若身.
何謂寵辱若驚.
寵為下.
得之若驚
失之若驚
是謂寵辱若驚.
何謂貴大患若身.
吾所以有大患者
為吾有身
及吾無身
吾有何患.
故貴以身為天下
若可寄天下.
愛以身為天下
若可託天下.

Gnade ist beschämend wie ein Schreck.
Ehre ist ein großes Übel wie die Person.
Was heißt das: "Gnade ist beschämend wie ein Schreck"?
Gnade ist etwas Minderwertiges.
Man erlangt sie und ist wie erschrocken.
Man verliert sie und ist wie erschrocken.
Das heißt: "Gnade ist beschämend wie ein Schreck".
Was heißt das: "Ehre ist ein großes Übel wie die Person"?
Der Grund, warum ich große Übel erfahre, ist,
daß ich eine Person habe.
Habe ich keine Person,
was für Übel könnte ich dann erfahren?

Darum: Wer in seiner Person die Welt ehrt,
dem kann man wohl die Welt anvertrauen.
Wer in seiner Person die Welt liebt,
dem kann man wohl die Welt übergeben.

Gnade ist beschämend wie ein Schreck.
Ehre ist ein großes Übel wie die Person.
Was heißt das: „Gnade ist beschämend wie ein Schreck"?
Gnade ist etwas Minderwertiges.
Man erlangt sie und ist wie erschrocken.
Man verliert sie und ist wie erschrocken.
Das heißt: „Gnade ist beschämend wie ein Schreck".

„Gnade ist etwas Minderwertiges." Wir müssen verstehen, dass sich „minderwertig" in diesem Fall nicht auf die Gnade selbst, sondern auf uns bezieht. Wir erhalten Gnade als Geschenk. Sie kann gegeben oder entzogen werden, unabhängig davon, ob ich Zuwendung verdient habe oder nicht. Da Gnade stets ein Geschenk ist, steht sie nicht in direkter Verbindung zu meinen eigenen Handlungen. Daher ist sie „beschämend" und in diesem Sinne minderwertig, da man mir gegenüber wohltätig ist, unabhängig davon, ob ich sie verdient habe oder nicht. Daher kann ich mich auch nicht auf sie stützen, wenn sie da ist. Denn wird sie ohne mein Hinzutun gegeben, kann sie auch ohne mein Hinzutun genommen werden. Erfahre ich also Gnade, z.B. in meiner spirituellen Praxis in Form eines „Öffnen des Himmelstores" (vgl. Vers 10), also einer tiefen geistigen Schau oder Vision, darf ich nicht den Fehler machen, sie als ‚mein' Verdienst anzunehmen oder als Frucht ‚meiner' Arbeit zu betrachten. Ich kann mich bereit machen für eine meditative Erfahrung, indem ich meditiere. Aber ob mir eine solche zuteilwird oder nicht, darauf habe ich keinen direkten Einfluss. Ich kann nicht bestimmen: ‚So, jetzt mache ich diese oder jene Erfahrung.' Es kann passieren oder auch nicht - was mir bleibt, ist, mich dafür bereit zu machen. Ich darf also auch nicht auf einer tiefen Erfahrung selbstgefällig ausruhen oder glauben, ich ‚persönlich' hätte etwas erreicht. Sie ist und bleibt eine Gnade, derer ich mich gnädig, sprich demütig und dankbar erweisen sollte, die mich aber nicht stolz machen darf. Da sie also außerhalb meiner Kontrolle und meines direkten Einflusses steht, kann ich nicht mit ihr rechnen. Daher kommt und geht sie wie ein Schreck. Daher ist man „erschrocken, wenn man sie erlangt" und „erschrocken, wenn man sie verliert". Bin ich in Ruhe, und unabhängig von mir ist plötzlich ein tosendes Geräusch, erschrecke ich. Der Schreck kommt daher, dass es mich unvorbereitet trifft. Es trifft mich unvorbereitet, weil es so gänzlich nicht von mir kommt oder geplant oder ausgelöst wurde. Ich stehe der Wandlung hilflos gegenüber und werde daher ‚überrascht', weshalb ich „erschrecke". Genauso unvorbereitet kann mich die vertiefte meditative Erfahrung treffen. Ich sollte sie daher in tiefster Demut und Dankbarkeit annehmen. Verlange ich aber nach ihr, wird sie mir wieder genommen oder gar nicht erst gegeben. Denn ich werde mich ‚dem Himmel' aufgrund meines Wollens nicht genug öffnen können. Es ist ein Akt der Schenkung. Es ist ein „Schreck", daher darf ich sie weder erwarten noch an ihr festhalten wollen. Denn allein schon die Freude über geschaffte meditative Versenkung kann mich bereits schon wieder aus ihr herausreißen, aufgrund der Ablenkung.

Nun hat dieser Spruch aber neben seiner spirituellen Aussage auch eine politische Dimension. Wird einem vom Herrscher eine Gnade gewährt, scheint es zunächst ja etwas Positives: Man ist im Ansehen des Herrschers. Aber genau hierin liegt der „Schreck": Es ist immer gefährlich, dem Herrscher überhaupt aufzufallen. *‚Gunst' und ‚Ungunst' (ru3: ‚beschämend', aber auch: ‚Schmach')* liegen nah beieinander. Nicht wenige, die dem Herrscher ‚günstig' waren, sind später in Ungnade gefallen. Laozis Ansatz wäre, sich weder Gunst noch Schmach zuzuziehen und sich generell überhaupt nicht in der Nähe von Macht aufzuhalten, sondern unbemerkt irgendwo in der Menge zu sein. Es erinnert an Zhuangzis spätere Anekdote, dass der starke Baum seines Nutzens wegen gefällt, während der knorrige Baum aufgrund seiner Wertlosigkeit unbeachtet seine Jahre vollenden kann. Es ist besser, statt eine Seite der Medaille zu bevorzugen, die ganze Münze fortzuwerfen. So sind *‚Gunst'*, *(chong3: „Gnade", aber auch ‚Gunst')* und *‚Schmach'* beide *„erschreckend"*, da sie nichts Gutes bedeuten müssen und daher nach Laozi zu vermeiden sind.

Weitere sinnvolle Übersetzungsmöglichkeiten für die erste Zeile „chong3 ru3 ruo4 jing1" sind somit auch: ‚Gunst und Schmach sind wie ein Schrecken' oder ‚Gunst ist eine Schmach wie der Schrecken (die Angst)'.

Laozi erkennt die Gegensätze in ihrer beidseitigen Abhängigkeit und versucht, durch Ablassen von beiden ihnen zu entrinnen (‚ab durch die Mitte').

Was heißt das: „Ehre ist ein großes Übel wie die Person"?
Der Grund, warum ich große Übel erfahre, ist,
dass ich eine Person habe.
Habe ich keine Person,
was für Übel könnte ich dann erfahren?

Die Person in mir ist es, die das Ego hat. Personifiziere ich mich als Person, grenze ich mich von anderen ab. Dies ist meine Person, und das ist nicht meine Person. Daher führt das Annehmen einer Person zur getrennten Wahrnehmung, die wegführt von der Einheit des DAO. Auf diese Weise entsteht eine Sicht in Trennung zu anderem. So wird die personelle/persönliche Sicht kurzsichtig (vgl. Vers 1). Durch Verlust des Überblicks entsteht ein Blickwinkel, der die eigene Person zum Ausgangspunkt nimmt. Daher entsteht ein Eigeninteresse, und daraus entsteht das Ego. Durch das Ego unterscheiden wir und wollen das eine und lehnen das andere ab. Da wir aber nicht immer das eine bekommen oder halten, sowie das andere nicht immer vermeiden können, entstehen Glück und Leid. Die Bevorzugung von Glück und die Ablehnung von Unglück aber führt zur Jagd nach dem einen und zur Ablehnung des anderen. Ablehnung aber stellt immer etwas und damit verbunden auch jemanden zurück. Daraus entsteht eine Gier nach eigenem Vorteil und Ignoranz dem Nachteil eines anderen gegenüber. Daraus entsteht das Erfahren von Übel, da ich mit der Welt im Kampf liege. Habe ich keine Person, habe ich keine Unterscheidung. Ich kann alles so annehmen, wie es ist. Wo wäre da Bevorzugung und Ablehnung? Wie könnte da Gier und Abneigung auftreten? Wie kann Übel vorhanden sein, wo kein Ego ist?

So ist es auch mit Ehre. Denn nur eine Person kann Ehre erfahren. Wo ich mich nicht als Person erfahre, kann mir Ehre nicht von Bedeutung sein. Denn in meiner Absichtslosigkeit gibt es nichts, was mir hilfreich oder hinderlich wäre. So ist mir auch die Ehre zu nichts nutze. Freue ich mich über Ehre, die mir zuteilwird, bin ich gefangen in dem Bannkreis des Übels, wie es oben beschrieben wurde. Ehre stärkt die Person und die Person sucht nach Ehre. Daher ist „Ehre ein großes Übel, wie die Person."

Der abschließende Nebensatz in: *„Der Grund, warum ich große Übel erfahre, ist, das ich eine Person habe." könnte bei wörtlicher Übersetzung auch heißen: „wei4 wu2 you3 shen1" - ‚das ich handelnd eine Person habe.'*

Hieraus erkenne ich, dass ich durch mein Handeln zur Person werde. Folglich mich durch Nicht-Handeln (wu2 wei2) meiner Person entledige. Warum werde ich durch mein Handeln zur Person? Durch die Absicht. Woher kommt die Absicht? Durch das Wollen. Wollen ist eigensinnig (aus dem eigenen Sinn), und somit gibt es ein Eigenes und damit auch eine Person. Daher soll der Eigenwille aufgegeben und Absichtslosigkeit geschult werden. Tugendhaftes Handeln (DE) ist also nicht nur für den Nächsten da, sondern dient auch meiner eigenen Vervollkommnung. Wollen ohne Eigensinn wäre kein Wollen, sondern spontanes Handeln, das sich nur nach der Situation auf natürliche Weise ergibt und nicht nach dem eigenen, sondern nach dem generellen ‚Guten' (DAO) strebt (wei2 wu2 wei2, vgl. Vers 3).

Darum: Wer in seiner Person die Welt ehrt,
dem kann man wohl die Welt anvertrauen.
Wer in seiner Person die Welt liebt,
dem kann man wohl die Welt übergeben.

Unsere Welt ist dualistisch, so wie alles in Zeit und Raum dualistisch ist. Keine Person zu haben bedeutet daher, auf, aber nicht mehr von dieser Welt zu sein. Daher ist er zwar dem DAO gleich, doch kann man ihm nicht die Welt anvertrauen, ohne dass er wieder eine Person bilden müsste. Will der Weise also in der Welt wirken, muss er Person werden und die Welt ehren, ja, er muss sie lieben, so dass sie ihm übergeben werden kann. Denn er kann hierin durch seine Liebe Gutes wirken, und die Welt ist in guten Händen. Doch wird ihm auch das Leid in dieser Zeit nicht erspart bleiben, denn er ist ‚in der Welt' und müsste sich wieder seiner Person entheben, um zu seiner Göttlichkeit zurückzukehren. Er ist Person, will aber nichts für sich. Er bildet die Person nur, um auf andere bezogene Liebe zu erfüllen. Dann entledigt er sich seiner wieder, denn er verharrt nicht bei seinem Werk.

„Wer in seiner Person die Welt ehrt, dem kann man die Welt anvertrauen." Hier kommen zwei an sich negative Elemente zusammen, die, um in der Welt zu wirken, jedoch sein müssen. Hinzu aber kommen muss, dass „man die Welt lieben muss", um sie übergeben zu bekommen. Hierin liegt der Heilsgedanke, der diesen Zeilen zugrunde liegen kann.

Negativ betrachtet erlauben diese zwei Verse auch eine andere Deutung. Die Deutung der Versuchung. Geht es mir nicht um Erlösung, sondern um persönliches Glück, nehme ich daher die Person nicht als Opfer, sondern zu meinem eigenen Gefallen an und ehre die Welt auf diese Weise, ja, mehr noch, liebe ich die Welt nicht aus Barmherzigkeit, sondern aus Eigeninteresse, so giere ich nach Macht und die Welt wird mir mit mehr und mehr Erfolg hierin mehr und mehr übergeben. Ich erhalte Macht über die Welt und herrsche auf ihr aus meinem Ego heraus. So werde ich ein Despot und führe die Welt ins Elend. Die Welt steht in diesem Zusammenhang nicht als Ort meiner Mitmenschen, mit denen ich gemeinsam das Höchste (DAO) anstrebe, sondern symbolisch für die Abkehr vom DAO. Möchte ich der Welt aber helfen, kann dies nur durch die Opferbereitschaft entstehen. Es kann nur passieren, wenn aus einem geläuterten Herz Liebe ausströmt auf die Herzen in der Welt. Die Vorstellung jedoch, zuerst Macht über die Welt zu erlangen, um dann als der Welt mächtigster Herrscher Gutes zu tun, muss aufgrund des Eigeninteresses scheitern, wie uns die Geschichte ausnahmslos zeigt.

‚Es gibt keinen Weg zum Frieden, Frieden ist der Weg' (Mahatma Gandhi).

In diesem letzten Abschnitt ist im Original wieder das Wort „wei2" - „handeln" verwandt worden. Zum besseren Verständnis des Gesamtverses kann man also wörtlich sagen: ‚Darum: Wer es schätzt (gui4), (so) mit seiner Person (seinem Selbst (shen1)) in der Welt zu handeln (wei2), dem kann man wohl die Welt anvertrauen (ji4).' und ‚Wer es liebt (ai4), (so) mit seiner Person (seinem Selbst (shen1)) in der Welt zu handeln, dem kann man wohl die Welt übergeben (tuo1).'

Die Person, das Selbst, wird nach Laozi in diesem Falle nicht aufgegeben, um in Zurückgezogenheit ein Einsiedlerleben zu führen. Nein, sie wird aufgegeben in dem Sinn, dass man sie völlig ‚der Welt angleicht', sich innerlich selbst aufgibt um mit seiner Person nur dem Wohl anderer dienlich sein zu können.

Kurz: Wer es schafft, sein Selbst so zu transformieren, dass es ein Nicht-Selbst wird bzw. dass er sein Selbst der Welt in Liebe angleicht, im Sinn von für die Welt aufgeben, der ist der wahre Herrscher!

(Um wieder in Wilhelms Worten zu sprechen: Wer also Ehre statt seiner selbst der Welt zukommen lässt und ihr in selbstloser Liebe dient, dem kann man die Welt anvertrauen und übergeben!)

VERS

14

視之不見
名曰夷.
聽之不聞
名曰希.
摶之不得
名曰微.
此三者不可致詰
故混而為一.
其上不皦
其下不昧
繩繩不可名
復歸於無物.
是謂無狀之狀
無物之象
是謂惚恍.
迎之不見其首
隨之不見其後.
執古之道以御今之有.
能知古始
是謂道紀.

Man schaut nach ihm und sieht es nicht:
Sein Name ist Keim.
Man horcht nach ihm und hört es nicht:
Sein Name ist Fein.
Man faßt nach ihm und fühlt es nicht:
Sein Name ist Klein.
Diese drei kann man nicht trennen, darum bilden sie vermischt Eines.
Sein Oberes ist nicht licht, sein Unteres ist nicht dunkel.
Ununterbrochen quellend, kann man es nicht nennen.
Er kehrt wieder zurück zum Nichtwesen.
Das heißt die gestaltlose Gestalt, das dinglose Bild.
Das heißt das dunkel Chaotische.
Ihm entgegengehend sieht man nicht sein Antlitz,
ihm folgend sieht man nicht seine Rückseite.
Wenn man festhält den SINN des Altertums,
um zu beherrschen das Sein von heute,
so kann man den alten Anfang wissen.
Das heißt des SINNS durchgehender Faden.

Man schaut nach ihm und sieht es nicht:
Sein Name ist Keim.
Man horcht nach ihm und hört es nicht:
Sein Name ist Fein.
Man fasst nach ihm und fühlt es nicht:
Sein Name ist Klein.
Diese drei kann man nicht trennen,
darum bilden sie vermischt Eines.

Die spirituelle Suche nach dem Quell des Seins führt durch die Stille. In der tiefsten Stille, am stillsten Punkt, da, wo alle Bewegung, jeder Gedanke und jedes Ich bereits zur Ruhe gekommen sind – am absoluten Nullpunkt – keimt plötzlich etwas auf. Im Urgrund des Yin entsteht das klare Yang. Dieser Moment der Leere ist unfassbar tiefgreifend zu erfahren. Und doch, das Wachsen dieses Keims ist nahezu unmerklich. Ein kleines Pflänzchen entsteht im Innern und wächst heran. Dies ist der Körper der Unsterblichkeit. Die letztendliche reine Form des Goldenen Elixiers. Kaum merklich zu Beginn, denn es ist so „fein", dass es nach dem Moment des Durchbruchs fast unbemerkt bleibt. Es ist so „klein", dass man es kaum wahrnehmen kann. „Man sieht es nicht, man hört es nicht, man fühlt es nicht" - und doch ist es da: Der Keim, der ganz klein und fein beginnt zu wachsen: Die spirituelle Transformation hat begonnen, das Elixier beginnt, seine Wirkung zu entfachen.

Warum „bilden die drei vermischt ein Eines"? Weil der Keim diese Attribute trägt: „fein" und „klein". Laozi gibt sich hier noch großzügig, denn selbst winzig und allerfeinst würde noch für diese Erfahrung zu grob beschrieben sein. Es ist ein scheinbares Nichts, das sich mit der Zeit zu einem Wesen strahlenden Glanzes entwickelt, geboren aus dem tiefsten Grund des Seins, aus dem DAO selbst, doch jetzt in mir. Das ‚Goldene Embryo', das mit viel Pflege mehr und mehr heranwächst und die Person schließlich vollends übernimmt.

Doch Wilhelms Gebrauch des Wortes „Keim“ für „yi2“ kommt so wörtlich in dem Text nicht vor:

„shi4 zhi1 bu2 jian4 ming2 yue1 yi2“ - ‚Betrachtest Du es, siehst Du es nicht. Als Name benannt ‚unsichtbar‘.‘ (yi2: ‚glatt, abgeschliffen, klar‘ - hier im Sinne von und in Bezug auf „jian“, „sehen“: ‚nicht sichtbar‘. Wenn etwas klar ist, kann ich hindurchsehen. Im Klaren selbst aber kann ich nichts sehen, nur die Klarheit wahrnehmen.)

„Keim“ passt insofern, wenn wir uns darunter etwas sehr kleines und feines vorstellen, was zwar da, aber nicht sichtbar (also unsichtbar) ist. Schwierig jedoch wird es, wenn man den Keim wörtlich nimmt, da ein Keim zwar sehr klein, aber anfassbar ist.

Was hier und in den nächsten beiden Strophen gemeint ist, ist das DAO selbst. Dennoch scheint in Wilhelms Übersetzung wunderschön diese Manifestation des DAO im eigenen Inneren und der durch sein Wirken (DE) entstehende ‚Geistkörper‘ inner-alchemistischer Praxis hindurch.

Eine weitere Möglichkeit, die erste Zeile zu übersetzen, ist auch:
‚Betrachtest du es (als etwas) (Vergleichst du es mit etwas), siehst Du es nicht.‘

In beiden Fällen bedeutet es, dass, wenn du versuchst, das DAO an irgendetwas auszumachen oder durch irgendetwas zu beschreiben (vgl. Vers 1), du es nicht erkennst. Dies beinhaltet auch hier einen wichtigen Hinweis zur Meditation: Wird versucht, durch Versenkung die Erfahrung des DAO zu machen, und versucht man, diese Erfahrung direkt anzusteuern, in dem wir uns bemühen und gerade auf diese Erfahrung, wie immer wir sie uns vorstellen mögen, hinzuarbeiten, ‚wird uns der Himmel nicht auftun‘ (vgl. Vers 10). Wir können es nicht finden, weder mit Instrumenten noch auf irgendeine andere Weise und so gesehen auch mit keiner Übung. Doch wenn wir ganz von uns lassen und alles einfach nur ‚lassen‘, entsteht in uns eine Leere, die wiederum vom DAO gefüllt wird. Daher soll jeder Versuch, danach zu „sehen“, zu „horchen“ oder zu „fassen“, unterlassen bleiben. Denn dies führt nicht zum Erfolg. Ich kann die Erfahrung des DAO nicht aktiv machen. Aber ich kann mich in passiver Hingabe entleeren, so dass in mir das DAO hervortritt, das ich dann wahrnehmen kann. So beginnt es in mir zu wirken - wie ein „Keim“!

Die dritte und vierte Zeile sagen somit dasselbe aus, doch ich möchte mir die Worte noch einmal genauer ansehen:

„Man horcht nach ihm und hört es nicht" bedeutet auch ‚..und bekommt nichts ‚zu hören' (im Sinne von ‚keine Informationen'). ' „Sein Name ist Fein", bedeutet wörtlich so viel wie ‚Als Name benannt ‚selten' (sehr wenig, unmerklich)'. Wieder also ist hier etwas scheinbar nicht und doch ist da etwas, das aber nicht auszumachen ist. So auch Zeile fünf und sechs: „Man fasst nach ihm und fühlt es nicht:", kann auch ‚Kämpfe darum, und du gewinnst es nicht:' heißen („fassen" kommt hier von ‚ergreifen', was eigentlich ‚kämpfen' hieß). ‚Gewinnen' trägt ein ‚Bekommen' in sich: ‚... du bekommst es nicht'. „Klein" bedeutet hier auch ‚tiefgründig, vergehen' - halt nicht fassbar! Dies unterstützt noch einmal die Erfahrung, dass sich die Vertiefungen in der Meditation nicht einstellen, wenn ich darum ‚kämpfe', sprich, wenn ich es erzwingen will und damit die Natürlichkeit verliere.

Wenn wir es in poetischer Kürze zusammenfassen, bedeutet der Dreizeiler:

„shi4 zhi1 bu2 jian4": ‚Betrachtest du es, siehst du es nicht.'
„ming2 yue1 yi2": ‚Sein Name ist ‚unsichtbarer' Keim.'
„ting1 zhi1 bu4 wen1": ‚Horchst du nach ihm, hörst du es nicht.'
„ming2 yue 1xi1": ‚Sein Name ist ‚unhörbar' Fein.'
„bo1 zhi1 bu2 de4": ‚Greifst du nach ihm, bekommst du es nicht.'
„ming2 yue1 wei1": ‚Sein Name ist ‚unfassbar' Klein.'

Je mehr wir uns bemühen, umso mehr entzieht es sich uns. Wie immer du dich also künstlich anstrengst - du wirst das DAO nicht erreichen und ermüden (vgl. Vers 24 und 55). Gib dein Wollen auf, und es wird dir zu Eigen!

Die Erfahrung des DAO ist also nicht auf die mystische Übung beschränkt, wie das DAO selbst auf nichts beschränkt ist: Es ist überall, wir müssen uns nur ebenso klein und fein machen, sprich wenig und leise werden. In dieser Nichtheit der eigenen Person (vgl. Vers 13) tritt es in Erscheinung, wie es aber immer schon da war: Ganz wie die Sonne, die nur von den Wolken verdeckt, aber niemals abwesend war.

Für meine Übung bedeutet dies: Übe ich zu zielgerichtet, verfehle ich es. Bemühe ich mich jedoch nicht, bin ich nicht auf dem ‚Weg'. Der Trick liegt also in der Art und Weise, wie ich ‚übe' und wie ich mein Leben gestalte. Die Übung wird zur Nicht-Übung: Ich sitze nicht und denke an das DAO, ich sitze einfach nur und tue im wahrsten Sinne des Wortes gar nichts. Und das DAO offenbart sich. So auch in den Handlungen. Wenn ich Gutes tun WILL, verfehle ich es, denn ich habe eine Absicht. Tu einfach Gutes und bleibe nicht in deinen Gedanken dabei. So gehe auch mit allem anderen um, und es wird sich dir auch hier offenbaren.

Wilhelm selbst sagt sehr passend, dass sich diese drei Attribute „Keim, fein und klein" auf die Übersinnlichkeit des DAO beziehen. Wenn ich mir der Begrenzung von Sprache bewusst bin und diese Begriffe als Wegweiser zur Eigentlichkeit des DAO verstehe, ist es sehr hilfreich.

„Diese drei kann man nicht trennen": „Trennen" bedeutet im Kontext zuerst, dass sie so fein sind, dass man sie nicht weiter bestimmen kann. Sie sind sozusagen zu klein. Daher können hier in dieser Tiefe keine Unterschiede mehr zwischen ihnen festgestellt werden, und sie müssen als gleich gelten. Und so kann man sie dann auch tatsächlich nicht trennen, da alle drei ihrem Wesen nach untrennbar eines sind: das DAO, dessen Attribute nicht benennbar sind (vgl. Vers 1), und tut man es dennoch, sind sie in ihrem Kern, wie alles, identisch: „darum bilden sie vermischt Eines." Wiedermal: Ihre Unterscheidungen zeigen sich erst nach einem gewissen Erscheinungsprozess nach außen hin. Profan gesagt, wenn sie ‚größer' werden. Ihrem subtilsten Ursprung nach aber sind diese drei eins und somit nicht trennbar. Das eine DAO, das hier von Laozi in drei (scheinbar nicht existente) Eigenheiten unterteilt wird, die in sich selbst aber miteinander identisch sind und ein einzig Eines bilden: Hier ist der Ursprung der Welt zu finden!

Noch ein kleiner Hinweis zur Praxis: Obwohl das DAO natürlich weder gesehen noch gehört noch angefasst werden kann, kann man mit ein bisschen Erfahrung von Stille in die Stille hineinhorchen, und man kann in gewissem Sinne die Stille hören. Man kann in die Stille in gewissem Sinne hineinsehen und kann die Stille in gewissem Sinne sehen. Aber das, was ich höre, und das, was ich sehe, ist miteinander identisch. Es ist ein fühlendes Sehen, und es ist ein fühlendes Hören. Und ich muss in gewissem Sinne auf das Fühlen verzichten, wenn ich das gesehen und gehört Gefühlte tatsächlich wahrnehmen will, die Leere! Diese abstrakte Form des

Sehens und Hörens zielt nicht auf Klang oder Bild, auch wenn ich in gewissem Sinne meine Augen und Ohren zu Beginn dazu einsetze. Es zielt auf ein und dasselbe, auf das mich alle Sinne führen, wenn ich sie nur tief genug in die Stille führe: „Du blickst nach ihm und siehst nichts Sonderliches. Du horchst nach ihm und hörst nichts Sonderliches." (Vers 35). Abgesehen davon, dass es nichts Sonderliches ist, da das DAO weder zu sehen noch zu hören ist, sind es doch in beiden Fällen dieselben Schriftzeichen, dasselbe „nichts Sonderliches". Daher ist die (Nicht-) Wahrnehmung, ob mit den Augen oder Ohren, ab der Tiefe, wo die Augen und Ohren ausscheiden und die Sinne zurückgelassen werden, um es dann tatsächlich „zu sehen" und „zu hören", immer die gleiche. Denn es ist die Leere, die in ihrer Wahrnehmung immer gleich und einzig ist, egal von welchem Ausgangspunkt man startet. Die (Nicht-) Wahrnehmung trifft sich immer auf demselben Punkt, denn der ist leer!

Sein Oberes ist nicht licht,
sein Unteres ist nicht dunkel.

Es ist ein absolutes Weder-Noch. Es hat weder ein „Oben" noch ein „Unten". Es ist das DAO, das in seinem Wandeln stets unbewegt bleibt. Seine potenziellen Eigenheiten betreffen nicht es selbst, auch wenn sie von ihm geboren werden. Kommt es daher in Erscheinung, so ist es im allerersten „Oben nicht licht" und im „Unten nicht dunkel". So der Keim: Entstanden aus dem reinsten Yang, geboren aus dem feinsten Yin, trägt es in sich die Unsterblichkeit (‚xian1'). Im nächsten Moment jedoch können Unterschiede zwischen Oben und Unten angenommen werden, und das Lichte und Dunkle entstehen als Eigenschaften. Vgl. hierzu u.a. Vers 1, 11 und 42, wie aus dem Nicht-Sein über das Nichtseiende Sein das Sein entsteht (‚wu2'-‚wu2 you3'-‚you3'). Doch der „Keim" als solcher, da dem DAO gleich, ist unsterblich.

Ununterbrochen quellend,
kann man es nicht nennen.

Auch: ‚Ununterbrochen fortgesetzt...', das ‚endlos Unbegrenzte' - wie sollte man dies benennen können (vgl. Vers 1)?

Es kehrt wieder zurück zum Nichtwesen.
Das heißt die gestaltlose Gestalt,
das dinglose Bild.
Das heißt das dunkel Chaotische.

So transformiert die Person vom ichhaften Wesen zum wesenhaften Nichts, zum Nichtwesen. Zu dem, was es war, als es nicht war. Auch wenn er als Person noch über die Erde wandelt und lebt, wie alle leben: Das, was der Keim in ihm hervorgebracht hat, dieses ewige Wesen, ist unsichtbar. Gestaltlose Gestalt. Es ist der innere Körper, der in die Ewigkeit eingeht und nicht vergeht. Wer diesen Körper in sich gebildet hat, vergeht nicht mehr – ihn kann der Tod nicht töten. Daher auch das „dinglose Bild". Es ist da, und doch kann es nicht ergriffen, gefasst, verändert oder auch verstanden werden. Es ist kein Ding, es ist ein Nichts und doch das allerwesentlichste der menschlichen, ja jeder Natur. Es ist das DAO. Es ist „das dunkel Chaotische", der Ursprung. *Denn so wie das DAO endlos „quellend" und doch immer wieder ‚zusammenströmt'* (gui1, *‚zusammenströmen', wird von Wilhelm mit „fu4", „zurückkehren" zusammengefasst, da die Bedeutungen sehr ähnlich sind)*, wie alles, was ins Sein gelangt, auch wieder im Nicht-Sein aufgeht, so wandelt auch der Unsterbliche zwischen diesen Sphären, wie es unser aller Natur ist. Denn alles ist im ‚Nicht-Wesen', in der „gestaltlosen Gestalt" und im „dinglosen Bild": das DAO, das es selbst ist, und durch dieses alle Schöpfungskraft (DE), alle Wesen in allen Sphären und schließlich auch wir. Alles kommt aus dem „dunklen Chaotischen", und alles geht dorthin zurück. Wir erinnern uns: Es ist einzig eine Gestaltwerdung des Absoluten - die Potenzialität, die Form annimmt und wieder in gleicher verschwindet. Dieses „Nichts" zu Lebzeiten wahrzunehmen, entschleiert uns die Realität und lässt uns erkennen, was sowieso ist: Unsterblichkeit des Eigentlichen. Veränderung, was aus ihm kommt. So erfahren wir die Sicherheit des Eigentlichen und leben dies in der Veränderung.

Ihm entgegengehend sieht man nicht sein Antlitz,
ihm folgend sieht man nicht seine Rückseite.

Es hat weder Vorder- noch Rückseite, es ist ein einzig Eines und mit den Sinnen nie zu empfangen. Daher: „Man sieht es nicht, man hört es nicht, man kann es nicht greifen". Zuerst versucht man sich ihm in meditativer Praxis (was nicht bedeuten soll, dass Laozi uns eine bestimmte Meditationsform mit entsprechender Sitzhaltung etc. hätte verschreiben wollen) zu nähern. Ist der Keim in einem entsprungen, folgt man ihm. Hier geht der Schüler von aktiv handelnder Praxis (Technik) über in das reine Zulassen des Nichthandelns. Denn jetzt übernimmt der Keim die Führung und muss nur in seinem Wachsen beschützt werden, bis es die Person ausgefüllt hat. Man muss ihn wachsen lassen, man kann nicht versuchen, ihn wachsen zu machen. Das Nichthandeln bezieht sich hier auf ein Geschehenlassen. Nur ist darauf zu achten, dass die ‚emporkommende Pflanze' nicht gehindert wird an ihrer Ausbreitung.

Das DAO hat kein vorne oder hinten, so kann man also weder Antlitz noch Rückseite sehen. Wie wir erfahren haben, kann man es mit den Sinnen so gesehen überhaupt nicht wahrnehmen. *Interessant ist noch die Übersetzungsmöglichkeit für „shou3" („Antlitz", ‚Kopf') als ‚(das) erste', also auch: ‚Anfang'. So könnte man für „Antlitz" auch ‚Anfang' und, wenn man im Kontext möchte, für „hou4" (hinten, hier: „Rückseite") auch ‚Ende' verstehen.* Dies eröffnet uns die Weisheit, dass wir uns das DAO gemeinhin nicht greifbar machen können - wir können auch weder seinen Anfang noch sein Ende ausmachen, weshalb es ewig und aus sich selbst zu sein scheint und nach Laozi und allen Weisen auch ist. Laozi versucht hier in teilweise personifizierenden Worten das DAO als unwesenhaftes Wesen darzustellen, um unserer begrenzten Wahrnehmungsfähigkeit entgegenzukommen: Es ist wie ein Wesen, doch können wir es nicht als Wesen ausmachen. Wir können weder sein „Antlitz", noch seine „Rückseite" sehen, weil es eben trotz der Möglichkeit des Wesenhaften in sich halt nicht wesenhaft ist. Es hat weder Persönlichkeit noch eine einem Wesen bedingte Grenze. Aber auch nicht nicht, denn nichts ist, was nicht das DAO in sich trägt. Das DAO ist kein Wesen, und doch kann das DAO wesenhaft verkörpert werden und verkörpert sich wesenhaft. Es ist, auch wenn Laozi es bildhaft manchmal so beschreibt, kein bestimmtes Wesen, sondern das Wesen aller Dinge. Es ist was es ist: das DAO.

Ob ich dem DAO „entgegengehe", oder ihm „folge": Das DAO ist überall und daher nirgends auszumachen, obwohl in allem wahrnehmbar, wenn auch nicht greifbar. So hat es weder Antlitz noch Rückseite, weder Anfang noch Ende. Das DAO als ‚Weg': Wäre dieser Weg klar umrissen, hätte er Antlitz und Rückseite, Anfang und Ende, oder wäre er definierbar und dadurch greifbar, es wäre nicht der letztendliche Weg, es wäre nicht das DAO (vgl. Vers 1).

Wenn man festhält das DAO des Altertums,
um zu beherrschen das Sein von heute,
so kann man den alten Anfang wissen.

Erfasse ich das DAO, so wie die alten Weisen es erfahren haben, und gelingt es mir, dies im Heute umzusetzen, erkenne ich zwangsläufig, dass zwar alles in Veränderung ist und immer alles neu zu sein scheint – aber dennoch alles ein und demselben Prinzip folgt. Es ist in seiner Veränderung dennoch immer das Gleiche. Denn auch wenn sich alles ändert, das DAO ändert sich nie, denn es beinhaltet bereits alles und ist in sich vollkommen und zeitlos. Habe ich das DAO erfahren und kenne ich dadurch das Heute, weiß ich auch um das Gestern, und weiß ich auf diese Weise um das Gestern, verstehe ich das Heute. Ähnlich einer mathematischen Formel oder genauer gesagt, exakt wie es im Taiji-Symbol oder den Hexagrammen abzulesen ist. Hier haben wir die verborgene Möglichkeit, Gesetzmäßigkeiten formulieren und damit aus den Zeiten lesen zu können. Hierauf können dann auch Voraussagungen getroffen werden. Wichtig aber ist zu verstehen, dass, je besser meine intuitive Wahrnehmung vom DAO ist, ich umso mehr erahne von der Welt und ihrem Ursprung. Auch lassen sich Erkenntnisse der Wissenschaften so viel einfacher verstehen, denn Wissen wird erkannt durch Erfahrung.

Das heißt des DAO durchgehender Faden.

Denn alles ist ineinander verwoben, entsteht auseinander und vergeht zugunsten des Nächsten. So ist alles wie auf einer Perlenschnur aufgereiht, und kein Ereignis und kein Wesen ist losgelöst von einem anderen in diesem einen zusammenhängenden Prozess, dem einen „durchgehenden Faden": 10.000 Wege – ein Prinzip (‚wan4 fa3 gui1 yi1').

Der Begriff „ji4", hier mit „durchgehender Faden" übersetzt, bedeutet wörtlich so viel wie ‚Leitprinzip (insofern auch: Richtschnur)'.

VERS 15

古之善為士者
微妙玄通
深不可識.
夫唯不可識
故強為之容.
豫兮若冬涉川
猶兮若畏四鄰
儼兮其若客
渙兮若冰之將釋
敦兮其若樸
曠兮其若谷
混兮其若濁
孰能濁以靜之徐清.
孰能安以久動之徐生.
保此道者不欲盈.
夫唯不盈
故能蔽而新成.

Die vor alters tüchtig waren als Meister,
waren im Verborgenen eins mit den unsichtbaren Kräften.
Tief waren sie, so daß man sie nicht kennen kann.
Weil man sie nicht kennen kann,
darum kann man nur mit Mühe ihr Äußeres beschreiben.
Zögernd, wie wer im Winter einen Fluß durchschreitet,
vorsichtig, wie wer von allen Seiten Nachbarn fürchtet,
zurückhaltend wie Gäste,
vergehend wie Eis, das am Schmelzen ist,
einfach, wie unbearbeiteter Stoff,
weit waren sie, wie das Tal,
undurchsichtig waren sie, wie das Trübe.
Wer kann (wie sie) das Trübe durch Stille allmählich klären?
Wer kann (wie sie) die Ruhe durch Dauer allmählich erzeugen?
Wer diesen SINN bewahrt, begehrt nicht Fülle.
Denn nur weil er keine Fülle hat,
darum kann er gering sein,
das Neue meiden
und die Vollendung erreichen.

Die vor alters tüchtig waren als Meister,
waren im Verborgenen eins mit den unsichtbaren Kräften.

Wie wir im Abschnitt 14 gesehen haben, ist die Verwandlung des Schülers zu einem im daoistischen Sinn Unsterblichen eine innere. Es ist ein anfangs verborgener Keim, der wächst und schließlich das gesamte Wesen einnimmt. Die Meister der alten Zeiten – in jeder Mystik immer auch ein Bild für die Vollkommenheit, die erreichbar ist bzw. glaubend einst erreicht wurde. Das Goldene Zeitalter – ob es es je gegeben haben mag oder nicht – ist immer Symbol für das Leben aus dem Ursprung heraus. Früher, in unerreichbarer Zeit – es ist der Mythos eines Ideals, das wir nicht mehr nachprüfen können und daher so anzunehmen vermögen. Denn da Laozi dies bereits vor 2500 Jahren gesagt haben soll und heute selbst als der ‚Alte Meister' gilt, ist der Gedanke an ein solches ‚Früher' wohl zu allen Zeiten vorhanden gewesen. Diese Meister also kannten diese Vorgänge genau. Sie wussten um den Keim, um die Kraft im Verborgenen. Daher waren solche, „die als Meister in alten Zeiten tüchtig waren, im Verborgenen eins mit den unsichtbaren Kräften". Denn diese Einung mit der transformierenden Kraft, die aus dem Ursprung kommt, heißt, eins zu sein mit den Kräften, die den gesamten Weltenlauf hervorbringen und steuern. Sie wussten darum und konnten sich daher diesen Kräften anschließen, sich mit ihnen vereinigen und erlangten so Unsterblichkeit. Denn dieser Keim ist rein nur aus diesen Kräften hervorgegangen, ja, ist diese Kraft selbst. Dies bedeutet für uns, diese Quelle in uns selbst zu entdecken. Sie von allem Ich-Dünkel freizulegen und von allen Vorstellungen zu säubern. Der reine klare Geist (vgl. Vers 10) und die aus ihm geborenen Kräfte – diese gilt es zu entdecken und sich mit ganzem Wesen darin aufzugeben.

Wörtlicher übersetzt könnte die zweite Strophe heißen: *„wei1 miao4 xuan2 tong1": ‚..waren tiefgründig, fein und still durchdringend (fließend)*'. Von den Worten her bedeutet es, ‚sie waren mit allem verbunden, durchdrangen auch das Feinste und Tiefgründigste (oder: auf tiefgründigste Weise, sprich waren tiefgründig).'

Es ist aber prinzipiell dasselbe Ergebnis, wie wenn man „eins ist im Verborgenen mit den unsichtbaren Kräften!" „Im Verborgenen" ist sehr schön auch als Hinweis zu verstehen, diese Kräfte in der meditativen Praxis zu entdecken. Denn wirken diese Kräfte auch generell, ist die Stille oder bewegende Versenkung doch die beste

Methode, sich dieser Kräfte bewusst zu werden. Man erkennt ihre Wirkung im Außen, sie selbst jedoch im Innern, sprich „im Verborgenen".

Tief waren sie, so dass man sie nicht kennen kann.
Weil man sie nicht kennen kann,
darum kann man nur mit Mühe ihr Äußeres beschreiben.

Wollen wir die alten Meister auf diese Weise in Einheit sehen mit den unsichtbaren Kräften, brauchen wir im Folgenden keine Unterscheidung mehr zwischen den Kräften und ihnen selbst zu machen. Sie sind jetzt diese Kräfte, nur wesenhaft ausgedrückt. Ihr Äußeres kann ich beschreiben. Doch da diese Meister nur selten als solche in Erscheinung treten, kann ich selbst das nur mit „Mühe". Diese Meister waren so tief in ihrem Geist und so verborgen in ihrem Auftreten, dass man sie nicht kennen kann. Dies ist nicht anders, als wenn ich in einen tiefen See nicht bis auf den Grund sehen kann. Es bleibt mir verborgen, da ich nicht so tief hinabsehen kann. Erst wenn ich selbst hinabsteige, wird es mir ersichtlich. Und da ich ohne eigene Erfahrung also nicht wirklich um diese Dinge weiß, würde mir ein solcher Meister, gibt er sich nicht als ein solcher zu erkennen, vermutlich auch gar nicht auffallen. Ohne eigene Erfahrung muss ich mich um Spekulation be"mühen", um zumindest ein, wenn auch „äußeres" Abbild hiervon zu erhalten. Doch dies ist stets ungenau, fehlerhaft und vor allen Dingen nicht geeignet, die Tiefe dieser Erkenntnis wirklich zu durchdringen. Es kann einem grob die Richtung weisen. Jedoch herabsteigen zu dieser Erkenntnis muss ein jeder selbst.

Ich kann die Umrisse eines Menschen erkennen, seine wirklich geistig erfasste Tiefe jedoch kann ich nur bis dorthin fassen, so weit ich meine eigene erkennen kann. Daher kann ein solcher Meister ‚um mich wissen, ich jedoch nicht um ihn' (Chen Wangting (1597-1664), Begründer des Taijiquan). Daher bleibt er unerkannt.

Bezogen auf unser letztes Beispiel im oberen Abschnitt kann man auch sagen, solange mir diese Kräfte in der Tiefe nicht bewusst sind, solange erkenne ich auch die Zusammenhänge zwischen ihnen und ihrer äußeren Wirkung nicht. Ich sehe nur die äußeren Erscheinungen. Da ich ihnen aber ‚nicht auf den Grund gehen' kann, verstehe ich sie nicht wirklich.

Ein möglicher Sinn dieser Zeilen ist auch ein Hinweis darauf, dass diese Meister, da nur schwer zu erkennen, auch nur schwer zu beschreiben sind. Laozi versucht daher im Folgenden, uns mit Bildern zu helfen:

Zögernd, wie wer im Winter einen Fluss durchschreitet,
vorsichtig, wie wer von allen Seiten Nachbarn fürchtet,
zurückhaltend wie Gäste,
vergehend wie Eis, das am Schmelzen ist,
einfach, wie unbearbeiteter Stoff,
weit waren sie, wie das Tal,
undurchsichtig waren sie, wie das Trübe.

„Im Winter einen Fluss zu durchschreiten": Man schreckt davor zurück, man zögert. „Vorsichtig, wie wer von allen Seiten Nachbarn fürchtet": Man bewegt sich, als würde man ständig beobachtet. „Zurückhaltend wie Gäste": Man ist voller Bescheidenheit. „Vergehend wie Eis, das am Schmelzen ist": Nachgiebig, nicht greifbar, so wie sie da sind, so sind sie weg. Alles löst sich auf, auch die falschen Vorstellungen. „Einfach, wie unbearbeiteter Stoff": Man erreicht die Natürlichkeit. Es erinnert uns an das Bild des ‚unbehauenen Klotzes (Baumes, Steins (pu3), siehe auch Vers 28)'. Gemeint ist die ursprüngliche Natur des Menschen. „Weit waren sie, wie das Tal": Der Geist erfährt nun Freiheit. „Undurchsichtig waren sie, wie das Trübe": Für einen Nichtwissenden ist er nicht nachvollziehbar, nicht erkennbar, da sich seine Weisheit auf die Quelle, auf das Verborgene begründet, wohin der äußere Mensch nicht zu folgen vermag.

Laozi beschreibt uns die Eigenschaften der großen Meister. Aber er gibt uns noch etwas: eine Art Landkarte der eigenen Entwicklung. Zu Beginn des Weges sind da die Unsicherheiten und der fehlende, alles durchdringende Wille. Man „zögert". Danach beschleicht einen das Gefühl, was man doch alles dafür hergibt, und hat Angst, ‚die Welt zu verlassen'. Man hat Angst, etwas zu verlieren oder zu verpassen im Leben. Wie „wenn man von allen Seiten Nachbarn fürchtet", fühlt man sich bedrängt von dieser Sorge, aber zugleich auch von dem Anspruch, doch ein Heiliger werden zu wollen. Danach muss man tiefe Demut und Bescheidenheit, sprich Ichlosigkeit und Selbstaufgabe entwickeln, will man weiter vordringen, in das ewige Geheimnis. Man muss also seiner selbst nur noch „Gast" sein. Ist das vollbracht, „schmelzen" alle Täuschungen der Welt wie das „Eis" und eine große Entspannung tritt ein. Hier ist der Zustand ursprünglicher, spiritueller Natürlichkeit erreicht: „Wie unbearbeiteter Stoff." Durch dieses Loslassen entsteht vollkommene Freiheit, da nichts einen mehr einengen kann. Daher umfasst der Geist das Endlose, das Ewige. Er „wird weit, wie das Tal". Und zu guter Letzt: Für einen Außenstehenden ist diese gesamte Entwicklung nicht nachzuvollziehen, und daher kennt ein Unsterblicher zwar alle Menschen, aber die Menschen erkennen keinen Unsterblichen. Denn er war wie sie und ist alle Stufen des Seins hinabgestiegen bis zum Ursprung. Daher kennt er alle, aber niemand, es sei denn, er ist ihm so weit gefolgt, kann ihn kennen. Daher „ist er undurchsichtig wie das Trübe". Gerade seine ‚durchsichtige Klarheit' macht ihn für den äußeren Menschen undurchsichtig, da in dieser Klarheit nichts festzumachen ist, der Blickende aber gerade diese ‚Festigkeit' sucht (vgl. Vers 11). Doch er lässt sich täuschen: Da er etwas Festzumachendes sucht, erscheint ihm die Klarheit undurchsichtig, da er nichts in ihr erkennt. Die Form jedoch, durch die man rein optisch nicht blicken kann und in der sich der Blick verhaftet, erscheint ihm klar und im wahrsten Sinne des Wortes ‚ersichtlich'.

Wer kann (wie sie) das Trübe durch Stille allmählich klären?

Schon liefert Laozi bereits den Lösungsansatz: Das Trübe, weshalb die Meister für den Laien undurchsichtig sind, ist nicht etwa ihnen zu Eigen. Im Gegenteil, es ist meine eigene Trübheit, die mich ihre Klarheit nicht sehen lässt. Doch wie bekomme ich das Trübe weg von mir? „Allmählich durch Stille". Die Stille ist es, die, wenn sie in mir wirkt, eine Klarheit hervorbringt. Wenn alles sich mit der Zeit legt, bleibt nur noch der reine leere Geist selbst und strahlt in seiner Unbeflecktheit. Diese Reinheit lässt mich alles schauen. Wir erkennen hier das allbekannte Bild des unreinen und verschmutzten Wassers, das, kommt es zur Ruhe, langsam klar und durchsichtig wird, weil das „Trübe" durch die Unbewegtheit des Wassers nach unten gesackt ist. In Bewegung jedoch würde es immer wieder herumgewirbelt. So soll auch die Meditation sein, bis der Geist klar ist. Diese Klarheit gilt es zu bewahren, auch wenn aus der Ruhe dann wieder Bewegung entsteht. Ein immer gleicher Grund, aus dessen durchgehender Stille alle Bewegung kommt und geht.

Wer kann (wie sie) die Ruhe durch Dauer allmählich erzeugen?

Die Kunst liegt darin, nach und nach Ruhe zu erzeugen. Ruhe in der Bewegungslosigkeit und Ruhe in der Bewegung, sprich ohne und in der Handlung. Die Ruhe muss zum Wesenskern werden, damit alles Wollende sich legt und nur die Hingabe an das Eine die Führung übernimmt. Dieses Nicht-Handeln, das aus ruhiger Absichtslosigkeit entsteht, führt zur Heiligkeit. Kurzfristige Stille und Klarheit lässt einen in die Tiefe schauen. Aber langfristige Transformation, sowie das Wachsenlassen des „Keims" (vgl. Vers 14), bedarf dauerhaft erzeugter Ruhe. Beide Strophen zusammen geben uns also den Hinweis, dass wir uns durch Stille Klarheit verschaffen sollen und diese dann durch andauernde Ruhe aufrechterhalten sollen.

Wie erwähnt erreicht man Ruhe durch Ruhe. Aber im Verständnis des Prinzips von Yin und Yang ist Ruhe auch durch Bewegung zu erhalten, wie der vorangegangene Vers wörtlich zu übersetzen wäre: „shu2 neng2 an1 yi3 jiu3 dong4 zhi1 xu2 sheng1" - *‚Wer vermag Ruhe (Frieden) durch dauerhafte Bewegung allmählich zu erzeugen?‘*[26]

Wir kennen dies vom Taijiquan, wo zum einen durch stille, sitzende Meditation, aber gerade auch durch langandauernde, gleichmäßig langsame Bewegung, Ruhe erzeugt wird. Diese durch Bewegung erzeugte Ruhe führt im Inneren zur absoluten Stille, aus der dann wahre (effiziente) Bewegung (geistig: Erkennen) entsteht. „Sheng1" - „erzeugen, gebären" heißt auch *‚leben, lebendig‘*. Daher wäre auch folgende Übersetzung denkbar: *‚Wer vermag Ruhe durch ausdauernde Bewegung allmählich lebend (lebendig) zu machen?‘*

Letztere Variante würde den Versuch beschreiben, eine starre Stille, die der Praktizierende anfänglich in seiner Meditation zwangsläufig entwickelt, natürlicher zu machen, indem er sich in die Lage versetzt, seine Ruhe zu wahren, ganz gleich, in welcher Art Bewegung (Handlung) er sich im Äußeren gerade befindet. Wieder (wie in einigen vorangegangenen Versen) finden wir hier Anschluss an das Prinzip ‚huo2‘ des Taijiquan. Hier wird trainiert, die Mitte (Gleichgewicht), hat man sie einmal erreicht, bei egal welch ruhiger oder dynamischer, schneller (explosiver) oder langsamer Bewegung (Handlung), nicht zu verlieren. Von der Kampfkunsttechnik

[26]Das Schriftzeichen „jiu3" kommt nicht in allen Versionen vor.

abgesehen, bedeutet dies also ein Können, das nicht nur in Zurückgezogenheit und weltlicher Unerreichbarkeit, sondern in egal welchen Umständen erreicht bzw. gehalten werden kann. Ein Vermeiden schwieriger Situationen oder gar eine Weltflucht ist daher nicht notwendig, auch wenn sie zwischenzeitlich sicherlich sehr hilfreich ist.

Auch ist hier ein Schlüssel des Geheimnisses und Wunders des Lebens selbst bzw. seiner Schöpfung zu finden: *‚Wer vermag aus der Ruhe durch andauernde Bewegung allmählich Leben hervorzubringen (gebären)?‘* (vgl. Vers 1 und 6).

„An1“ - „Ruhe“ bedeutet auch ‚Frieden‘, wodurch noch einmal der Zusammenhang zwischen diesen Konzepten des inneren Friedens, aber auch des Weltfriedens herausgestellt wird. Denn derjenige, der inneren Frieden gefunden hat, streitet nicht:

Wer dieses DAO bewahrt,
begehrt nicht Fülle.

Wer diesen Weg geht, kommt zur Einfachheit. Einfachheit führt zur Leerheit und ist das Gegenteil von Fülle. Nur der leere absichtslose Geist jedoch erfährt Wahrheit. Daher ist die Absicht des Schülers immer das Vermindern und Geringsein und nicht die Fülle (hier: Weltzugewandtheit), wie Laozi erklärt:

Denn nur weil er keine Fülle hat,
darum kann er gering sein,
das Neue meiden
und die Vollendung erreichen.

Jede Aktion löst eine weitere (Re-)Aktion aus. Eine Handlung ergibt die nächste. Will man vermindern, gering sein, muss man „das Neue“ meiden, sprich alles, was ein Hinzutun wäre, alles, was wieder eine Reaktion auslöst, was mich wieder in den Strudel des Beschäftigtseins hineinträgt. Was weltliche Dinge angeht, soll man zunächst einmal nicht radikal von allem lassen. Es reicht zunächst, nur nichts Neues hinzuzunehmen. Denn man soll nicht denken, dass der Schüler, ganz gleich, in welchem Stadium er sich befindet, einfach nichts mehr tut und alles andere geschehe von alleine. So ist es nicht. Über sehr weite Strecken und auch wieder nach Erreichen des Ziels muss der Adept handeln, um sich entweder zu vervollkommnen oder aber, wäre dies erreicht, entsprechend seiner Verantwortung anderen zu helfen, auch dorthin zu gelangen, wenn sie dies wünschen. Dabei sind die Handlungen nicht bloß kontemplativ, sondern auch aktiv. Handlungen der Nächstenliebe und Ergebenheit dienen nicht nur dem Wohle derer, denen dies zuteilwird, sondern auch gerade dem Sendenden, indem er hierdurch zum Diener wird und sich unter andere stellt und dadurch einen Geist des Geringseins und der Demut entwickeln kann. Der Unterschied besteht also in der Art und Weise der Handlungen. Die Handlungen der weltzugewandten Lustbarkeit verringern sich zugunsten der selbstlosen Handlung des abgeschiedenen Menschen, der ‚seine Person der Welt gleich macht (sie in seiner Person ehrt)' (vgl. Vers 13) und daher nichts mehr für sich selber wünscht. Hieraus ergibt sich ein Leben, das in sich selbst in Stille ruht, und kommt es in Bewegung, diese den Anderen zukommen lässt und selbst dabei in der glückseligen Ruhe des DAO weilt. Ruhe und Bewegung - Kontemplation und Handlung werden eins wie die Nabe und sein Rad (vgl. Vers 11). Wie könnte von einer solchen Person etwas anderes ausgehen, als Frieden (an1)?

Nun bedeutet „ying2" - „Fülle" auch ‚Überfülle' und beschreibt somit auch wie schon in Vers 11 das richtige Maßhalten. Auch hier finden wir einen Hinweis, durch Maßhalten sowohl im Alltag, als auch in der spirituellen Praxis, Frieden zu erreichen und zu halten. „Neues" ist immer auch beunruhigend und daher aufregend. „Neues" zu wünschen bedeutet immer auch ein Streben (zum Neuen). Das Maß haltende, ruhige Leben voll inneren Glücks ist gleichzeitig auch das ‚nicht zu sehr Streben' nach dem DAO, da hierdurch sich der Wille ‚überfüllt'. Wer also im Geiste des DAO nicht nach ihm strebt, erreicht es. Wer es unbedingt erreichen will, verfehlt es.

Anmerkung: Hiermit ist nicht gemeint, dass das DAO einfach so in uns wachsen würde. Dass dies nicht so ist, ist offensichtlich, sonst wären alle Menschen im Stand des Einklangs mit dem DAO. Gemeint ist eine Art indirekte Annäherung an das DAO, wie bereits in Vers 14 beschrieben: Durch ein Sich-verringern und Von-sich-lassen stellt sich DAO ein, nicht durch zielstrebendes Wollen.

Auch darf bei dem „Vermeiden von Neuem" nicht der Fehler gemacht werden, Zukunft, Veränderung und Fortschritt meiner Umgebung nicht anzunehmen. Es geht lediglich darum, dass ich mir selbst ‚nichts mehr hinzunehme'.

Ich brauche nichts aufzugeben, wenn ich nur nichts mehr hinzunehme. Naturgemäß erledigen sich Dinge mit der Zeit, und wenn nichts Neues hinzukommt, wird alles mit der Zeit weniger.

VERS 16

致虛極守靜篤.
萬物並作
吾以觀復.
夫物芸芸各復歸其根.
歸根曰靜
靜曰 復命
復命曰常
知常曰明.
不知常
妄作凶.
知常容
容乃公
公乃王
王乃天
天乃道
道乃久
沒身不殆.

Schaffe Leere bis zum Höchsten!
Wahre die Stille bis zum Völligsten!
Alle Dinge mögen sich dann zugleich erheben.
Ich schaue, wie sie sich wenden.
Die Dinge in all ihrer Menge, ein jedes kehrt zurück zu seiner Wurzel.
Rückkehr zur Wurzel heißt Stille.
Stille heißt Wendung zum Schicksal.
Wendung zum Schicksal heißt Ewigkeit.
Erkenntnis der Ewigkeit heißt Klarheit.
Erkennt man das Ewige nicht,
so kommt man in Wirrnis und Sünde.
Erkennt man das Ewige,
so wird man duldsam.
Duldsamkeit führt zur Gerechtigkeit.
Gerechtigkeit führt zur Herrschaft.
Herrschaft führt zum Himmel.
Himmel führt zum SINN.
SINN führt zur Dauer.
Sein Leben lang kommt man nicht in Gefahr.

Schaffe Leere bis zum Höchsten!

Leere in ihrer letztendlichen Vollkommenheit bedeutet vollständige Leere. Untersuchen wir alle existierenden Phänomene, werden wir feststellen, dass sie in ihrer Essenz leer sind. Selbst das massivste Gestein kann ich so weit aufspalten, bis ich entdecke, dass seine kleinsten Bausteine prinzipiell keine Masse mehr besitzen und schließlich und endlich nur noch Leere übrigbleibt. Oder denken wir nur an das Beispiel mit dem Demontieren des Wagens aus dem Kommentar zu Vers 5. Diese Leere nicht nur wissenschaftlich zu wissen, sondern auch geistig zu erleben, bedeutet in seinem Beginn Gedankenfreiheit, dann Ichlosigkeit, gefolgt von Selbstlosigkeit. Zum Schluss lässt der Geist noch von jeglicher Idee der Leere selbst los, und wir erlangen das Höchste – die absolute Leerheit, in der nicht einmal die Leere noch übrig ist. Buddha nannte es Nibbana (das Erlöschen der Kerze), Laozi beschrieb es bereits in seinen ersten Versen. Nur durch die Leere ist ein geistiges Erleben des Durchschreitens des „Tors des dunklen Weibes" (Vers 6) möglich. Kann der Verstand versuchen, es sich rational herzuleiten, kann der Geist es doch nur in dieser absoluten Leerheit erfahren, fernab von Sein und Nichtsein (vgl. Vers 1). So soll der Schüler nicht nur die „höchste Form der Leere" erlangen, sondern gleichsam erreicht er damit den Zustand „des Höchsten" und erfährt somit die tiefste Essenz des DAO.

Wahre die Stille bis zum Völligsten!

Auch hier verweist der alte Meister in dieselbe Richtung. Stille ist ein wichtiger Meilenstein auf dem Weg zur Leere. Sie zu erlangen ist das eine. Sie zu wahren ist sehr viel schwieriger. Denn sie zu erlangen, um in einem kurzen Moment ein mystisches Erleben zu haben, ist eine Sache des Moments und kann in günstigen Verfassungen und Momenten gut erlangt werden. Diese Stille jedoch als einen wesentlichen Moment seines Wesens zu übernehmen und quasi allezeit und überall als Grundlage eigenen Empfindens und Handelns zur Verfügung zu haben, ist ein hohes Ziel. Doch nur aus dieser dauerhaften Stille des Gemüts kann dauerhafte Weisheit und tugendhafte Handlung entspringen. Alles andere wäre mystische Schwärmerei. „Wahre daher die Stille bis zum Völligsten!". „Du3", hier mit „Völligsten" übersetzt, bedeutet wörtlich so viel wie ‚aus ganzem Herzen', ‚mit Leib und Seele', was auch noch einmal zeigt, dass dem spirituell Suchenden die Stille mit allem, was er hat, anzustreben geraten ist.

Alle Dinge mögen sich dann zugleich erheben.

Schafft es der Schüler, geistige „Leere zu erschaffen und Stille zu wahren", erlangt er Vollkommenheit, und „alle Dinge mögen sich dann zugleich erheben". Sprich, alle Geheimnisse werden ihm aufgetan, alle Erkenntnisse werden ihm zuteil. Nichts bleibt ungetan, obwohl er in Ruhe und ohne Absicht ist. Er ist das Leben selbst und nicht mehr zu trennen von dem DAO, aus dem er erschaffen wurde. Der Weg und das Ziel sind eins geworden: Dies ist die vollkommene Vereinigung mit dem DAO. Er ist aller Erkenntnis und aller Dinge wortwörtlich teilhaftig geworden (so sie sich daher „zugleich erheben") und hat sein Ziel erreicht - erreicht er denn die „Leere bis zum Höchsten" und die „Stille bis zum Völligsten"!

Ich schaue, wie sie sich wenden.
Die Dinge in all ihrer Menge,
ein jedes kehrt zurück zu seiner Wurzel.

Laozi weiß um diese Dinge, als jemand, der es erreicht hat. Er erkennt, wie jedes Wesen (*„jedes Ding", wan4 wu4 - ‚10.000 Dinge, Wesen'*) ins Sein gerät und sich wieder auf seine Wurzel, dem Nicht-Sein zu bewegt (vgl. Vers 1). Aber seine Erkenntnis ist sein Wesen geworden, und so „wendet" sich alles in seiner Umgebung zu seiner Bestimmung. Denn sein Wesen wirkt auf sein Umfeld. Alle Dinge, mit denen der „Erreicher" des DAO in sich und außer sich in Berührung kommt, „kehren zurück zu ihrer Wurzel". Denn in sich ist er an seinen eigenen Quell zurückgelangt. Alles Ding in ihm ist an seiner Wurzel. So sieht er auch in allem, was ihm begegnet, zuerst die Wurzel. Hierüber erkennt er das Wesen, das ihm begegnet (vgl. Vers 15). So finden durch ihn die Wesen („Dinge", wan4 wu4) ihre Richtung, erfahren durch ihn ihre Bestimmung, und durch ihn wird jedem seine Heimat aufgetan. So wirkt der Weise im Innen und im Außen. Er hat sich selbst geheilt und wirkt heilsam nach außen. Er ist ein Unsterblicher. Er wandelt über die Welt, doch ist er nicht mehr von der Welt (das Schriftzeichen für einen Unsterblichen ist im Daoismus ‚xian1': ein Mensch, der auf einem Berg lebt. Also abgewandt von der Welt und über ihr stehend, aber dennoch auf ihr lebend). Alles folgt in seiner Natürlichkeit ihm nach, und er wirkt ohne zu tun.

Man kann auch sagen: als Erleuchteter erkennt, sieht er den Wandel der Dinge in seiner Vollkommenheit und wie alles ihrer Natur nach zwar ist, aber auch wieder „zur Wurzel zurückkehrt". Im natürlichen Verlauf durch das Vergehen, aber hier für den Adepten auch als Weg, mit dem er sich durch die Meditationserfahrung seinen eigenen Tod vorweg nimmt und als Lebender daher sozusagen bereits gestorben ist. Somit wandelt er sowohl ‚im Sein als auch im Nichtsein' (und somit auch im ‚nichtseienden Sein' (‚wu2 you3, tai4 ji2')) und ist damit unsterblich.

Rückkehr zur Wurzel heißt Stille.
Stille heißt Wendung zum Schicksal.
Wendung zum Schicksal heißt Ewigkeit.
Erkenntnis der Ewigkeit heißt Klarheit.

Hier zeigt uns Laozi, wie die Transformation sich vollzieht: Zurück zur eigenen „Wurzel" zu finden, heißt zur Stille zu kommen. In der eigenen Stille erkennt der Schüler sein *„Schicksal" (ming4, auch: ‚Bestimmung')* und vertraut sich ihm voll und ganz an. Eins mit seinem Schicksal zu werden, ist zwangsläufig der Verlust des Eigenwillens insofern, als dass er völlig überein ist mit seinem Schicksal und so gesehen beide nicht mehr voneinander unterschieden werden können. Der einzige Wille, der nun noch übrig ist, ist der Wille, diesem seinem Schicksal, sprich seiner ‚himmlischen' Bestimmung, zu folgen. Dadurch, dass er nicht mehr seinem eigenen, egozentrierten und in Unwissenheit verhafteten Willen folgt und von einer Situation in die andere strauchelt, dadurch ist all sein Tun ein Nichttun geworden, denn alle Handlungen sind nun eins mit seiner Bestimmung, sind eins mit dem DAO. Dadurch findet sich nur noch der natürliche, endlose Strom des Seins, fest zentriert in seiner Wurzel, dem Nicht-Sein. Nicht mehr jedoch die Identifikation eines ‚Ich' über die Aufaddierung von Einzelgeschehen. Dadurch hebt die Zeit sich auf und daher „heißt Wendung zum Schicksal Ewigkeit." Dies zu erkennen, bedeutet wahrlich einen klaren Geist zu haben *(ming2, wörtl. „klar", oft auch in solchem Zusammenhang mit „Erleuchtung" übersetzt)*. Denn nichts trübt nun mehr den Geist. Kein Falsch ist mehr in ihm, denn in ihm ist nichts mehr als das reine Sein und das reine Spiegeln der Wirklichkeit. Durch die Erfahrung ‚seiner' Ich-losen Ewigkeit, ist er unsterblich geworden.

Erkennt man das Ewige nicht,
so kommt man in Wirrnis und Sünde.

Nun der Umkehrschluss: Erkenne ich nicht die letztendliche Wahrheit, unterliege ich zwangsläufig Täuschungen. So werde ich verwirrt und gerate in falsche Handlungen, die dem Lebensstrom zuwider sind, sprich in Sünde. Wenn ich kein Gefühl für das „Ewige", für das „Höchste" empfinde, fehlt mir jede ‚Richtschnur' (vgl. Vers 14), und ich komme leicht vom Weg der Tugend (DE) ab und gerate in „Wirrnis und Sünde" *(xiong1, wörtl.: ‚Unheil'*).

Erkennt man das Ewige,
so wird man duldsam.
Duldsamkeit führt zur Gerechtigkeit.
Gerechtigkeit führt zur Herrschaft.
Herrschaft führt zum Himmel.
Himmel führt zum DAO.

„Erkennt man (jedoch) das Ewige", ist einem alles klar, und nichts gibt es mehr, was es noch zu wissen gäbe. So erlangt man Gelassenheit. Gelassenheit führt zu einem geduldigen Gemüt. Pragmatisch könnte man auch sagen: Erkennt man die Ewigkeit, hat man ‚alle Zeit der Welt' - so kann man geduldig sein! Ein geduldiges Gemüt kann den Überblick bewahren und auch in schwierigen Situationen gerecht handeln, da dieses Gemüt nichts mehr für sich selber will, da es bereits alles erlangt hat. Und selbst auf das, was es braucht, kann es warten. Zu herrschen bedarf Verantwortung. Nur der Gerechte erfüllt diese Verantwortung und ist berechtigt, Herrschaft anzunehmen. Diese Art von wahrer Herrschaft, von gerechter Herrschaft (‚gerecht', das vom Wort her ‚in rechter Weise zu Gott' meint), ist die Herrschaft des Himmels und führt daher direkt dorthin. Der Himmel wird vom DAO erzeugt, und die Richtung zum Himmel führt daher in Richtung zum DAO, das über den Himmel erreicht wird. So erhalten wir erneut einen Fahrplan zum DAO.

Und:

DAO führt zur Dauer.
Sein Leben lang kommt man nicht in Gefahr.

Das Einzige, was immer war, was immer ist und was immer sein wird, so Laozi, ist das DAO. Nur dies existiert aus sich selbst heraus und ist permanent. Daher ist es von Dauer. Von ewiger Dauer. Wer sich dem DAO anschließen kann, „kommt sein Leben lang nicht in Gefahr", denn alles was ihm begegnet, ist sein Schicksal, das er mit Freuden annimmt. Nichts, was ihm begegnet, kann ihm schaden, da er seine Ewigkeit erkannt hat und in ihr verweilt. Nichts kann dieses Innere zerstören, denn es ist weder greifbar, noch an-greifbar – es ist ewig und unzerstörbar. Daher findet für den Erleuchteten alles sich Ereignende nur im Außen statt und kann sein Inneres nicht verletzen. Dort aber verweilt er selbst und ist somit nicht verletzbar. Daher ist er unerreichbar für alles, was im Äußeren geschieht. Dieses Innere aber ist unbewegt, ohne Zeit und Raum, und weil nichts an ihn rankommt, kommt er auch nicht in Gefahr. Er ist vollständig frei, denn seine Glückseligkeit basiert nicht auf einem geschickten Formen seiner Umwelt zu seinen Gunsten. Im Gegenteil. Es ist ein vollständiges Zulassen aufgrund der Tatsache, dass nichts ihm mehr etwas anhaben kann. Er hat seine Ewigkeit erkannt, lebt sein Nicht-Sein, das nicht zerstört werden und daher auch nicht in Gefahr kommen kann. So ist ewiger Friede gewährleistet.

Die letzte Zeile *„mei2 shen1 bu2 dai4" bedeutet wörtlich: ‚Ohne Selbst - keine Gefahr.'*

Daher: Ohne Selbst, wer ist dann da, den man angreifen könnte?

„Shen1" kann auch ‚Körper' heißen und es wäre ein ebenso interessanter Hinweis, hier noch zu verstehen: ‚Kein (Der Verlust von) Körper - keine Gefahr'. Denn wer in der Ewigkeit weilt, hat keine so große Sorge um Vergänglichkeit. Weder irgendwelcher Güter wegen, noch um sein eigenes irdisches *‚Leben' (ebenfalls* shen1*).*

In Wilhelms Übersetzung muss man in „jiu3" - „Dauer" auch den Begriff ‚Langlebigkeit, Unvergänglichkeit' erkennen: ‚DAO führt zu Langlebigkeit (Unvergänglichkeit). Ein Leben lang kommt man nicht in Gefahr.' Diese

Deutung ist zweifelsohne in dem Laozi folgenden Daoismus stark mitberücksichtigt worden (siehe auch Zhuangzi).

VERS

17

太上
下知有之.
其次親而譽之.
其次畏之.
其次侮之.
信不足焉
有不信焉.
悠兮其貴言
功成事遂
百姓皆謂我自然.

Herrscht ein ganz Großer,
so weiß das Volk kaum, daß er da ist.
Mindere werden geliebt und gelobt,
noch Mindere werden gefürchtet,
noch Mindere werden verachtet.
Wie überlegt muß man sein in seinen Worten!
Die Werke sind vollbracht, die Geschäfte gehen ihren Lauf,
und die Leute denken alle:
"Wir sind frei."

Herrscht ein ganz Großer, so weiß das Volk kaum, dass er da ist.

In Laozis Sinne ist ein „ganz Großer" jemand, der in Uneigennützigkeit und Gerechtigkeit das Volk regiert. ‚Der beste Regent ist der, den niemand merkt', heißt es anderswo. Im daoistischen Sinne dienen die Regierungsgeschäfte nur dem einzigen Zweck, organisatorisch unumgängliche Arbeit zu leisten. Laozi sieht keinen Sinn in einer persönlichen Hervorhebung oder Verehrung eines Regenten, außer den, dass dies seinen Geschäften abträglich wäre. Denn entsteht aus der Arbeit des Regierens ein Personenkult, gerät die eigentliche Arbeit in den Hintergrund, und den Regierenden wird es aufgrund der Stärkung ihres Egos immer schwerer, in Klarheit, Selbstlosigkeit und Gerechtigkeit den Staat zu lenken. Allein schon das Interesse, im Amt zu bleiben, führt zu egoistischen Handlungen, da, wie besagt, ein Eigeninteresse besteht. Das Ideal eines Regenten ist nach Laozi daher jemand, der seinen Eigenwillen bereits abgelegt hat und voller Demut eine Arbeit macht, die als solche niemand sonst machen möchte. Regierungsgeschäfte an sich sind sehr trocken und zeitaufwendig. Erst durch die Verbindung mit Macht und Ehre bekommen sie etwas Attraktives für den Menschen. Wird dieser Beruf jedoch gerade nicht aus Berufung, sondern aufgrund anderer Attribute ausgeübt, ist die Korruption ständiger Begleiter des Regenten, denn, um es noch einmal zu sagen – er ist nicht frei von seinem Eigeninteresse und wird die Dinge so steuern, wie sie auch zu seinen Gunsten sind und nicht nur ausschließlich für das Volk. Daher ist bei Laozi ein „ganz Großer" jemand, der den Staat so lenkt, dass alles reibungslos zusammen läuft, dies aber selbst so aus dem Hintergrund heraus tut, dass weder er dabei auffällt noch das Gefühl im Volk entsteht, dass überhaupt jemand Herrschaft ausübt. Kurz: Beim Regieren geht es einfach nur darum, dafür zu sorgen, dass alle organisatorische Notwendigkeit gut vollbracht ist. Ansonsten soll man sich aus allem heraushalten. Der Staat soll so gelenkt werden, dass scheinbar alles von allein läuft und niemandem im Volk eine Regierung auffällt. ‚Scheinbar' schreibe ich deshalb, weil Laozi sich aber auch nicht einem uneingeschränkten freiheitlichen Wirtschaftssystem oder auch einer Anarchie, genauso wenig wie einem Sozialismus verschrieben hätte. Er weiß, dass es Dinge zu regeln gibt. Aber dies soll eben ganz pragmatisch geschehen und sonst nichts. Es ist für ihn eine Arbeit, die gemacht werden muss, aber kein Feld persönlicher Profilierung. Wieder begegnet uns hier das Ideal eines selbstlosen Menschen, der die Wirkmechanismen der Welt durchschaut hat, selbst von ihr befreit ist und so in der Lage ist, ohne auch nur das Geringste für sich selbst zu wollen, in höchster Gerechtigkeit das zu tun, was notwendig ist, in diesem Falle das Regieren eines Volkes.

Mindere werden geliebt und gelobt,
noch Mindere werden gefürchtet,
noch Mindere werden verachtet.

Laozi stellt uns hier wieder eine Abfolge vor, die genau entgegengesetzt der normalen Vorstellung verläuft. Das kleinste Ego macht den „ganz Großen" aus. Hiervon ein Minderer, also einer mit bereits mehr Eigenwillen und damit auch größerer Persönlichkeit im Sinne seines gewollten Auftretens und einer Profilierung – ein solcher wird mehr geliebt und gelobt als der ganz Große. Das ist ganz logisch, denn er tritt viel deutlicher in Erscheinung. So wird er vom Volk für seine guten Taten bewusst wahrgenommen und verantwortlich gemacht, während in erstem Falle niemand so recht weiß, warum eigentlich alles so gut ist.

Hiervon noch weiter Abweichende besitzen bereits ein starkes Ego und eine dementsprechende Persönlichkeit. Hier überwiegt das eigennützige Handeln bereits deutlich gegenüber dem Wohlwollen für das Volk. Man hat es mit starken Führern bis Diktatoren zu tun, denen man mit Furcht begegnet, da diese ihre Macht auch mit Gewalt durchzusetzen verstehen. Tritt nun jemand mit noch größerem Egoismus auf, schießt er sozusagen über das Ziel hinaus und kann sich selbst als Diktator nicht halten. Er ist jemand, der so eigensinnig und machtbesessen ist, dass er dem Volk schon nichts mehr vormachen kann und daher jedem als schlicht und ergreifend ‚schlechter Mensch' auffällt und daher nichts außer Verachtung findet.

Laozi gibt uns also nicht nur ein Beispiel dafür, wie ein Staat am sinnvollsten zu regieren ist - er zeigt auch den Herrschenden auf, wie sie sich am besten verhalten, um nicht gestürzt zu werden.

An dieser Stelle lässt Wilhelm einen Zweizeiler aufgrund seiner Wiederholung in Vers 23 weg:

„xin4 bu4 zu2 yan2
you3 bu4 xin4 yan1."

‚Ist Vertrauen (Glauben, Aufrichtigkeit, Wahrhaftigkeit) nicht genug - gibt es kein Vertrauen (Glauben, Aufrichtigkeit, Wahrhaftigkeit).' Oder: ‚Glaubt (vertraut, etc.) man nicht genug, hat man keinen Glauben (Vertrauen etc.).'

Dieser Satz spricht für sich selbst und soll durch Wilhelms Vorgabe und seiner Übersetzung entsprechend auch erst in Vers 23 kommentiert werden.

Wie überlegt muss man sein in seinen Worten!

Achtsamkeit ist eine wichtige Tugend auf dem Weg zur Weisheit. Worte entstehen aus Gedanken. Gedanken aus Vorstellungen und Wünschen. Wenn jemand also überlegt sein muss in seinen Worten, muss er es auch in immer tieferen Sphären seines Selbst sein. Um ein „ganz Großer" zu sein, muss diese Achtsamkeit sehr tief ausgeprägt sein, was wiederum ein hohes Maß an Ruhe und innerer Stille bedarf. So also auch der Herrscher. „Wie überlegt muss man sein in seinen Worten" zeigt uns auch deutlich, wie schnell wir von unserem Ideal abweichen – ein unüberlegter Moment, ein falsches Wort, und schon bricht das Ego wieder hervor und zertrennt die allumfassende Einheit und versetzt alles in Zwiespalt. Es bedarf zunächst großer Disziplin und Selbstbeherrschung, überlegt in seinen Worten zu sein. Irgendwann, mit genügend Reife, möchte man sich sowieso nicht mehr so gerne überall einmischen und spricht sozusagen ‚nur, wenn man gefragt wird'. So ist das Wort schon überlegter. Ist die innere Ruhe dann so weit, dass sie unerschütterlich nach außen tritt, wird man auf ganz natürliche Weise umsichtig und weise sein in seinen Worten und braucht nicht mehr „überlegt" zu sein. Ein weiter Weg - aber ein unheimlich spannendes Übungsfeld!

Die Werke sind vollbracht, die Geschäfte gehen ihren Lauf,
und die Leute denken alle:
„Wir sind frei".

Hier kommt ein ganz wesentlicher Faktor zur Sprache, der den meisten Menschen verborgen bleibt, da er sehr unangenehm ist: Schafft es ein Mensch, in seinem Beruf erfolgreich zu sein, und ist er in der Lage, dass seine Geschäfte von alleine seinen Lauf nehmen, stellt sich das Gefühl von Freiheit ein. Denn man hat alles. Alles läuft, man ist ohne Sorgen und glücklich, denn man hat Wohlstand, ohne dass man noch etwas tun müsste. Hier nun aber setzt das Problem an: Der Wohlhabende merkt nicht, dass sein gutes Gefühl nur darauf basiert, dass alles nach seinen Wünschen verläuft. Das bedeutet, seine gesamte Freiheit begründet sich auf der Tatsache, dass sein Eigenwille zufriedengestellt ist. Das kann sich, läuft alles gut, in der Tat sehr nach Freiheit anfühlen und ist das, was man ein gutes Leben nennt. In Wahrheit aber kommt dieses angenehme freie Gefühl nicht aus uns selbst, aus unserer innersten Natur heraus, sondern entsteht in Abhängigkeit zu äußeren Umständen. Diese Abhängigkeit ist mir selbst aber oftmals nicht bewusst, da ich diese äußeren Abhängigkeiten ja selbst erschaffen habe und sie damit mit mir selbst identifiziere und es als mein Gemüt auslege, dass ich so bin, wie ich bin: entspannt, großmütig und scheinbar selbstlos. Spätestens jedoch, wenn mir das alles genommen wird, entdecke ich, dass es nicht ich selber war, der so edelmütig war, sondern der äußere Umstand, der mich dazu gemacht hat. In materiellen Umständen ist dies leicht nachvollziehbar und wird von der betreffenden Person auch gar nicht bestritten. Gerade aber in spirituellen Zusammenhängen ist dies besonders unangenehm. Denn es kann sein und es kommt öfter vor, dass sich ein Adept spirituell beginnt hervorzuheben und von außen als Meister anerkannt wird. Dadurch entsteht um ihn herum ein Umfeld von Anhängern und Bewunderern. Er wird durch seine Schülerschaft ernährt und geistig getragen, so dass er ganz schnell die Übersicht verlieren kann, inwieweit er selber eigentlich tatsächlich mit dem DAO geeint ist oder inwieweit nur sein Eigenwillen und seine menschlichen Bedürfnisse nach Anerkennung und emotionaler und materieller Geborgenheit erfüllt wurden. Das Gefährliche hier im Gegensatz zum materialistischen Beispiel ist, dass der Meister dies nicht nur nie zugeben würde. Viel schlimmer noch, er ist sich selbst meistens nicht einmal bewusst, dass auch seine Gelassenheit und Liebe abhängig ist von der Anerkennung seiner scheinbaren Meisterschaft.

Während also ein Geschäftsmann mit dem Wissen um seine unbeständige Situation sich dennoch bewusst für sie entscheiden kann, wäre die Gefahr eines spirituellen Lehrers, da eine solche Kritik seinen gesamten geistigen ‚Wohlstand' in Frage stellen würde, diese Tatsachen zu verdrängen und damit seine Entwicklung zu stoppen. Der Begriff Freiheit im höchsten Sinne lässt sich daher nie an vollbrachten Werken oder äußeren Umständen definieren, sondern einzig und allein in wahrer geistiger Vollkommenheit.

In erster Linie und anknüpfend an die vorangegangenen Zeilen zeigt uns Laozi hier allerdings die Konsequenz eines selbstlosen Herrschers auf: Das Volk empfindet sich als frei. Es hat nicht das Gefühl, beherrscht zu werden. Alles ist in Ordnung gebracht („die Werke sind vollbracht, die Geschäfte gehen ihren Lauf"), doch eine Regierung ist niemandem aufgefallen. So erfüllt sich das Ideal: Alles läuft, alles ist in Frieden und natürlichem Wohlstand, und doch nimmt niemand die Taten des im Hintergrund bleibenden und hierüber Sorge tragenden Herrschers wahr: „Alle denken: Wir sind frei!" Denn das Volk wird den Eindruck haben, dass es sich selbst versorgt und nicht versorgt wird (*letzte Zeile wörtlich: wo3 zi4 ran2 - ‚Ich bin von selbst.'*). Ein solcher Herrscher wird wohl nie vom Volk gestürzt werden - der Mensch ist glücklich und verwendet keine Gedanken an ihn!

Xuan2 de2 shen1 yuan3

Das geheimnisvolle LEBEN (DE) ist tief und weit

VERS

18

大道廢有仁義
慧智出有大偽
六親不和有孝慈
國家昏亂有忠臣.

Geht der große SINN zugrunde,
so gibt es Sittlichkeit und Pflicht.
Kommen Klugheit und Wissen auf,
so gibt es die großen Lügen.
Werden die Verwandten uneins,
so gibt es Kindespflicht und Liebe.
Geraten die Staaten in Verwirrung,
so gibt es die treuen Beamten.

***Geht das große DAO zugrunde,
so gibt es Sittlichkeit und Pflicht.***

Hier schon gibt Laozi einen wichtigen Hinweis, den er später im ersten Vers des Abschnittes über „DE" (vgl. Vers 38) weiter ausführen wird: „Sittlichkeit und Pflicht" und wie wir später sehen werden auch Moral, ja, sogar Gerechtigkeit und Menschenliebe werden vom Standpunkt des DAO bereits als Verfall angesehen. Was wir als Werte hochhalten, ist für Laozi bereits geistiger Verfall. Was für den, der sich das DAO zu Eigen gemacht hat, selbstverständlich ist, wird von dem abgefallenen, also normalen Menschen als Wert hochgehalten. Was in den Augen des alten Meisters nichts anderes bedeutet, als dass dies für den Menschen eine anzuerkennende Leistung wäre, wenn er es schafft, diesen Anforderungen zu entsprechen. Anders ausgedrückt: Für den, der das DAO erlangt hat, sind ethische Verhaltensweisen so natürlich, dass sie ihm nicht als irgendetwas Erwähnenswertes auffallen. Während sie für uns als schwer zu erreichende Ziele gelten und im (Ver-)Fall der „Sittlichkeit und Pflicht" sogar mit Strafen belegt werden müssen, um einen entsprechenden Ansporn zu kreieren. Für Laozi aber stehen sie ganz unten am Ende bzw. am Anfang der ethischen Entwicklungsstufen des Menschen. Das DAO nimmt den höchsten Platz ein. Je nach Entwicklungsstand des Einzelnen verhält er sich gemäß dem Stand seiner Tugend. Laozi warnt davor, das große DAO zu vernachlässigen. Denn dies setzt einen Verfallsprozess in Gang, der es dann irgendwann nötig macht, so etwas wie „Sittlichkeit und Pflicht" einzuführen.

Die wörtliche Übersetzung für „Sittlichkeit und Pflicht" - „ren2 yi4" drückt es sogar noch krasser aus: „Geht das große DAO zugrunde (wörtl. auch: ‚abhanden' (fei4))", ‚gibt es Humanität und Gerechtigkeit.' Ein weiter Weg: Am Ziel wird das, was jetzt noch über uns ist, weit unter uns liegen! Noch muss der Mensch darum kämpfen, gut sein zu können. Doch Laozi fordert uns auf, dem DAO zu folgen und einen Zustand zu erreichen, in dem Güte und Herzensreinheit eine Selbstverständlichkeit sind, über die nicht gesprochen zu werden braucht. Denn für den, der das DAO erreicht hat, ist es das Natürlichste auf der Welt.

Kommen Klugheit und Wissen auf,
so gibt es die großen Lügen.

Laozi sieht in diesem Prozess Klugheit und Wissen nicht als die aus reinem Herzen und der natürlichen Seinskraft entstehende Vernunft, sondern erlerntes, künstlich erworbenes Wissen, das aber nicht erfahren worden ist und daher auch nicht gelebt werden kann. Diese Art von Klugheit sieht er als inhaltslos, da niemand ihren Inhalt tun kann. Er unterscheidet demnach sehr klar, ob man schlichtweg nur etwas weiß oder ob jemand aufgrund seiner natürlichen Erkenntnis auch in der Lage ist, eins zu eins danach zu handeln. Da die künstlich erworbene Klugheit und diese Art von Wissen nicht vom Adepten umgesetzt werden kann, ergibt sich hieraus eine Diskrepanz zwischen Wort und Tat.[27] Hieraus bilden sich (wenn nicht dies allein schon als Lüge bezeichnet werden kann), um diese Misere vor sich selbst und anderen zu verbergen, bewusst oder unbewusst alle Arten von Falschheit und Lüge. Sicher gilt es unter vielen Menschen auch als besonders „klug", sich so zu verhalten, dass man sich gegenüber anderen einen Vorteil verschaffen kann. Nehmen wir das Berufsleben als Beispiel: Derjenige gilt als „klug" und „wissend", der sich an anderen vorbei nach oben arbeiten kann. Oft bezieht sich diese *„Klugheit" (hui4) also nicht auf humanitäres Verhalten, sondern auf eine Art Gerissenheit oder besser ‚Schläue (hui4)'* *im Sinne von ‚austricksen',* wie ich mich an anderen vorbeibugsieren kann oder einfach halt: Wissen, wie es läuft - um ‚zu gewinnen'. Hier werden Lügen dann als Mittel zum Zweck anerkannt und eingesetzt. Gibt es „Wissende" und „Kluge", so gibt es auch Unwissende und Nichtkluge sowie alles dazwischen. Jeder versucht auf seine Art, zu den Besseren zu gehören. Hier kann aber, wie oben erwähnt, nicht jeder sein. Dies, weil man sich ja gerade abgrenzen möchte. Daher werden im beobachtbaren Alltag die verschiedensten Mittel eingesetzt, um ‚anscheinend' (den Anschein zu erwecken) dennoch dazu zu gehören: unter anderem auch zunehmend die Lüge (*wei3, wörtl. auch: ‚heucheln*').

[27]Man möge als Beispiel nehmen, dass man wohl weiß, dass man nicht wütend werden und jemanden anschreien soll, dies ändert aber nichts daran, ob man es tut oder nicht.

Werden die Verwandten uneins,
so gibt es Kindespflicht und Liebe.

Zersplittert sich die Familie *(liu4 qin1, wörtl.: ‚die sechs Familiengrade')*, verschwindet ihre gegenseitige naturbedingte Harmonie (*wörtl.: bu4 he2, ‚nicht in Harmonie', hier: „uneins"*) bzw. hört die Großfamilie auf zu existieren. Bleiben aber nur noch Eltern oder gar ein Elternteil übrig, muss über Kindespflicht gesprochen werden und organisiert werden, wer sich wann und wie um das Kind kümmert. Ebenso müssen Respekt und Gehorsam eingefordert werden. Gehen wir von der altertümlichen Großfamilie aus, die gerade in unserer heutigen Zeit mehr und mehr verschwindet, so gibt es nicht nur viel Raum, Land und Natur, sondern auch eine Menge Onkeln und Tanten, Verwandte, die das Kind den ganzen Tag um sich hat, so dass sich immer jemand um das Kind kümmert, ohne das hierzu ein großer Aufwand nötig wäre. In erstaunlicher Weise greift Laozi hier den sozialen Problemen von modernen westlichen Familien des 21. Jahrhunderts vorweg. Selbst den Begriff *„Liebe" (ci2, wörtl.: ‚Güte, Barmherzigkeit', vermutlich hier gemeint als ‚Eltern- und Verwandtschaftsliebe')* sieht Laozi hier als abwertend. Dies kommt daher, da Liebe als die höchste Form menschlicher Begegnung für den Erwachten eine solche Selbstverständlichkeit darstellt, dass sich der mit dem DAO Vereinte nicht bewusst ist, dass es hier etwas zu benennen oder definieren gäbe. Wie schlimm also steht es um uns, wo wir uns Tag ein Tag aus bemühen, zu „lieben" und zu organisieren haben, wer sich wann um wen kümmert!

Geraten die Staaten in Verwirrung,
so gibt es die treuen Beamten.

Gleiches gilt im Staatswesen. „Treue Beamte" setzen voraus, dass es auch untreue Beamte gibt. Allein die Notwendigkeit einer solchen Definition und die Vereidigung eines Menschen zu solcher zeigt für Laozi, wie weit der Mensch vom DAO entfernt ist. Denn aus diesem wirkt die Tugend (DE) als natürliche Erscheinungsform all diese Inhalte als selbstverständlich und bedarf daher keiner ‚vertrauensvollen Treue'. Denn ein Mensch, der das DAO erlangt hat, weiß um karmische Wirkungsweisen. Er erkennt die Einheit aller Wesen und Dinge und kann Sein von Schein unterscheiden. In seiner Uneigennützigkeit ist es für ihn also keine Leistung, ja nicht einmal eine

Notwendigkeit, sondern eine natürliche, aus der Sache von selbst entstehende Handlung, die weder bedacht, beabsichtigt, noch gewollt ist. Sie ist einfach nur da – ganz natürlich.

Kurz: „Geht das große DAO zugrunde“, geht der Gemeinsinn, die Wahrnehmung der allen Dingen zugrunde liegenden Einheit, verloren. Durch die nun wahrgenommene Differenzierung und Abgrenzung entsteht auf allen Ebenen der Gesellschaft der Verfall von Güte, Liebe und Altruismus. Durch die Abgrenzung stellt sich das Individuum selbst als Grund der Dinge hin, statt aus dem gemeinsamen Grunde unser aller Quelle ‚zu fließen‘. So macht sich der Mensch selbst zum Maß seines Handelns, und leidvolle Willkür entsteht.

VERS
19

絕聖棄智
民利百倍
絕仁棄義
民復孝慈
絕巧棄利
盜賊無有
此三者
以為文不足.
故令有所屬
見素抱樸少私寡欲.

Tut ab die Heiligkeit, werft weg das Wissen,
so wird das Volk hundertfach gewinnen.
Tut ab die Sittlichkeit, werft weg die Pflicht,
so wird das Volk zurückkehren zu Kindespflicht und Liebe.
Tut ab die Geschicklichkeit, werft weg den Gewinn,
so wird es Diebe und Räuber nicht mehr geben.
In diesen drei Stücken
ist der schöne Schein nicht ausreichend.
Darum sorgt, daß die Menschen sich an etwas halten können.
Zeigt Einfachheit, haltet fest die Lauterkeit!
Mindert Selbstsucht, verringert die Begierden!
Gebt auf die Gelehrsamkeit!
So werdet ihr frei von Sorgen.

Tut ab die Heiligkeit, werft weg das Wissen,
so wird das Volk hundertfach gewinnen.

Einfachheit ist immer wieder das, worauf uns Laozi aufmerksam machen will. Heiligkeit, die man abtun kann, ist eine künstliche Heiligkeit. Sie ist eine Vorstellung oder ein Ansehen oder auch ein Konzept. Natürliche Heiligkeit fällt einem selbst nicht auf, höchstens anderen von außen, und diese kann man auch nicht ablegen, es sei denn gegen die eigene Natur. Die künstliche jedoch, der Ruf der Heiligkeit, der quasi nur übergeworfen ist und die eigene Entwicklung dadurch sogar eher hemmt als begünstigt, wie schon an anderer Stelle beschriebenes Wissen, das ich mir lediglich von außen erworben, aber nicht von innen her durchdrungen habe – dieses alles gilt es abzutun, will man mit sich selbst ins Reine kommen. Und gerade für die Führungspersonen, so bestätigt uns die zweite Strophe, ist dies eine notwendige Voraussetzung, um das Volk sinngemäß, dem DAO entsprechend gut zu regieren. Denn ist schon das Oberhaupt künstlich und daher unecht, also falsch, wie sollte das Volk von so einem Ausgangspunkt sich in die richtige Richtung bewegen können. Andersherum ausgedrückt: Je natürlicher die Herrscher, umso fruchtvoller ist es für das Volk. Und umso natürlicher ist auch dieses.

Tut ab die Sittlichkeit, werft weg die Pflicht,
so wird das Volk zurückkehren zu Kindespflicht und Liebe.

Wie im vorangegangenen Vers 18 soll man *„Sittlichkeit und Pflicht" (wörtl.: ‚Menschlichkeit und Gerechtigkeit' (ren2 yi4)* „abtun", um von einem künstlichen Zustand, der ja doch nicht wirklich eingehalten werden kann, zum natürlichen Zustand zu wechseln, in dem sich die Ideale, die sich hinter der künstlichen Kulisse verbergen, tatsächlich auch gelebt wiederfinden. So finden die Menschen ganz von alleine zurück zu *„Kindespflicht und Liebe" (xiao4 ci2)*. Diese beiden Begriffe sind an dieser Stelle auf natürliche Weise positiv gewertet, während sie in Vers 18 als künstlich einfordernd, negativ bewertet werden. Es geht also um die Art, wie das Ziel von Menschlichkeit, Gerechtigkeit und Liebe erreicht werden kann und nicht um die Werte an sich. Die Werte sind die gleichen, nur zeigt Laozi uns einen Weg, wie sich diese auf natürliche Weise auch umsetzen, besser: leben lassen. So dass ich ohne darüber nachzudenken generell so handele, da es ‚das Natürlichste auf der Welt' ist. Wogegen er sich wehrt, ist daher nur ihre künstliche Einforderung, da er weiß, dass sie auf diese Weise nur umgangen werden.

Allerdings dürfen wir Laozi nicht als ein angestrebtes Verhalten im falsch verstandenen ‚Laisser-faire' missverstehen, sondern müssen seinen Ansatz im Ganzen verstehen und erkennen, dass uns diese Fähigkeit umso mehr zuteilwird, je näher wir dem DAO stehen, und nicht, indem wir uns einfach allem gegenüber ignorant zeigen und uns um nichts kümmern. Oder einfach nichts tun, nach dem Motto: Es kommt von alleine. Mein Verhalten ändert sich also nicht durch autoritäre Bestimmtheit, auch nicht einfach so, sondern durch den Anschluss an unseren Ursprung, der verloren gegangen ist. Bin ich diesem wieder angeschlossen, erkenne ich mich als Teil des Ganzen und kann nur im Ganzen, sprich zum Wohle aller handeln.

Tut ab die Geschicklichkeit, werft weg den Gewinn,
so wird es Diebe und Räuber nicht mehr geben.

Gewinnsucht, also ein Anhäufen über den Grad des tatsächlich nötigen Gebrauchs, und eine Geschicklichkeit, die dazu dient, sich diesen Gewinn anzueignen oder auch einfach raffiniert die anderen nach eigenem Willen sein zu lassen, wie man selbst es möchte – mit letzterem ist die Art gemeint, in der man nett und zuvorkommend erscheint, schließlich und endlich aber versucht, alles bewusst-unbewusst so hinzudrehen, dass es dennoch nach den eigenen Vorstellungen läuft – diese Geisteshaltungen führen zur Übervorteilung der anderen, d.h. mein Vorteil basiert auf dem Einlenken oder dem Nachteil eines anderen. Dies schafft Unterschiede zwischen den Menschen in sowohl materieller als auch geistiger Sicht. Es schafft arm und reich, und es schafft Arroganz, Hochmut und einfach ‚sich als etwas Besseres fühlen'. All diese Phänomene rufen Neid hervor und in schlimmeren Fällen: Not. So wie durch den natürlichen Ausgleich von Molekülen schwächerer und Molekülen stärkerer Luft Wind entsteht, genau so wird es in diesem Falle Räuber und Diebe geben, solange sich hier nicht wieder eine Gleichheit einstellt. Laozi ist jemand, der die Harmonie und die Ausgeglichenheit zwischen allem und die daraus auf natürliche Weise wachsende Einheit aller Dinge und Wesen als Weg des Friedens erkennt. Er will nicht alles gleich machen, sondern strebt ein natürliches Gleichgewicht zwischen den Menschen und ihren Gütern an. So wird es keine „Räuber und Diebe mehr geben": Was der andere hat, hab ich prinzipiell auch, und generell sind nur solche Güter von Interesse, die ein lebensnotwendiges Grundbedürfnis darstellen. Darüber Hinausgehendes besitzt weder Reiz noch Wert. Wo also bleibt hier noch Grund zum Stehlen? Daher steht bei ihm immer wieder das Nicht-Interesse an Äußerlichkeiten, die über das natürliche Maß hinausgehen, im Vordergrund. Er versucht dem Einzelnen und den

Staatsmännern klar zu machen, dass bereits in dem ‚Schaffen nach Bedürfnissen', die die einfache Natur des Lebens an sich übersteigen, also die Schaffung einer künstlichen Nachfrage, die Ursache für sozialen Unfrieden liegen muss.

In diesen drei Stücken
ist der schöne Schein nicht ausreichend.

Wörtlich auch: ‚Diese Dreiheit (drei Stücke, Dinge) als ‚gegeben' (wen2: ‚Kultur, Schrift') zu betrachten ist unzureichend.'

oder auch noch wörtlicher: ‚Diese Dreiheit (zu erreichen) durch Handeln aus Kultur ist unzureichend.'

auch: ‚Diese Drei sind daher als Kultur ausgeübt ungenügend (nicht ausreichend).' Denn in dieser Art von ‚Kultur' ist die Wahrhaftigkeit nur „schöner Schein" und daher „nicht ausreichend":

Darum sorgt, dass die Menschen sich an etwas halten können.

Wörtlich: ‚Deshalb sollen (folgende) Kategorien ihren Platz erhalten (angeordnet werden):' bzw. ‚Deshalb soll Folgendes zugefügt werden.'

Die von der Gesellschaft verlangte Ethik, „Heiligkeit und Wissen, Sittlichkeit und Pflicht (Humanität und Gerechtigkeit), sowie Geschicklichkeit und Gewinn", ist maßgeblich für die Entstehung von Kultur. Jede Nation ist stolz auf ihre Kultur. Und wie sooft dreht auch hier der ‚Alte Meister' wieder alles in sein Gegenteil. Er hält Kultur insofern für eine dekadente Verfallserscheinung, als dass er die ihr innewohnende Ethik als künstlich, aufgesetzt und anerzogen erkennt. Er möchte eine Ethik, die zwar dasselbe Ziel hat, aber dem Menschen auf natürliche Weise gegeben ist und umgesetzt wird. Der Mensch soll zu seiner angeborenen Einfachheit und Natürlichkeit zurückgelangen, dann sind diese Werte keine Werte mehr, die man sich wünscht, sondern Selbstverständlichkeiten, über die keiner nachdenkt. Aus dem Blickwinkel der Kultur heraus, aber auch vom

Standpunkt seiner selbst gegebenen Ratschläge in der jeweiligen Folgezeile, empfindet er das Bisherige noch nicht ausreichend, die von ihm vermittelte Transformation bzw. Rückbildung auch zu erreichen. Daher ‚fügt er Folgendes hinzu' bzw. (nach Wilhelm) gibt den Menschen „etwas, woran sie sich halten können":

Zeigt Einfachheit, haltet fest die Lauterkeit!
Mindert Selbstsucht, verringert die Begierden!
Gebt auf die Gelehrsamkeit!

Laozis Weitsicht zeigt sich hier: Nicht nur will er das Volk ohne Wünsche lassen – nicht, indem alle Wünsche erfüllt werden, sondern vielmehr, dass gar keine vorhanden sind – er weiß auch, dass der Mensch eine Orientierung braucht. Doch seine Orientierung ist eben nicht Ehre und Profit bzw. Karriere und Reichtum, sondern ihr genaues Gegenteil.

Denn (aus den bisherigen Versen wissen wir):

So werdet ihr frei von Sorgen.

(Die letzten beiden Zeilen wurden auch als der Beginn von Vers 20 entdeckt).

VERS

20

絕學無憂
唯之與阿
相去幾何.
善之與惡
相去若何.
人之所畏
不可不畏.
荒兮其未央哉.
衆人熙熙
如享太牢
如春登臺.
我獨泊兮其未兆
如嬰兒之未孩
儽儽兮若無所歸.

眾人皆有餘
而我獨若遺.
我愚人之心也哉
沌沌兮.
俗人昭昭
我獨昏昏.
俗人察察
我獨悶悶.
澹兮其若海
飂兮若無止.
眾人皆有以
而我獨頑似鄙.
我獨異於人
而貴食母.

Zwischen „Gewiß" und „Jawohl": was ist da für ein Unterschied?
Zwischen „Gut" und „Böse": was ist da für ein Unterschied?
Was die Menschen ehren, muß man ehren.
O Einsamkeit, wie lange dauerst Du?
Alle Menschen sind so strahlend,
als ginge es zum großen Opfer,
als stiegen sie im Frühling auf die Türme.
Nur ich bin so zögernd, mir ward noch kein Zeichen,
wie ein Säugling, der noch nicht lachen kann,
unruhig, umgetrieben, als hätte ich keine Heimat.
Alle Menschen haben Überfluß;
nur ich bin wie vergessen.

Ich habe das Herz eines Toren, so wirr und dunkel.
Die Weltmenschen sind hell, ach so hell;
nur ich bin wie trübe.
Die Weltmenschen sind klug, ach so klug;
nur ich bin wie verschlossen in mir,
unruhig, ach, als wie das Meer,
wirbelnd, ach, ohn Unterlaß.
Alle Menschen haben ihre Zwecke;
nur ich bin müßig wie ein Bettler.
Ich allein bin anders als die Menschen:
Doch ich halte es wert,
Nahrung zu suchen bei der Mutter.

(Gebt auf die Gelehrsamkeit!
So werdet ihr frei von Sorgen.)[28]
Zwischen „Gewiss" und „Jawohl":
was ist da für ein Unterschied?
Zwischen „Gut" und „Böse":
was ist da für ein Unterschied?
Was die Menschen ehren, muss man ehren.

Erinnern wir uns an Vers 2: „Wenn auf Erden alle das Gute als gut erkennen, so ist dadurch schon das Nichtgute gesetzt." Das eine bedingt das andere. Laozi hält sich von beidem fern, indem er sich aus der Welt der Gegensätze zurückzieht in ihren ursprünglichen Anfang, dem Taiji, wo alles noch in ungeteilter Einheit war. So ist für ihn der Unterschied zwischen „Gut" und „Böse" nicht größer als zwischen „Gewiss" und „Jawohl". Beides bedingt einander, gehört zusammen. Vom Standpunkt höchster Weisheit aus betrachtet, liegen diese Werte nicht weit auseinander. Daher wie „Gewiss" und „Jawohl". Zu Wilhelms Wortwahl: „Gewiss und Jawohl" unterscheiden sich insofern nicht, da sie beide bejahen. Und doch finden wir einen feinen Unterschied, der durch das chinesische Original gestützt werden kann: Das eine ist ein definitives *„Ja" (wei3)*. Das andere ist etwas zögerlicher, so wie man zu der Meinung eines anderen zwar ja sagt, *‚aber doch nicht so richtig überzeugt davon ist' (e1)*. Also ein halbherziges ja. Auch ein Nach-dem-Mund-reden, weshalb es manchmal auch mit Heuchelei übersetzt wird. Gemäß dem Prinzip von Yin und Yang enthält das eine immer auch das andere. Schon daher kann das eine nicht ohne das andere existieren. Auch sind „gut" und „böse" oft Attribute, die man wählt, um sich im Leben zu orientieren. Je nach Gesellschaft wechseln jedoch teilweise ihre Inhalte. Das ‚menschliche Gut und Böse' ist wechselhaft. Nicht jedoch das ewig Gute, das Laozi durch den Begriff DE zu beschreiben sucht.

Diese 3. und 4. Zeile: *„shan4 zhi1 yu3 e4, xiang1 qu4 ruo4 he2" - wörtlich: ‚Gut und (in Bezug auf) Böse, als ob sie unterschieden werden könnten?'* Aus dem Kontext Laozis ist klar, dass er eine negative Antwort anstrebt, auch

[28]Siehe Vers 19

wenn man sagen könnte: *‚... kann man sie nicht unterscheiden?‘* Doch wie bereits erwähnt, gibt uns Vers 2 genug Auskunft, um Wilhelms Übersetzung als zutreffend anzuerkennen.

Laozi bedient sich hier eines literarischen Kunstgriffs, indem er in ein und demselben Satz Unterschiede nicht verneint, dennoch aber ihre Ähnlichkeiten herausstreicht. Trotz aller Weisheit empfiehlt er uns, unbemerkt in der Menge zu bleiben und sich nicht mit seiner Erkenntnis hervorzutun: *„Was die Menschen ehren, muss man ehren": „ren2 zhi1 suo3 wei4, bu4 ke3 bu2 wei4" - das Wort „wei4", von Wilhelm mit „ehren" übersetzt, kann auch ‚fürchten‘ heißen. Vergleiche hierzu Vers 13, um die Gefahr der Ehre, und warum man sie fürchten muss, zu erkennen. Abgesehen von diesem Sachverhalt könnte diese Zeile also auch heißen: ‚Was die Menschen fürchten, muss man fürchten‘ (wörtl.: ‚was den Menschen Anlass ist zur Furcht, das ist nicht möglich, nicht zu fürchten.‘).*

Wir können ‚*was zu fürchten ist, nicht einfach nicht fürchten*‘ auch so deuten: Dies kann uns im Alltag, aber auch in der Praxis helfen, unsere äußere Natur anzuerkennen und sie zu akzeptieren. Dabei aber gleichzeitig unsere innere Natur freizulegen. Dann wird diese sich auch positiv auf die äußere auswirken! Es ist wie das Wasser eines Flusses. Auch wenn dieser an einigen Stellen verschmutzt ist, wird doch das klare Wasser der Quelle immer wieder helfen, den Fluss zu säubern. Auch erkennen wir hier einen sehr wichtigen Wesenszug, der sich später deutlich im Daoismus wiederfindet: Im Inneren zwar an der Wahrheit festzuhalten, im Äußeren aber kein Märtyrer zu sein, sondern ein angepasstes Leben zu führen. Denn auf diese Weise lässt sich der Friede wahren, der für die Erkenntnis so wichtig ist. Oder mit dem Prinzip des Taijiquan beschrieben: Im Inneren Beständigkeit (Festigkeit), im Äußeren Nachgiebigkeit (Weichheit) erreichen.

Nimmt man die nächste Zeile mit hinein, und *übersetzt man das Zeichen „huang1" mit ‚Not‘, statt mit ‚Verlassenheit‘ (Wilhelm: „Einsamkeit"), ergibt sich ein sehr interessanter spiritueller Kontext: ‚Was die Menschen fürchten, geht nicht anders als zu fürchten. Oh Not, wie lange dauerst du?‘* Wir finden somit die Sehnsucht niedergeschrieben, die weltliche Natur und ihre Schrecken zu überwinden, um himmlische Natur anzunehmen. Es drückt den Wunsch und die Hoffnung aus, dies erreichen zu können. Und wir hätten hier einen Hinweis, dass es sinnlos ist, Unkraut nur kürzer zu schneiden. Man muss es an der Wurzel ausreißen. Sprich, nicht die Furcht bekämpfen, die sich aus zahllosen Einzeldingen ergibt, sondern die Furcht als solche an ihrer Wurzel packen und im Ganzen vernichten. Nur so ist die geistige Not zu besiegen, wenn die Natur ‚der Furcht' verstanden und eliminiert wird.

Doch im weiteren Verlauf des Verses ist die Zugehörigkeit dieser nächsten Zeile und die Übersetzung von *„huang1" mit „Einsamkeit" wohl wahrscheinlicher, weshalb Wilhelm es auch so deutet (wörtl.: ‚Einsamkeit, wie wenn Du kein Ende hättest!')*:

O Einsamkeit, wie lange dauerst du?
Alle Menschen sind so strahlend,
als ginge es zum großen Opfer,
als stiegen sie im Frühling auf die Türme.
Nur ich bin so zögernd, mir ward noch kein Zeichen,
wie ein Säugling, der noch nicht lachen kann,
unruhig, umgetrieben, als hätte ich keine Heimat.
Alle Menschen haben Überfluss;
nur ich bin wie vergessen.

Er fühlt sich einsam mit seiner Erkenntnis, nicht aber weil er sich unbeachtet oder vernachlässigt fühlen würde. Dies würde auch gegen seine eigenen Ideale sprechen. Sondern er weist uns darauf hin, dass er mit seiner Meinung gegen die Menschenmeinung, gegen die Meinung der Massen steht. Er deutet uns an, dass die Wahrheit nur mit Wenigen, der Irrtum jedoch mit Vielen ist. Nun müssen wir unterscheiden zwischen denen, die sich von der grauen Masse unterscheiden wollen und Dinge postulieren, um aufzufallen, und dem genauen Gegenteil hiervon, wovon Laozi sprechen möchte: Den einsamen Wenigen, die im Verzicht auf die Welt deren Gesetzmäßigkeiten erkannt haben und so noch mehr denn je ausgegrenzt und unerkannt sind, was jedoch für sie selbst (aufgrund der Erfahrung des DAO) keine besondere Rolle spielt. Der Legende nach zog Laozi in die Berge und verschwand damit aus der Welt, weil sich die Entwicklung des Verfalls nicht aufzuhalten schien, da keiner auf ihn hörte. Nicht also aus persönlicher Enttäuschung, sondern eher als von der Gesellschaft nicht gewollt und so sich dorthin gesellend, wovon er spricht: in den direkten Kontakt mit dem DAO, in die Einsamkeit. Er beschreibt die Menschen als „strahlend, als ginge es zum großen Opfer, als stiegen sie im Frühling auf die Türme". „Zum Opfer zu gehen" meint hier weniger das Opfer als Ausübung, sondern vielmehr die gesellschaftliche Festivität, die hiermit in Verbindung steht. Dass Herausgeputztsein zu einem strahlenden Anlass, so „wie wenn man im Frühling" – also in der freudigen Zeit des Neuerstarkens – „auf die Türme steigt", sprich ausgelassen, wie eine Familie auf einem Sonntagsausflug, wie wir heute sagen würden. Nur er „zögert". Ihm „ward noch kein Zeichen" (Orakel). Er sieht für sich keinen Grund oder Anlass, an dieser Haltung eines künstlichen Daseins teilzuhaben. Er sieht sich „wie ein Säugling, der noch nicht lachen kann", sprich in der absoluten Natürlichkeit, wo (noch) kein Reiz von außen ihn zu einer Reaktion und Emotion verleiten kann. *In einem neueren Fund wird das Zeichen „hai2" - „Kinderlachen" mit „hai2", dem ‚Kind' an sich wiedergegeben. Es würde dann heißen: ‚Wie ein Säugling, der noch nicht Kind ist.'* Beides aber meint denselben Zustand: Ein Neugeborenes, das noch in seiner urtümlichen Natürlichkeit ist und noch nicht begonnen hat, die Außenwelt klassifizierend und bewertend wahrzunehmen. Er sieht sich außerhalb des menschlichen Strebens und ruhend in sich und der Wahrheit. Da diese immer gleich ist, sieht auch er keine Veranlassung, in seinem Wesen wechselhaft zu sein, sprich guter oder schlechter Dinge zu sein. Jedoch beschreibt er sich als „unruhig, umgetrieben, als hätte er keine Heimat". Damit ist sein zu Beginn dieses Verses beschriebener Zustand gemeint, dass er innerhalb dieser Welt keine Zugehörigkeit mehr hat. Er ist hier und dort, doch findet er keinen Ort, an dem er sich selber wiedererkennt, er ist allein mit seiner Weisheit. *In dem Zeichen „lei4" wird oft auch die Bedeutung für ‚müde' erkannt, wie wir es umgangssprachlich kennen. ‚Müde' vom weltlichen Getriebe. Davon, in ihm keinen Ort für sich zu finden, keinen Ort, an dem er sich zurückziehen, „beheimatet" fühlen kann, keinen, wo er verstanden würde. Dieses Zeichen „lei2" gebraucht Laozi zweimal hintereinander. Wilhelm gibt es mit zwei unterschiedlichen, wenn auch ähnlichen Begriffen wieder. Es soll einfach die ‚Müdigkeit' bzw. das Rastlose betonen.*

Wenn wir von Laozi als wirklich existierendem Menschen ausgehen wollen, woran die Forschung zweifelt, könnten diese Zeilen, wie oft kommentiert, einen gewissen Verdruss kennzeichnen, den Laozi gehabt hätte, da er seine Lehre nicht verbreiten konnte. Dies sagt man zwar Konfuzius nach, passt jedoch wenig zu dem nichtmissionarischen Wesen des (späteren) Daoisten, der für sich den Anspruch erhebt, möglichst nicht in der Welt aufzufallen.

Lediglich die Erkenntnis, dass der Mensch, auch wenn er das DAO durchdrungen hat, solange er lebt, immer Mensch bleibt und daher Schwankungen unterworfen ist (vergleiche hierzu die Quantenphysik, nach der alles, was im Sein ist, von Beginn an durch Schwankungen entstanden ist und diese daher zwangsläufig stets in sich trägt, sowie Vers 23), könnte auf einen emotionalen Moment in den Versen des Meisters weisen. Ähnlich habe ich es oben schon mit der Akzeptanz der äußeren (menschlichen) Natur beschrieben. Da der Weise sich selten großer Gesellschaft in geistigem (oder auch physischem) Sinne erfreut, mag hier menschliche Einsamkeit anklingen. Aufgehoben wird dies jedoch dadurch, dass er sich in der Einsamkeit in der Regel am wohlsten fühlt. Doch als Mensch teilt er sicher hier und da die Einsamkeit der Vielen, die auf sich gestellt um Weisheit ringen.

Während „die Menschen im Überfluss haben, ist er wie vergessen." Auch diese Strophe erscheint recht lethargisch. Doch erinnern wir uns daran, dass Laozi stets den Überfluss als negativ und das Vergessen als positiv bezeichnet. Dann erkennen wir, dass seine Sorge nicht sich selbst, sondern den Unwissenden gilt. Denn gerade im Vergessenwordensein liegt seine Stille. Ist er sich dann auch selbst vergessen, sind sie und er vollkommen.

Ich habe das Herz eines Toren, so wirr und dunkel.

Scheinbar ironisch betrachtet sich Laozi hier von außen, aus dem Blickwinkel seiner Mitmenschen: wirre Ideen eines Verrückten, nicht nachvollziehbar und scheinbar entgegengesetzt jeglichen ‚Erfolgsgeheimnisses'. Die Erwähnung des Herzens jedoch lässt darauf schließen, dass sich die Außenwelt aber auch nicht völlig sicher ist und ihnen Laozi daher, wenn auch naiv, aber angenehm erscheint. Denn ein Tor erscheint zwar unsinnig in seinem Tun, aber irgendwie auch schon wieder liebenswert. Er ist nicht nachvollziehbar, aber das Herz steht im Vordergrund, so dass man ihm dennoch gute Absichten in seiner Verwirrtheit unterstellen möchte. Er selbst empfindet diese „Torheit" sicherlich als ‚Zeichen des Erfolges', zu dem er durch seine Einfachheit und ‚Unwissenheit' gelangt ist. „Wirr und dunkel" sind immer Attribute des Urzustandes bzw. Uranfangs. Insofern stellen sie eine große Anerkennung dar.

***Die Weltmenschen sind hell, ach so hell;
nur ich bin wie trübe.***

Auch hier wieder seine Ironie: Die Menschen sind begabt, clever, intelligent und wachsam („hell"). „Nur er ist wie trübe", nur er dämmert dahin und verpasst den Lauf der Dinge, möchte man meinen. Doch genau hier liegt sein eigentliches Anliegen. Während die normalen Menschen sich voller Klarheit und Richtigkeit empfinden, so ist doch nur er tiefgründig und auf den Grund schauend, denn „trübe" bezeichnet in der späteren daoistischen Terminologie immer etwas nach unten, auf den Boden Sinkendes und wie oben bereits erwähnt die Erkenntnis des (chaotischen) Uranfangs (Taiji).

Man könnte hier sagen: Das Trübe bezeichnet in diesem Fall die Tiefe und das Helle das Oberflächliche.

Die Weltmenschen sind klug, ach so klug
nur ich bin wie verschlossen in mir,

Erneut: Wo der normale Mensch sich als gescheit empfindet, ist Laozi „verschlossen". Doch Verschlossenheit ist in seinem Sinne nichts anderes als ‚in sich gekehrt'. Hier erkennt Laozi den Normalmenschen als geschickt äußerlichen Dingen gegenüber, sich selbst aber als in sich selbst und im Grund des Seins versunkenen Weisen. *Wörtlich bedeutet „men4", genau wie Wilhelm es übersetzt „verschlossen" im Sinne von ‚betrübt, niedergeschlagen, gelangweilt'. Das Zeichen zeigt ein Herz (悶), um das ein Tor gespannt ist - also ein eingeschlossenes Herz.* Dies deutet auf der einen Seite auf die ‚*Langeweile*', sprich das Unattraktive des weltlichen Lebens im Empfinden des Weisen, aber auch auf seine mögliche Melancholie hin, sich nicht mitteilen zu können.

unruhig, ach, als wie das Meer,
wirbelnd, ach, ohn Unterlass.

An dieser Stelle lässt Laozi etwas durchblicken, was zumindest der westliche Laie oftmals nicht vermuten würde, wenn er an daoistische Praktiken denkt. Denn zur wesenhaften Innenschau gehören nicht nur Entspannungstechniken und ein ruhiger Geist. Denn da der Schüler mit seiner Ichlosigkeit ringt, ist eine tiefgreifende innere Auseinandersetzung mit all seinen Geistes- und Seelenkräften unvermeidlich. Auch hier kommt der Adept nicht drum herum, mit sich selbst ins Gericht zu gehen und so manchen inneren Sturm und so manches innere Gefecht gegen sich selbst auszutragen. „Ohne Unterlass" beschreibt die Härte dieser Praxis, da der ernsthafte Adept, der sich aus der Welt zurückgezogen und sich jeglicher Abwechslung entzogen hat, pausenlos mit sich selbst konfrontiert sieht. Denn wer in Einsamkeit lebt, ob in den Bergen oder in der Großstadt, wer also losgelöst den Weg für sich allein geht, der kann gar nicht anders, als immer wieder nur auf sich selbst zurückgeworfen zu werden. Das Bild des Meeres jedoch vermittelt nicht nur die Unruhe, sondern auch die Tiefe, um die es dem Meister geht.

Alle Menschen haben ihre Zwecke;
nur ich bin müßig wie ein Bettler.

Trotz dieser harten Auseinandersetzung mit sich selbst, wirkt der Schüler „müßig" nach außen, denn er scheint nur in der Gegend herumzusitzen und wie ein *„Bettler" (auch: ‚Tölpel, Dummkopf' (bi3)* dahinzuvegetieren. Denn um sich ganz seinem Inneren zu widmen, enthält er sich äußerer Aktivität, mindestens, was seine innere Beteiligung darin angeht, und muss daher den übrigen Menschen, die von morgens bis abends irgendwelchen äußeren Zielen hinterherjagen, wie ein Taugenichts erscheinen. *„Wan2", wörtl.: ‚dumm, unwissend, eigensinnig (hier im Sinne von eigenbrötlerisch)' wird hier von Wilhelm in dem Wort „müßig" zusammengefasst.* Die genannten Attribute unterstreichen noch einmal die Bedeutungen der vorangegangenen Zeilen.

Es könnte, so, wie es in dem hier gedruckten Original steht, klassisch auch bedeuten:[29]

„er2 wo3 du2 wan2 si4 bi3" – ‚jedoch ich allein bin dumm/ unwissend/ eigenbrötlerisch, sogar zu verabscheuen/ missachtet/ demütig/ ungekünstelt/ natürlich.'

Durch die Bedeutungsvielfalt erkennen wir einen wunderbaren Bogen von ‚missachtet' und verabscheut', bis hin zu ‚demütig' und natürlich'. Dies sollte uns zu denken geben, da es manchmal gerade die guten Herzen sind, die von der Gesellschaft ‚abschätzig' betrachtet werden.

[29]In einigen Versionen steht „qie3" (‚sogar, und'), statt „si4" (‚ähneln, scheinen wie').

In einer anderen Version des Daodejing lautet der Text „er2 wo3 du2 wan2 si4 bi3" – ‚nur ich bin müßig wie ein Bettler.‘: „wo3 du2 men2 yuan3 yi3 bi3" - ‚ich allein habe das Tor zur Torheit weit.‘ Wenn man berücksichtigt, dass gerade auch in der Geschichte Chinas Menschen, die in sich das Geheimnis aller Dinge erkannt haben, nach außen oft als Verrückte oder Dummköpfe erschienen, und wenn wir verstehen, dass diese ‚Torheit‘ auch für die naive Natürlichkeit des Erleuchteten steht, werden wir auch gerade diesem Satz viel Tiefe abgewinnen können und verstehen, was mit dem ‚Tor zur Torheit‘ gemeint ist!

Ich allein bin anders als die Menschen:
Doch ich halte es wert,
Nahrung zu suchen bei der Mutter.

Auch wenn sich Laozi völlig allein, d.h. definitiv als Außenseiter empfindet, weiß er doch ganz genau, was ihm dies wert ist. Denn er will sich nicht, wie die anderen, an äußerem Erfolg und vergänglicher Freude„nähren". Er möchte, wenn auch allein, sich „nähren" von der ewigen Quelle, die niemals versiegt und auch ihn niemals enden lässt: dem Urgrund, der Mutter allen Seins *(er2 gui4 shi2 mu3 - wörtl.: ‚doch (ich) achte die Nahrung der Mutter (nährende Mutter))‘*. In der in den Klammern gegebenen wörtlichen Übersetzung erkennen wir noch einmal, dass Mutter „nährend" ist. Wir „suchen" also nicht die „Nahrung", wenn wir bei der „Mutter" sind, sondern ‚suchen die Mutter, die uns nährt‘. Damit verweisen uns Laozi und Wilhelm durch seine Übersetzung wieder auf das DAO bzw. auf das ursprüngliche Taiji.

Nur hier scheint ihm die wahrhaftige, die ewige Nahrung zuteil zu werden, die ihn transformiert in das, wozu wir eigentlich bestimmt sind: zu einem Unsterblichen (‚xian1 ren2‘).

VERS

21

孔德之容惟道是從.
道之為物惟恍惟惚.
惚兮恍兮其中有象.
恍兮惚兮其中有物.
窈兮冥兮其中有精.
其精甚真.
其中有信.
自古及今
其名不去以閱眾甫.
吾何以知眾甫之狀哉.
以此.

Des großen LEBENS Inhalt
folgt ganz dem SINN.
Der SINN bewirkt die Dinge
so chaotisch, so dunkel.
Chaotisch, dunkel
sind in ihm Bilder.
Dunkel, chaotisch
sind in ihm Dinge.
Unergründlich finster
ist in ihm Same.
Dieser Same ist ganz wahr.
In ihm ist Zuverlässigkeit.
Von alters bis heute
sind die Namen nicht zu entbehren,
um zu überschauen alle Dinge.
Woher weiß ich aller Dinge Art?
Eben durch sie.

Des großen DEs Inhalt
folgt ganz dem DAO.

„Des großen DEs Inhalt" – das wahrhaftige, wirkliche LEBEN, die Wirkkraft, die alles gebiert und alles bewegt, „folgt ganz dem DAO", dessen eigenste Kraft es ist. Alles andere ist in Laozis Augen künstlich, aufgesetzt, von falschen Vorstellungen und Täuschungen geprägt. Ist unecht und führt nicht zur Wahrheit. Denn statt meiner wahren Quelle würde ich mich von dieser abschneiden und mich selbst fälschlicherweise zur Quelle machen. Doch diese Quelle ist sterblich, äußerst sterblich sogar. Die Kraft DE ist es, die dem Ursprung gemäß die Dinge und Wesen zu ihrer Bestimmung führt bzw. sie bei ihr hält. Ohne sie oder entfernt von ihr folgt am Ende nur letztendliches Sterben, so Großmeister Ren Farong aus dem Louguantai. Nur die Freilegung von DAO und seiner Wirkkraft DE führt den Menschen in seine eigentlich-ursprüngliche Unsterblichkeit. Daher führt es zum wahren Leben selbst. Nur das DAO, aus dem alles gebiert und in das alles wieder vergeht, nur dieses DAO verkörpert das authentische Leben (DE) und damit auch den wahrhaftigen Menschen, wenn er ihm folgt. Da das DE „ganz dem DAO folgt", da es mit ihm identisch ist, ist ein Handeln im Einklang mit dieser Kraft immer auch eine Vereinigung mit dem DAO. Anders: Folge ich ganz dem DE und dies dem DAO, so folge auch ich durch das DE dem DAO.

Das DAO bewirkt die Dinge
so chaotisch, so dunkel.

Wir haben schon erkannt, dass das DAO immerwährend, aber auch im allerersten Anfang wirkte und auch jetzt immer Anfang einer jeden Geburt ist. Der Anfang des Universums (also da, wo noch nichts passiert ist, aber alles schon begonnen hat, vgl. Vers 1) – mystisch als auch wissenschaftlich – ist chaotisch und dunkel. Aus diesem ursprünglichsten Dunkel wirkt das DAO zu jeder Zeit. Für Menschen ist und bleibt dieses DAO unfassbar, nicht begreifbar und undurchdringlich, was ebenfalls hiermit ausgesagt wird. Wir sehen die Wirkung, die das DAO auf die Dinge hat („das DAO bewirkt die Dinge"), aber erkennen die Ursache nicht klar. Wohl erkennen wir im Kleinen die Ursache einer vorhandenen Wirkung. Wenn ich jemanden anschreie, erzeugt dies Wut beim Gegenüber, und mein Schreien war die Ursache. Dieses Vorher-Nachher-Prinzip kann ich in der Physik bis in sehr kleine Teilchen zurückverfolgen. Die ureigenste Ursache jedoch bleibt im Dunkel. Dies ist das DAO, das von dort in alles, was kommt, wirkt, durch DE.

Chaotisch, dunkel
sind in ihm Bilder.

Da es also das ist, worin es wirkt, gleichzeitig aber auch alles aus ihm kommt, ist alles, was ist (‚you3') bereits potenziell in ihm angelegt; es ist in ihm als „Bild" vorhanden, noch bevor irgendetwas ist (vgl. Vers 1). So ist im Nichts (Wuji) bilderlos bebildert, was durch Taiji seine Form erhält. So wird das ewige Bild sichtbar im Zeitlichen.

Dunkel, chaotisch
sind in ihm Dinge.

So auch alle Dinglichkeiten. Alle Form ist bereits als Bild im ewigen DAO enthalten. Durch Entfaltung des DAO, durch Schöpfung, durch Gebären, entstehen diese Dinge *(wu4, auch ‚Wesen', also auch wir)* nach eben diesen „Bildern". Also gemäß ihrem im DAO vor bzw. außerhalb aller Zeit befindlichen Potenzial, was sich nun entfaltet.

Daher sind die Dinge auch niemals vom DAO zu trennen. Nichts ist zu trennen vom DAO. Versuchen wir es, folgen wir nicht mehr dem DAO und trennen uns von seiner Wirkkraft DE und damit von unserem eigentlich vollkommenen LEBEN (siehe oben).

Unergründlich finster
ist in ihm Same.

„Unergründlich finster" – wieder eine Metapher für den allerersten Ursprung. Da ist der Same in ihm, aus dem alles hervorsprießt. In bestimmtem Sinn ist es derselbe Same, den auch wir in unserer Praxis wahrnehmen können (vgl. Vers 14) und in uns wachsen lassen. Denn wir sind als Mensch Abbild des DAO, was bedeutet, dass wir in uns den Samen des DAO haben. Und ihn zu kultivieren bedeutet, mehr und mehr (wieder) eins mit ihm zu werden. So ist unser eigener Beginn nichts anderes als der universelle Beginn im Kleinen. Auch ich entstehe aus Himmel (Vater, Yang) und Erde (Mutter, Yin), dessen Manifestationen meine Eltern sind. Doch alles, was entsteht, trägt immer diesen einen, allerersten Samen in sich, das Ewige.

„Same" (jing1, auch: ‚Essenz'), ist die essenziellste Kraft in uns, die wir durch innere Praxis zur Lebensenergie Qi und diese in Geistenergie Shen umwandeln. In dieser Weise wird unser Geist in die Lage gebracht, das DAO intuitiv zu erfassen, was intellektuell nicht möglich ist. *So wie also im tiefsten DAO „jing1" ist, so ist auch in uns „jing1"*. Und so wie das DAO hieraus gebiert, können auch wir es tun. Nicht nur spirituell und transformativ, sondern auch ganz ‚irdisch physisch', indem wir Leben, sprich Nachkommen zeugen. *Denn „jing1" bedeutet auch ‚Sperma'*, womit eine gewisse Gesetzesmäßigkeit zwischen dem DAO, DE und uns auffällig sein sollte. Wir finden hier dieselben Gesetzmäßigkeiten zwischen Geist und Materie, was uns seit Albert Einstein nicht allzu sehr verwundern sollte. Die Energie (Qi) ist das Bindeglied zwischen Geist (Himmel) und Materie (Erde). So folgt „der Mensch der Erde, die Erde dem Himmel und der Himmel dem DAO" (vgl. Vers 25). Andersherum: Der ursprüngliche Geist (die Manifestierung des DAO) bewirkt die Energie, welche die Materie (Körper) wirkt und lenkt. Dies ist im Taijiquan als ‚nei4 san1 he2 - die drei inneren Harmonien' bekannt und wirkt auf universeller wie auf menschlich individueller Ebene. Nur, dass unsere menschlich individuelle Persönlichkeit aus der universellen hervorgegangen ist und auch wieder in ihr vergeht. Wir sind ein Teil innerhalb der Gesamtkette, machen nur den Fehler, uns als unabhängig davon und allzu ‚persönlich' zu sehen. Verringern wir dieses individuelle ‚Ich-Gefühl', so wird unsere Wahrnehmung von selbst wieder mehr das Ganze und uns als Teil wahrnehmen. So wirkt die Wirkkraft DE von allein in uns das menschliche DE, das Tugend ist, ohne das wir uns künstlich darum bemühen müssten. Denn dies würde nach Laozi, da aus Unwissenheit, doch immer nur wieder scheitern. So können wir verstehen, warum es wichtiger ist, sich dem DAO zu nähern, statt uns zu bemühen, tugendhaft zu sein. Anschluss an die Quelle macht uns tugendhaft, denn DE ist naturgemäß die Kraft des DAO. Tugend ohne wahrhaftiges DE ist künstlich und aufgesetzt und wird sich irgendwann ins Gegenteil entladen müssen.

Dieser Same ist ganz wahr.
In ihm ist Zuverlässigkeit.

„Dieser Same ist ganz wahr“ – denn er ist die Wahrheit selbst. Es ist der allererste Ursprung, aus dem alles entsteht. Und somit ist alles so, wie es in seinem Ursprung bereits festgelegt ist. Ein Baum wird unweigerlich ein Baum. So, wie die Informationen in seinem Samen sind. So ist im allerersten Ursprung bereits alles enthalten, was durch Zeit und Raum entsteht. Daher ist der Same bereits die Wahrheit selbst. Und verstehst Du den Anfang, verstehst Du alles – ‚10.000 Wege, ein Prinzip‘ (‚wan4 fa3 gui1 yi1‘).

Insgesamt liefert uns Laozi eine Art Schöpfungsgeschichte: Am Anfang, im Nichts (‚wu2‘), war das „Bild“. In diesem ist der „Same“, aus dem alles nach ihm entsteht. Aus diesem „Bild“ also entsteht geistiges Sein (‚wu2 you3‘), und aus diesem geistigen Sein entsteht materielle Form, Körper, Dinge etc. und physisches Sein (‚you3‘), vgl. hierzu Vers 1, 6, 14, 16 und 25 etc.

Von alters bis heute
sind die Namen nicht zu entbehren,
um zu überschauen alle Dinge.

Doch auch wenn alle Dinge bereits in diesem Ursprung liegen, so entstehen sie doch, wenn auch zeitlich bedingt, als Einzelwesen bzw. –dinge und brauchen daher ihre separate Bezeichnung, um sie, trotz ihres gemeinsamen Ursprunges und ihrer schließlich und endlichen Nicht-Getrenntheit, in ihrer Eigenart verstehen, unterscheiden und damit überschauen zu können. Chen Changxing, 14. Generation Meister des Chen Taijiquan schreibt: „Alle Dinge zwischen Himmel und Erde haben ihre eigenen Quellen und Wurzeln. Daher heißt es, dass aus einer Wurzel tausende von Eigenschaften entstehen, und umgekehrt haben tausende einzelner Eigenschaften die gleiche Wurzel.“ Wir haben also einen Ursprung, der viele einzelne Quellen hervorbringt, die wiederum ihre Sprösslinge treiben (ähnlich eines Stammbaumes). Daher erleben wir die Erscheinungen getrennt wie auch in Einheit. Je nachdem, von welcher Tiefe der Wahrnehmung her wir sie betrachten.

Auf die davor genannten Zeilen bezogen, können wir demnach sagen: Von Anbeginn bis heute, weil alles seinen Namen erhalten hat, aber auch jede Art aller Dinge letztendlich gleichen Ursprungs ist, können wir auf eben diesen Ursprung der Dinge (Wesen) folgern:

Woher weiß ich aller Dinge Art?
Eben durch sie.

Zum Schluss bemerkt Laozi die Einfachheit, die eigentlich in seiner Erkenntnis liegt. Denn er fragt, „woher er aller Dinge Art", woher er also ihre Natur und Wirkweisen kennt, und die Antwort ist verblüffend einfach: „Eben durch sie." Denn nichts kennzeichnet den aus dem Daodejing hervorgegangenen Daoismus deutlicher, als die in ihm entstandenen Erkenntnisse aus Naturbeobachtungen. Diese beziehen sich auf die äußere Natur und ihre Gesetzmäßigkeiten und auf die innere Natur und ihre Weise. Durch gründliche Untersuchung dieser Welten (durch ihre „Benennung", vgl. Vers 1) kommt der vollendete Daoist zu seiner Wahrheit und dem einen, aller Dinge zugrunde liegenden Prinzip – nämlich eben durch die Beobachtung dieser Dinge und Erscheinungen sowie der sich daraus ergebenen Gesetzmäßigkeiten selbst. Hierzu noch einmal Chen Changxing: ‚Alle Dinge fließen auseinander, werden aber auch wieder zusammengeführt; sie trennen sich und werden wieder vereinigt.' So erkennt man im Außen und Innen durch die Vielfalt das Eine und anhand des Einen die Vielfalt.

Die letzten fünf Zeilen können auch anders übersetzt werden, da in verschiedenen Versionen *verschiedene Zeichen „fu3" (von Wilhelm mit „Dinge" angegeben, wörtl.: ‚Beginn, Vater (auch fu4), groß, soeben, gerade' oder höfliche Anrede für einen älteren Mann) verwandt* werden. Sie alle deuten jedoch auf das Beginnende, Anfangende und Väterliche:

„zi4 gu3 ji2 jin1": ‚Von alters bis heute,'
„qi2 ming2 bu2 qu4": ‚vergeht sein Name nicht,'
„yi3 yue4 zhong4 fu3": ‚um zu erkennen der Welt Beginn (Vater).'
„wu2 he2 yi3 zhi1": ‚Woher weiß ich'

„zhong4 fu3 zhi1 zhuang4 zai1": ‚der Welt Beginn (Vater) Gestalt (Form)!?' „yi3 ci2." ‚wegen diesem (auch: ‚deshalb' oder ‚weil es hieraus folgt').'

Dadurch, dass ‚sein Name nicht vergeht', bleibt die Linie von jetzt bis zum allerersten Ursprung, zum „Beginn" erhalten. Auf diese Weise kann die gesamte Entwicklung alles Nicht-Seienden, nichtseiend Seienden und Seienden erfahren, beobachtet und dadurch ‚erkannt' werden. Wie schon oben erwähnt, kann also auf diese Weise rückgefolgert werden. Genauso in der mystischen Versenkung: Nicht über den Verstand, sondern über die geistige Schau wird hier anhand „des Namens" der gesamte Weg zurückverfolgbar, bis zu meiner und unser aller ganz ursprünglichsten Quelle.

Der Unterschied beider Übersetzungen liegt weniger im Inhalt, als mehr in der personifizierten Form des Welt-Beginns (Welt-Beginners (Vater), „sein Name"), bzw. in der Klarheit des Inhalts. Ob Laozi hier von einem Schöpfer oder nur vom ‚Vater' als Ausdruck des Beginnenden ausgeht (oder hierin überhaupt unterscheidet), ist schwer zu sagen, denn er drückt sich anhand der Bezeichnung DAO neutral aus, schiebt diesem aber oft unmittelbar etwas Persönliches im Bereich des Anfangs zwischen (vgl. Vers 1: Mutter, Vers 4: Gott, Vers 6: dunkles Weib etc.). Wir haben hier also ein letztendliches neutrales Nichts, doch regt es sich durch seine Kraft, so ist es Etwas. Ob wir dies dann Etwas, Kraft oder Person nennen, wollen wir folgendermaßen erklären: Wenn man von sich selbst ausgehend versteht, dass dieser Urgrund unbeschreiblich ist und seine Erfahrung in seiner ganzen Tiefe sowohl neutral als auch persönlich ist, wird man sich in dieser Frage nicht mehr entscheiden wollen, sondern sich innerhalb seines Menschseins mit einem ursprünglich Ewigen (DAO), dessen Kraft (DE) alles durchdringt, das das reine Nichts ist, aus dem jedoch alles geschaffen ist, auf sowohl neutraler als auch personeller Ebene verbinden. ‚Das Absolute weiß nichts von sich selbst, und weiß es von sich, so ist es Gott!'.

Zwischen dem Absoluten und seiner ersten Hervorbringung, die reine Selbsterkenntnis ist, liegt der Beginn zwischen dem unbewussten Neutrum und dem nun bewussten, aber noch inexistenten Personenhaften. Im nächsten Schritt entsteht dann geistig Personenhaftes, woraus dann formhafte Person wird. Es kann also hier nicht zwischen ‚DAO und Gott' gestritten werden, da sich so gesehen kein Unterschied finden lässt. Es ist nur eine Frage der

Betrachtung oder besser: des Zeitpunkts in seiner Unmittelbarkeit zum Uranfang (vom wu2 oder you3 aus betrachtet) bzw. seiner Distanz in Bezug zu sich selbst, der Quelle.

Dass Laozi einen Himmelsherrscher als gegeben ansieht, ist ersichtlich. Offen bleibt die Frage, wie (menschlich gedacht) persönlich dieser ist bzw. wie nahe, teil- oder identisch mit dem DAO. Nehmen wir als Beispiel den in der Einleitung und Vers 4 erwähnten höchsten Gott der chinesischen Antike, Taiyi. Der Begriff ‚tai4 yi1', ‚das höchste Eine' kann genauso gut heißen ‚der höchste Eine'. Und da die daoistische Praxis dahin zielt, in einem allgemeinen Einheitserlebnis diese Gottheit in sich zu manifestieren, wird hier nicht eindeutig zwischen Person und Neutrum unterschieden. Gott ist die Einheit, und die Einheit zu erleben, heißt Gott zu erleben.

Was ist eine Person? Nehme ich mich als Person, so habe ich eine Begrenzung. Hier, z.B. an meiner linken Schulter, fängt meine Person an, und an der rechten hört sie sozusagen auf. Wenn aber Gott das ‚höchste Eine (Taiyi)' ist, ist alles Gott, also eine Person, die nirgends anfängt und nirgends aufhört. Und schon sehen wir, dass Person und Nicht-Person in dieser Dimension nicht mehr zu trennen ist. Wenn Gott Geist ist, verhält es sich ebenso. Geist und Person kann in seiner Vollkommen(Ganz-)heit nicht voneinander getrennt werden. Genauso verhält es sich mit Gewahrsein, Bewusstsein(-heit) und der alles zugrunde liegenden Leere. Dazu kommt, dass wir Menschen sind. Daher ist unsere Wahrnehmung menschlich, und eine personifizierte Vorstellung ist nur allzu ‚menschlich'! Denn es entspricht unserer Natur.

Also erneut: Je unfassbarer wir das Unfassbare erkennen, umso weniger versuchen wir die Begriffe DAO und Gott einzuengen, und umso mehr können wir sie intuitiv sehen und ineinander verschmelzen lassen entsprechend der Tiefe unseres Wahrnehmens von ‚you3, you3wu2 und wu2'.

Und noch eines: Allein Sprache schafft schon Person: z.B. ‚das DAO hat *seine* Wirkkraft *entfaltet*'... Genauso gut kann, durch das DAO wurde die Wirkkraft des DAO entfaltet' geschrieben werden ... etc. Es ist einfach ein menschlicher Zug, von sich selbst ausgehend Unfassbares beschreiben und verstehen zu wollen. Personifizieren liegt daher nahe und ist sicherlich genauso wahr und richtig wie unsinnig und naiv. Denn wäre das Unfassbare fassbar, wäre es nicht unfassbar. Gerade weil wir es als Mensch nie ganz verstehen werden, sind wir gezwungen, es so zu bezeichnen, wie es aber dennoch nicht sein kann. Kehren wir also beruhigt wieder zu der ersten Zeile des Daodejing zurück, indem wir es einfach nicht bezeichnen können, es aber trotzdem tun (müssen). Daher soll jeder es auf seine Weise ausdrücken, wir alle werden von uns allen lernen können, um dann darin übereinzukommen, dass wir es dennoch nicht wissen können. Daher ist es ein Nichts, das DAO oder Gott - schauen werden wir es erst, wenn wir alle Vorstellungen darüber aufgegeben haben.

Da in den mit frühesten bekannten Versionen des Daodejing das Zeichen „fu3“, wörtl. eine Anrede für einen alten Herrn, oder „fu4“, wörtl. ‚Vater‘ benutzt wird, scheint die ursprüngliche Bedeutung hier tatsächlich mehr im Personenhaften zu liegen.

VERS

22

曲則全
枉則直
窪則盈
敝則新
少則得
多則惑.
是以聖人抱一
為天下式.
不自見故明
不自是故彰
不自伐故有功
不自矜故長
夫唯不爭
故天下莫能與之爭.
古之所謂
曲則全者
豈虛言哉.
誠全而歸之.

Was halb ist, wird ganz werden.
Was krumm ist, wird gerade werden.
Was leer ist, wird voll werden.
Was alt ist, wird neu werden.
Wer wenig hat, wird bekommen.
Wer viel hat, wird benommen.

Also auch der Berufene:
Er umfaßt das Eine und ist der Welt Vorbild.
Er will nicht selber scheinen, darum wird er erleuchtet.
Er will nichts selber sein, darum wird er herrlich.
Er rühmt sich selber nicht, darum vollbringt er Werke.
Er tut sich nicht selber hervor, darum wird er erhoben.
Denn wer nicht streitet,
mit dem kann niemand auf der Welt streiten.
Was die Alten gesagt: "Was halb ist, soll voll werden",
ist fürwahr kein leeres Wort.
Alle wahre Vollkommenheit ist darunter befaßt.

Was halb ist, wird ganz werden.
Was krumm ist, wird gerade werden.
Was leer ist, wird voll werden
Was alt ist, wird neu werden.
Wer wenig hat, wird bekommen.
Wer viel hat, wird benommen.

Auf sehr direkte Weise vermittelt uns Laozi hier eine Grundwahrheit: Alles in unserem dualistischen Zeit-Raum-Gefüge ist in Veränderung. Es strebt von einem Extrem wieder zurück zum anderen. Wie ein Pendel schwingt alles hin und her: Man wird geboren, lebt und stirbt wieder. Etwas entsteht, wird halb und wird voll werden. Dann wird es wieder abnehmen und verschwinden - wie beim Mond. Das Bild von Yin und Yang, deren Schriftzeichen die sonnenbeschienene Seite und die Schattenseite eines Berges darstellen, ist ursprünglich u.a. durch die Beobachtung der Mondphasen bzw. seiner Beleuchtung durch die Sonne entstanden: Aus dem Dunkel wird ein Teil beschienen, dann immer mehr, bis er voll beschienen ist, und dann wieder abnimmt, bis er nicht mehr zu sehen ist, und alles beginnt wieder von vorne. So wird auch aus krumm gerade (um dann wieder krumm zu werden). Beispiel: Wenn wir uns einen Kreis vorstellen, der immer größer wird, ist er irgendwann eine Gerade. Dann würde er (jetzt: diese) ‚zur anderen Seite schwenken' und wieder ein immer kleinerer Kreis werden. Wenn es viel regnet, bilden sich im Boden Mulden. Trocknen sie, sind sie leer. Aber nur, um sich beim nächsten Regen zu füllen – genauso wird aus alt neu (das dann wieder alt sein wird), was wir in der Natur wunderschön an den Jahreszeiten beobachten können. Auch bildet das Alte stets den Keim des Neuen. So wie der Same vergehender Früchte einen neuen Baum mit neuen Früchten bringt. Wie sich aus der Kultur des Alten erst die Basis für die Kultur des Neuen bildet, die wieder die Basis für die nächste sein wird. Wer wenig hat, bekommt dazu (denn man möchte ihm gerne geben), und wer viel hat, der wird verlieren (denn man möchte ihm etwas wegnehmen) usw. Vollständiges Yin wechselt durch alle Phasen ins vollständige Yang und wieder umgekehrt.

Man sollte es auch auf folgende Weise betrachten:

„qu1“ (Wilhelm: „halb“) aus der ersten Zeile heißt auch ‚gebeugt, biegen‘, „quan2“ (Wilhelm: „ganz“) auch: ‚vollkommen‘:

‚Was sich beugt (nachgibt), erlangt (ze2: „folgen“) Vollkommenheit (Ganzheit).‘

„Was krumm ist, wird gerade werden“. Wieder: ‚Nachgiebigkeit ergibt Geradlinigkeit‘ (‚der Klügere gibt nach‘).

„Was leer ist, wird voll werden“. Jeder Hohlraum hat das Bedürfnis, sich zu füllen. Nicht nur in der Physik, sondern auch in der Mystik: (Wessen Geist) leer (ist), wird voll (werden). Denn gerade die erfahrene Leere gibt dem Mystiker ein unheimlich erfülltes Dasein. Nicht nur durch die Erkenntnis, sondern gerade auch in der tiefen und ehrfürchtigen Erfahrung selbst - in dem Moment, wo sie gemacht wird. Wir können das einfacher auch aus dem physisch/energetischen Bereich des Taijiquan und Qigong verstehen: Wenn ich loslasse, mich entspanne, löst sich Qi aus den entspannten Bereichen. Der Körper fühlt sich (wohlig) voll an!

„Was alt ist, wird neu werden“: Veraltetes dient zur Erneuerung. Denn immer erst, wenn etwas „alt“ geworden ist, kommt der Mensch auf die Idee, es zu erneuern. Vom Wort her (*bi4: ‚abgetragen‘)* in Bezug auf Kleidung gemeint, kann man dies auch auf gesellschaftliche Prozesse übertragen.

„Wer wenig hat, wird bekommen“ (wörtl.: ‚wenig bekommt‘ (unter Weglassen des ze2 (‚folgen‘), ansonsten: ‚Dem Wenigen folgt Bekommen‘)).

und

„Wer viel hat, wird benommen" (huo4, ‚(kommt in) Verwirrung'):

Dass Bescheidenen gegeben und Besitzenden genommen wird, versteht sich von selbst und ist oben schon beschrieben worden. Die wörtlichere, wenn auch nun nicht mehr sich reimende Übersetzung für „benommen", ‚(gerät in) Verwirrung', zeigt noch einmal sehr schön, dass Reichtum nicht nur gefährlich ist, weil Gefahr von außen in Form von Dieben droht. Nein, auch von innen her ist er gefährlich, da dieser Reichtum zu Sorge und Verwirrung führt.

Dies nicht nur, weil man darauf aufpassen muss, sondern, weil es den Alltag bestimmen kann (u.a. durch seine Verwaltung, Nutzung etc.), dadurch die Interessen verschiebt und generell nicht förderlich ist, sich auf das DAO zu konzentrieren. Die Gefahr ist, vom Eigentlichen des Lebens (DE) abzuweichen und dadurch den 10.000 Dingen hinterher zu jagen und so in „Verwirrung" zu geraten.

Also auch der Berufene:
Er umfasst das Eine
und ist der Welt Vorbild.
Er will nicht selber scheinen,
darum wird er erleuchtet.
Er will nichts selber sein,
darum wird er herrlich.
Er rühmt sich selber nicht,
darum vollbringt er Werke.
Er tut sich nicht selber hervor,
darum wird er erhoben.

Nun macht Laozi aus dem Obigen einen hervorragenden Kunstgriff: In Erkenntnis dieses Naturgesetzes stellt er alles komplett um. Ja, er verhält sich genau anders herum, als es einem der Verstand nahe legen möchte. Um viel zu bekommen, möchte man sich normalerweise anstrengen, um anzuhäufen. Doch Laozi würde raten, gerade durch die Nichtanstrengung und durch das Vermindern würde man erhalten. Ganz pragmatisch ist dies im spirituellen Sinne sofort nachvollziehbar und erfahrbar. Er versucht also nach links zu gehen, um rechts wieder herauszukommen, ähnlich, wie Christoph Kolumbus einst in die andere Richtung nach Indien reisen wollte. Da sich alles in einem Kreislauf befindet, komme ich auch durch die Gegenrichtung zu meinem Ziel. Man kann es sich vereinfacht so vorstellen, als laufe ich jemandem um einen Baum hinterher. Bin ich schnell genug, kann ich ihn vielleicht einholen. Bleibe ich aber einfach stehen, wird er unvermittelt von hinten auf mich prallen. Genauso ist es in der Meditation: Je mehr ich einen vertieften Geisteszustand anstrebe, umso weniger wird er mir gegeben werden. Je mehr ich davon lasse, umso schneller stellt er sich ein. Aber Laozi bezieht sich hier auch ganz konkret auf Verhaltensweisen im Alltag. Man sollte jedoch seinen Ausgangspunkt, was es wirklich als sinnvoll zu Betrachtendes im Leben zu erreichen gibt, dabei im Auge behalten. Denn der Berufene strebt einzig nach Vereinigung mit dem DAO. So umfasst er das Eine, ist befreit von den Gegensätzen, frei von Leid und voller Nächstenliebe, da er für sich selbst nichts mehr will. So wird er das Vorbild der Welt. Wie schon über die Meditation beschrieben, erlange ich tiefste Geistesschau durch Absichts- und Selbstlosigkeit. Daher will der Berufene „nicht scheinen und wird gerade dadurch erleuchtet“. Weil „er selbst nichts sein möchte, wird er herrlich“, denn er ist von der ständig treibenden Unruhe, etwas darstellen zu wollen, befreit und wird so erhaben über das Wesen aller Dinge. Er vollbringt seine Werke unbemerkt in Stille. Weil er sich ihrer nicht rühmt, verliert er keine Zeit, wird nicht angegriffen, muss sich für nichts rechtfertigen und entgeht somit allen zeitlichen Hürden, die ein effektives Arbeiten behindern würden. Dies jedoch muss unter dem Vorbehalt verstanden werden, die Materie des Werks wirklich bis ins letzte verstanden zu haben, so dass quasi kein Austausch und Ratschlag mehr notwendig ist. So kann man „ohne sich zu rühmen, seine Werke vollbringen“. Da „er sich nicht selber hervorhebt“, ist er es nicht, der sich bekannt macht. Sollte er dennoch den Menschen bekannt werden, so wird es an der Hervorhebung seiner selbst durch andere der Fall sein. Auf diese Weise wird er „erhoben“. Denn andere sind von ihm und seiner geistigen Tiefe ergriffen und erzählen von ihm. Wichtiger jedoch ist das innere Merkmal, das Laozi hier beschreiben möchte: Da der Berufene sich selbst nicht hervorhebt, lebt er in Bescheidenheit und Demut. Durch seine Demut jedoch wächst er spirituell enorm an. Es liegt in der Natur des DAO, den Niedrigen zu erhöhen und den Hohen zu erniedrigen: Je weniger sich der Schüler selbst hervorheben möchte, umso demütiger wird er und um so tiefer werden seine geistigen Erfahrungen und umso höher „wird er (innerlich durch eben diese, äußerlich durch das Volk (hier bezieht sich Laozi auf den Herrscher)) erhoben“.

Doch immer ist die Grundlage *„sheng4 ren2 bao4 yi1" - „Der Weise (Heilige) umfasst das Eine"*. Vgl. hierzu Vers 10 und den Begriff „bao4": ‚umfangen, *umfassen, umarmen'*. Der Weise füllt alles aus, alles ist in ihm, er und die ewige Weisheit sind eins. Denn etwas Ewiges ist nur ‚unfassbar', wenn man mit diesem identisch ist - aufgrund seiner Grenzenlosigkeit! Dies ist immer Grundlage zum erfolgreichen ‚Nicht-Wirken' in der Welt.

Denn wer nicht streitet,
mit dem kann niemand auf der Welt streiten.

Auf diese Weise kann der Berufene gar nicht anders als nicht zu streiten. Denn streiten würde bedeuten, dass er eine Absicht, ja sogar eine Meinung vertritt und auch verteidigen oder gar verbreiten möchte. Dies jedoch ist bei ihm nicht der Fall, und so ist es ihm unwichtig, was andere von ihm halten. Und wie ließe sich mit jemandem streiten, der nicht reagiert? Dies ist unmöglich. So ist der Berufene frei vom Zwang einer Reaktion, man kann nicht mit ihm streiten. So gibt er der Welt Frieden, steht jedem zur Verfügung, der sich durch ihn Hilfe verspricht, es ist ihm jedoch unmöglich, ungefragt zu missionieren, weshalb z.B. die Idee einer planmäßigen Verbreitung des Daoismus gegen seine eigene Natur spricht. Daher kann der Daoismus nicht anders, als eine vollkommen friedliche spirituelle Praxis zu sein.

Was die Alten gesagt: „Was halb ist, soll voll werden",
ist fürwahr kein leeres Wort.
Alle wahre Vollkommenheit ist darunter befasst.

Hier fasst der ‚Alte Meister' noch einmal den ganzen Vers zusammen mit dem Hinweis, dass diese Weisheit von alters her bereits bekannt ist, er selbst sie eigentlich hiermit nur wiederholt und bereits selbst schon kommentiert.

Man könnte den letzten Satz „cheng2 quan2 er2 gui1 zhi1" auch übersetzen mit ‚Wahrhaft, Vollkommenheit führt dorthin zurück!', was noch einmal ausdrückt, dass wir uns nur darum zu bemühen haben, „Vollkommenheit" zu erlangen. Der Rest wird dann aus der Natur der Dinge von selbst hinzugegeben.

De2 zhi1 gui4

Tugend (DE) macht reich

VERS

23

希言自然.
故飄風不終朝
驟雨不終日.
孰為此者.
天地.
天地尚不能久
而況於人乎.
故從事於道者
同於道.
德者同於德.
失者同於失.
同於道者道亦樂得之
同於德者德亦樂得之
同於失者失於樂得之.
信不足焉有不信焉.

Macht selten die Worte, dann geht alles von selbst.
Ein Wirbelsturm dauert keinen Morgen lang.
Ein Platzregen dauert keinen Tag.
Und wer wirkt diese?
Himmel und Erde.
Was nun selbst Himmel und Erde nicht dauernd vermögen,
wieviel weniger kann das der Mensch?

Darum: Wenn du an dein Werk gehst mit dem SINN,
so wirst du mit denen, so den SINN haben, eins im SINN,
mit denen, so das LEBEN haben, eins im LEBEN,
mit denen, so arm sind, eins in ihrer Armut.
Bist du eins mit ihnen im SINN,
so kommen dir die, so den SINN haben, auch freudig entgegen.
Bist du eins mit ihnen im LEBEN,
so kommen dir die, so das LEBEN haben, auch freudig entgegen.
Bist du eins mit ihnen in ihrer Armut,
so kommen dir die, so da arm sind, auch freudig entgegen.
Wo aber der Glaube nicht stark genug ist,
da findet man keinen Glauben.

Macht selten die Worte,
dann geht alles von selbst.

Nichthandeln (‚wu2 wei2') ist eines von Laozis höchsten Prämissen. Die Welt läuft am besten, wenn man sie laufen lässt, könnte man sagen. Zumal der Unwissende nicht weiß. Da er aber dennoch handelt, steht sein Handeln allerhöchstens im Zufall richtig zur Wirklichkeit. Daher ist richtiges Handeln für jemanden, der nicht um die Dinge weiß, quasi ein seltener Glückstreffer, und es ist in der Regel besser, gar nicht erst gehandelt zu haben. Vergleichen wir es mit dem Reden. Wissen wir über etwas nicht Bescheid, reden aber dennoch davon, ist dies unsinniges, unnötiges und leeres Gerede, und jeder kann schnell einsehen, dass es besser wäre, man hätte den Mund gehalten. Genau dasselbe trifft für die Handlungen zu. Nun kann es nicht so sein, dass wir gar nichts mehr machen, bis wir Erleuchtung erfahren haben. Wissen wir jedoch um diese Wahrheit, können wir unseren eigenen Handlungen weniger Gewicht zumessen. Dadurch sind wir nicht mehr so abhängig von den Resultaten und können uns langsam von unserem Eigenwillen mehr und mehr lösen. Wir kommen uns weniger wichtig vor. Dadurch stellt sich Gelassenheit ein. Diese Gelassenheit führt zu innerer Ruhe, dies zur Stille und diese wiederum zu Erkenntnis und Angleichung an das DAO. Dies wiederum führt zu wahrem Wissen und dies wiederum lässt unsere Handlungen wirklicher und wahrhaftiger werden. Nun allerdings sind wir aus uns selbst heraus glücklich und bedürfen daher auch keiner größeren Handlungen mehr. Das Handeln führt also in ein Nichthandeln, aus dem dann wahres Handeln entspringt. Dieses wahre Handeln jedoch ist ein effektives und daher und insofern schon ein „seltenes" Handeln (und Reden), da man nun ohne irgendwelche äußeren Attraktivitäten selig ist und daher der Anspruch gering ist. Wer nichts braucht, braucht auch nichts zu tun. Wer nichts will, braucht nicht zu reden. Die Welt dreht sich auch ohne uns, und wenn wir uns nicht mehr so wichtig vorkommen, werden wir sehen, dass vieles auch von ganz alleine so kommt, wie es auch für uns gut ist. Wir sollen also lernen, uns nicht überall einzumischen, sondern uns zurückzunehmen und zu entdecken, dass die Natur der Dinge bereits für uns sorgt.

Ein Wirbelsturm dauert keinen Morgen lang.
Ein Platzregen dauert keinen Tag.
Und wer wirkt diese?
Himmel und Erde.

Was nun selbst Himmel und Erde nicht dauernd vermögen, wieviel weniger kann das der Mensch?

Hier erfahren wir zwei sehr wichtige Dinge: Zum einen weiterführend, dass auch Zustände, die uns nicht zusagen, von allein wieder vergehen und nicht unbedingt lange anhalten müssen. Das wir also getrost auch in ungemütlichen Situationen bei unserem Nichthandeln bleiben können. Freude kommt und geht, Schmerz kommt und geht. Ein chinesisches Sprichwort sagt: ‚Komme was wolle, ich trinke Tee.' Und wie gesagt, Nichthandeln in diesem Zusammenhang bedeutet weniger, nichts mehr zu tun, nicht mehr zu essen, wenn ich hungrig bin, nicht mehr auf die Toilette zu gehen, wenn es sein soll, nicht mehr zu helfen, wenn jemand in Not ist oder nicht mehr zu arbeiten, weil ich nichts mehr brauche. Nein, es bedeutet lediglich, die Zügel aus der Hand geben zu können. Vertrauen auf die Existenz zu haben und in ihrem Einklang, also in ihrem Willen handeln zu lernen. Es bedeutet, von einem egozentrischen Kontrollbewusstsein Abstand zu nehmen. Es bedeutet, aus unserer Quelle heraus zu leben und nicht selber Quelle spielen zu wollen.

Laozi sagt uns, dass auch der Himmel und die Erde nicht konstant bleiben, sondern sich verändern, und folgert daraus, dass wir als Menschen es noch weniger können. Damit gibt er uns zum einen Mut, was das Überstehen unguter Situationen, unguter Emotionen oder auch körperlichen Leids angeht, denn es wird vorbeigehen. Zum andern verweist er aber auch gleichzeitig darauf, dass unsere Natur wechselhaft ist und wir dies akzeptieren sollten. Inzwischen wissen wir aus der Quantenphysik, dass wir überhaupt nur aufgrund von Schwankungen existieren. Im Guten wie im Schlechten. Weder wird ein Leid ewig bestehen, sondern es wird sich wieder zum Guten wandeln, noch können wir Gutes stetig halten und sollen verstehen, wenn es sich wieder ins Ungute verwandelt. Aus dieser Erkenntnis heraus entsteht ein Bewusstsein des Beobachtens und, obgleich wir äußerlich beteiligt sind, eine innere Distanz zu den weltlichen Dingen. So handelt der Weise zwar in dieser Welt, ist jedoch nicht mehr von dieser Welt. Er hat den nötigen Abstand, um in Offenheit und Losgelöstheit klar die Dinge zu betrachten und sein Handeln darauf abstimmen zu können. Wir sind nicht beständig und brauchen es daher auch nicht zu versuchen. Nur eines gibt es in uns, was beständig ist, aber dies ist weit vor unseren Emotionen, Gedanken und Handlungen, ja weit vor unserer Person: unsere Quelle, das DAO.

Aber noch einen äußerst wertvollen weiteren Hinweis, gerade auch für unsere Meditations-Praxis, erhalten wir hier: Wenn ich mich dem DAO nähern möchte, kommen ab und an euphorische Momente tiefen Erfahrens. Aber auch sie halten nicht an. Vielleicht kommt dann wieder eine Phase, wo scheinbar lange ‚nichts' passiert, und es deprimiert uns vielleicht. Laozi sagt uns, dass auch der Himmel und die Erde große Dinge („Wirbelsturm, Platzregen") nicht dauerhaft bewirken. So sollen wir wissen, dass es nicht darum geht, dauerhaft in mystischem Erleben zu versinken. Vielmehr sollen wir solche ‚Geschenke des Himmels' als richtungweisend und motivierend erleben, nicht aber daran festhalten wollen, da dies wieder gegen die Natur wäre und mich zurückwerfen würde.

Bezogen auf die erste Zeile können wir also sagen: Macht die Worte so kurz wie einen Wirbelsturm, so kurz wie einen Platzregen. Beide dauern kurz, aber haben viel Energie. So sollen auch die Worte sein: kurz, aber essenziell!

Als Anweisung für den Herrscher: Verlange nicht vom Volk, was nicht einmal Himmel und Erde vermögen: Beständigkeit! Sei selten und kurz in deinem Auftreten und regle nur die essenziellen Dinge!

Extreme sind nie von Dauer.

Da zu Beginn der zweiten Zeile das Zeichen „gu4" steht, muss man den Beginn dieses Verses auch folgend übersetzen können:

> *„xi1 yan2 zi4 ran2, gu4 piao1 feng1 bu4 zhong1 chao4" - ‚Wenig Worte sind Natur (gemäß), denn ein Wirbelwind dauert keinen Morgen lang, ... '.*

So verstanden bezieht sich Laozi mit den Ereignissen der Natur darauf, dass es menschlich unnatürlich sei, viel zu sprechen. Diese Deutung liegt sicherlich ganz auf der Linie des Laozi, und wir können gut nachvollziehen, dass, je weiter wir zurückschauen und je einfacher und natürlicher das Leben der Menschen ist, umso weniger Worte gebraucht werden (worden sind). Worte sollen Dinge regeln, nicht aber Geschwätz werden, da sonst die innere Energie (Qi) nicht zentriert werden kann. Wie sagt auch Zhuangzi sinngemäß: ‚Ein Netz ist dafür da, Fische zu fangen. Hat man die Fische, vergisst man das Netz. Wie schön, mit jemandem zu sprechen, der die Worte vergessen hat!‘[30]

Darum: Wenn du an dein Werk gehst mit dem DAO,
so wirst du mit denen, so das DAO haben, eins im DAO,
mit denen, so das DE haben, eins im DE,
mit denen, so arm sind, eins in ihrer Armut.

Was immer du also tust, tust du es in Übereinstimmung mit dem DAO, wirst du auch im Einklang stehen mit allen, die ebenfalls von ihm durchdrungen sind. Deine Handlung wird sich von ihren nicht unterscheiden. Dasselbe gilt für die Tugend oder das wahrhaftige Leben (DE). Bist du eins hiermit, wirst du auch eins mit denen sein, die dir gleich sind. Denn Gleiches ist Gleichem gleich, und daher sind die Handlungen, geboren aus wahrhaftiger Tugend (DE), also gelebt in wahrhaftigem Leben (DE), ausgeübt von welchem Berufenen auch immer, ihrer Natur nach gleich. Wenn auch im Äußeren anders, so doch im Herzen stets dieselben. Schließlich ist es die Motivation, die bestimmt, ob eine äußerlich gute Handlung auch gut ist für den Ausübenden. Es ist die Motivation, die der Seele ‚Verdienste bringt‘, nicht die äußere Handlung. So kann jemand Gutes tun, nur um darüber Anerkennung, Ruhm und Ehre zu erlangen. So wird sein Ego gestärkt, und er rutscht tiefer in der Skala der Heiligkeit. Diesem Gegenüber steht der Selbstlose, der in Handlungen nichthelfender Natur keinen Sinn sieht und daher aus selbstloser Liebe heraus wirkt. Diese Seele fruchtet und steigt auf. Daher sind die Handlungen der Heiligen, obwohl äußerlich verschieden, innerlich doch gleich – in ihrer Motivation und in ihrem Ursprung, im geläuterten und reinen Herzen.

Und hier sind wir bei der Armut - in diesem Falle einer selbstgewählten Armut im Geiste und im Sinn eines einfachen und schlichten Lebens. Denn nur in dieser natürlichen Einfachheit gelingt die Innenschau. Das Äußere muss schweigen, wenn das Innere hervortreten soll. Mit Armut ist also kein Notleiden gemeint, sondern ein inneres Leben, dass aufgrund des inneren Reichtums das Außen nur als Wirkplatz dieser erfahrenen Innerlichkeit, nicht aber als Ort persönlichen Strebens sieht. So ist der Berufene arm in Geist und Gut und gerade dadurch aus

[30]Zhuangzi Buch 26, Kapitel 10

dem Inneren heraus selig. Denn was immer uns von außen glücklich machen könnte - es ist nicht die Sache selbst, sondern der Impuls, der bei uns im Inneren das Gefühl von Glück auslöst. Diesen ‚Auslöser' jedoch können wir in Einfachheit (Armut) in uns selbst erkennen. So brauchen wir keinen äußeren Impuls, wir können es selbst, durch uns selbst und in uns selbst. Dadurch, dass der Geist sich selber sieht. Und dies geschieht, wenn er nichts mehr hat außer sich selbst. Wenn er sich nicht mehr nach außen richtet, sondern auf sich selbst zurückfällt. Diese „Selbsterkenntnis" löst das seligste Glücksgefühl aus, wie es von außen nur im Ansatz erreicht werden kann. Einsamkeit entsteht übrigens nicht durch das Allein (All-Eins) sein an sich, sondern dass ich im Alleinsein trotzdem nach außen strebe und wünsche, statt mich nach innen fallen zu lassen.

Wörtlich sind an dieser Stelle aber eigentlich keine anderen Personen zwingend auszumachen, denn es heißt:

„gu4 chong2 shi4 yu2 dao4 zhe3
dao4 zhe3 tong2 yu2 dao4
de2 zhe3 tong2 yu2 de1
shi1 zhe3 tong2 yu2 shi1"

‚Daher: Folge mit deinen Angelegenheiten (auch: Beschäftige dich mit) dem DAO,
(und) das DAO vereinigt sich (dort) mit dem DAO,
das DE mit dem DE,
ein ‚Abhandenkommen' mit dem ‚Abhandenkommen'.'

Sprich:

‚Daher: Folge mit deinen Angelegenheiten dem rechten Weg, und hast du den rechten Weg (erlangt), wirst du eins mit dem rechten Weg (DAO). Hast du (so) die rechte Tugend, wirst du eins mit dem Leben (DE). Kommst du aber dem rechten Weg (DAO) abhanden, wirst du eins mit diesem Verlust.‘

Nehmen wir für „shi1“ (verlieren) das von Wilhelm verwandte Wort „Armut“, so erhalten wir:

‚(Gelangst Du zur) Armut (, so) vereinigt (sie) sich mit der Armut.‘

Hier wäre ein deutlicher Hinweis für ein Leben in selbstgewählter Armut (Einfachheit) zu finden, die dann als solche in einer Reihe mit den Begriffen DAO und DE steht: DAO, DE, SHI - der rechte Weg ist der Weg der Tugend (Wahrheit) und der Armut (Einfachheit). Es kann auch darunter verstanden werden, dass jemand, eins mit dem DAO und lebend im DE, keine Sorge darum hat, ‚zu verlieren‘, sprich unter welchen Umständen er lebt. Alle diese Deutungen scheinen mir sehr in Laozis Sinne zu sein. Folgen wir nun den nächsten Zeilen, werden wir uns nochmals auf den Begriff „Armut“ für „shi1“ rückbesinnen:

Bist du eins mit ihnen im DAO,
so kommen dir die, so das DAO haben,
auch freudig entgegen.
Bist du eins mit ihnen im DE,
so kommen dir die, so das DE haben,
auch freudig entgegen.
Bist du eins mit ihnen in ihrer Armut,
so kommen dir die, so da arm sind, auch freudig entgegen.

Ein vollkommener Mensch zieht den anderen an. Ist jemand „eins mit dem DAO“ oder „eins mit der Tugend (DE)“ oder „eins in der Armut“, so werden ihm Gleichgesinnte freudig entgegeneilen, denn Gleiches zieht Gleiches an. Es ist, profan ausgedrückt, so als finden sich Menschen mit gleichen Interessenslagen zusammen. „Eins mit *ihnen* in der Tugend (DE)“ zu sein besagt nichts anderes, als dass sie die höchste Tugend (DE) oder das höchste DAO oder die edelste Armut erreicht haben. Denn hier gibt es keinen Unterschied. Und wer dort angekommen ist, unterscheidet sich von seinem Nächsten, der ebenfalls dort angekommen ist, im Inneren nicht. Auf diese Weise triffst du die Menschen, die dir im wahrsten Sinne des Wortes nahe stehen! So auch bei deinen Lehrern: Das Sprichwort sagt, jeder bekommt den Lehrer, der zu ihm passt. Dies bedeutet, je weiter du auf Deinem Weg vorankommst, umso tiefgründiger und erfahrener werden auch die Lehrer sein, die dir weiterhelfen. Und interessanterweise wirst du sie oft gar nicht mehr suchen, sondern sie werden dich finden. Sie werden auf dich zukommen, scheinbar zufällig - jedenfalls sind sie plötzlich da und helfen dir weiter.

,Ein freudiger Mensch wird in anderen Menschen zumeist Freude wecken, ein wütender Mensch Wut.' Auch dies gilt es zu bedenken. Das, was Du ausstrahlst, spiegelt sich dir zurück. So triffst du das, was du ausstrahlst. Du bekommst quasi, was du verdienst.

Auch hier finden sich direkt keine anderen Personen im Original, die jedoch auch nicht ausgeschlossen werden:

„tong2 yu2 dao4 zhe3
dao4 yi4 le4 de2 zhi1
tong2 yu2 de2 zhe3
de2 yi2 le2 de2 zhi1
tong2 yu2 shi1 zhe3
shi1 yi4 le4 de2 zhi1."

,Wer sich mit dem DAO vereint,
erhält durch das DAO (auch) Freude.
Wer sich mit dem DE vereint,
erhält durch das DE (auch) Freude.

Wer sich mit der Armut vereint,
dem wird auch die Armut Freude bringen.'

Hier können wir wohl den Begriff „shi1" nur als Armut und Verlust im Sinne von ‚vereinfachen' und ‚verringern' verstehen, denn die Bedeutung, die oben noch geht - , (den Weg) verlieren', ist hier wohl sinnlos (es sei denn, man bedenkt die Vorstellung, dass, unabhängig davon, was man tut, man darin aufgeht, wenn man es ganz tut, und somit Freude erfährt).

Somit liefert uns Laozi eine wichtige Motivation, indem er uns versichert, dass durch das Folgen von DAO, DE und einer einfachen Lebensweise (Shi) (wahre) Freude entsteht. Das kann sicherlich jeder bestätigen, der diesen Weg geht. Und dies ist wichtig, denn gerade die entstehende Freude ist die Kraft, die mich weiter treibt und schließlich und endlich der vordergründigste Sinn des SINNs.

Wir haben also einen Weg entdeckt, der mir dauerhafte Freude vermittelt, ohne dass sie auf Kosten anderer, meiner Umwelt oder ähnlichem geht. Auch ist es eine Freude, die mich nicht verbraucht, sondern im Gegenteil Gesundheit und langes Leben in sich trägt. Denn meine Energien werden gestärkt und nicht abgenutzt. Es ist der Weg, der zum Heil führt. Sowohl direkt in diesem Leben, als auch in allem, was noch kommen kann.

Wo aber der Glaube nicht stark genug ist,
da findet man keinen Glauben.

„Wo aber der Glaube nicht stark genug ist" – wo also Überzeugung, Willens-, Vorstellungs-, Vernunftkraft und Vertrauen nicht ausreichend sind, wo auch das, was all dies in sich vereint und dennoch über sie hinausreicht - der Glaube - nicht „stark genug" ist, da bricht bei aufkommenden Widerständen alles wieder in sich zusammen. Der Glaube ist (auch vor sich selbst) nur vorgetäuscht, da er von äußeren Bedingungen abhängig ist. Ein Beispiel: Ein Mensch ist sehr gläubig. Er lebt in einem Zusammenhang, in dem ihm alles wohlgesonnen ist, und er erfreut sich seiner gelebten Philosophie. Nun aber ändert sich sein Schicksal, und er kommt in für ihn leidvolle Zusammenhänge. Ist der Glaube nicht stark genug, wird er ihn jetzt entweder verlassen, vergessen, ihm vielleicht sogar negativ und enttäuscht gegenüber stehen, oder einfach nur: Er wird ihm nichts nützen. Seine Handlungen werden von Neid und Wut ebenso geprägt sein wie die der Menschen ohne Glauben. Vielleicht sogar noch schlimmer: Er ist nun gegenüber seinem vorherigen Glauben aggressiv. Denn sein Glaube war nur eine Art Wohlstandsglaube, eine Vorstellung, die, solange sie nicht in eine ernsthafte Überprüfung gelangt, Illusion sein kann. Gerade auch im spirituellen Milieu kann das Gefühl von Fortschritt eine gefährliche Täuschung sein, wenn man nicht merkt, dass man in Wahrheit vielleicht gar nicht sein Inneres, sondern die äußeren Umstände zu seinen Gunsten verändert haben will. Es ist leicht, wenn ein Reicher sagt, er käme genauso auch ohne Reichtum aus. Er müsste ihn verschenken, um herauszufinden, ob dies wirklich so ist. Ebenso zeigt sich wahrer Gleichmut, wahres Mitgefühl und wahre Liebe erst in dem Moment, wo es über mein Ich hinausgeht, wo es mich nicht erhöht, sondern wo ich keine Rolle spiele, wie der „gute Wanderer, der keine Spuren hinterlässt" (Vers 27). Und hier liegt auch die Gefahr für den DAO-Suchenden. Hat er sich erst einmal der Welt abgewandt und lebt in Einfachheit ‚auf seinem Berg' (das Schriftzeichen für den Unsterblichen ist ‚xian1', ein Mensch auf einem Berg), wird er bei Berufung sicher zur Ruhe kommen und ein beschauliches, vielleicht seliges Leben führen können. Doch wirkliche Transformation wird sich erst wahrhaft zeigen, wenn er wieder ins Getriebe der Welt fällt und dort seine Ruhe aufrecht halten kann. Denn die Gefahr ist, dass auch er nur seinen äußeren, ruhigen Umständen entsprechend ruhig und liebend geworden ist, dies aber wieder zurückfällt, wenn die Situation sich entsprechend ändert. Aus dieser Perspektive wäre es wie Fußball ohne Ball.

Starker Glaube zeigt sich nur in ebenso starken Umständen. Es ist wie eine Kampfkunst, dessen Stärke sich erst am Gegner abzulesen weiß.

Wie bereits in Vers 17 angegeben, hier eine ebenfalls wörtliche Übersetzung der letzten beiden Zeilen mit ein wenig Variation:

„xin4 bu4 zu2 yan1
you3 bu4 xin1 yan1."

‚Ist Vertrauen (Glauben, Aufrichtigkeit, Wahrhaftigkeit) nicht genug -
gibt es kein Vertrauen (Glauben, Aufrichtigkeit, Wahrhaftigkeit).‘

Oder:

‚Glaubt (vertraut, etc.) man nicht genug,
hat man keinen Glauben (Vertrauen etc.).‘

Als Spielart, passend zu den vorangegangenen Zeilen von Wilhelm, könnte man auch sagen: ‚Wer nicht genug Glauben (etc.) hat, erfährt auch keinen Glauben.‘ Es treffen also nicht nur, wie oben erwähnt, Personen, sondern auch Sinneseindrücke, Empfindungen usw. auf- bzw. zueinander. Diese Variante scheint jedoch vom Originaltext her am wenigsten gegeben zu sein.

VERS 24

企者不立
跨者不行.
自見者不明
自是者不彰.
自伐者無功
自矜者不長.
其在道也曰
餘食贅形.
物或惡之
故有道者不處.

Wer auf den Zehen steht,
steht nicht fest.
Wer mit gespreizten Beinen geht,
kommt nicht voran.
Wer selber scheinen will,
wird nicht erleuchtet
Wer selber etwas sein will,
wird nicht herrlich.
Wer selber sich rühmt,
vollbringt nicht Werke.
Wer selber sich hervortut,
wird nicht erhoben.
Er ist für den SINN wie Küchenabfall und Eiterbeule.
Und auch die Geschöpfe alle hassen ihn.
Darum: Wer den SINN hat,
weilt nicht dabei.

Wer auf den Zehen steht,
steht nicht fest.
Wer mit gespreizten Beinen geht,
kommt nicht voran.

Abgesehen vom Gesamtkontext mit den unteren Strophen, können wir hier Laozis Ermahnung hören, das Leben einfach zu halten. Fest auf dem Boden stehend und natürlich gehen – so geht es am besten. Alles andere wäre künstlich und würde nur zu Umständlichkeiten führen. Das Leben ganz natürlich, wie es unserer Natur entspricht, zu begehen, ist sein Ziel. Natürlich und spontan – wir stehen, wo wir stehen. Laozi rät uns, alle Künstlichkeit und falsche Moral abzustreifen und aus dem DAO heraus natürlich zu leben. So ist der Mensch wieder dem ursprünglichen DE angeschlossen und seine Lebenskraft Qi fließt ungehindert - ein glückliches, langes und gesundes Leben wäre möglich. Dies setzt jedoch voraus, dass der Mensch dem DAO entsprechend geläutert ist. Natürlichkeit bedeutet, ‚frei und gerade aus dem Herzen heraus' (DE) zu (sehen) sein. Doch dieses Herz muss rein sein. Sonst geht es schief. Gereinigt durch die Erfahrung des DAO. Auch bringt es nichts, größer oder wichtiger zu scheinen als man ist („auf Zehenspitzen, bzw. mit gespreizten Beinen gehen"). Denn in den Gefühlen und in der Handlung wird sich die Wirklichkeit zeigen („nicht fest stehen, nicht vorankommen").

Ein Mensch, der dem DAO nahe steht, ist von sich aus ehrlich, selbstlos und voller Mitgefühl. Er braucht dafür keine Moral. Im Gegenteil, sie würde ihn nur behindern, ‚Kind' zu sein. Seine Naivität, seine Einfalt stünde auf dem Spiel. Er darf nichts „wissen", sondern soll unbekümmert aus reinstem Herzen handeln, so wird alles gut. Anstelle von Gesetz und Sitte steht die Natürlichkeit. Wer hieraus handeln kann, macht sich nicht schuldig. Selbst dann nicht, wenn er Fehler macht. Denn seine Motivation war niemals böse, niemals selbstbereichernd, sondern uneigennützig und voller Liebe. So kann man ihm nichts anhaben, wie man einem kleinen Kind nichts anhaben kann. Reinheit im Sinne einer herzlichen Naivität und liebenden Einfalt – dies sind Attribute des Natürlichen. „Wer selber scheinen will", „wer sich rühmt" oder „hervortun will", „wer mit gespreizten Beinen geht" – wer also künstlich ist und versucht, seinen Eigenwillen durchzusetzen, oder gefallen will und sich dadurch dem natürlichen Fluss des DAO entgegenstellt, der „sucht das Leben nicht zu verlieren, darum hat er kein Leben" (vgl. Vers 38).

Es ist also die Naivität des Natürlichen, die zum Leben führt und die vorbehaltsvolle, geplante Künstlichkeit des Erstrebens, die vom Leben weg führt. Dies gilt ebenso für zu gekünstelte Meditationspraktiken, in denen die Natürlichkeit längst verlorengegangen ist (vgl. Vers 14)!

Wer selber scheinen will,
wird nicht erleuchtet.
Wer selber etwas sein will,
wird nicht herrlich.
Wer selber sich rühmt,
vollbringt nicht Werke.
Wer selber sich hervortut,
wird nicht erhoben.

Komplett alle Strophen bis hierher zusammen haben erneut das wichtige Anliegen Laozis, das uns schon so oft begegnet ist: Wir sollen die Dinge tun, die zu tun sind. Sowohl in der normalen Alltagshandlung als auch in der spirituellen Praxis. Wir sollen sie tun, weil sie getan werden sollen. Nicht, weil wir damit auffallen wollen, nicht, damit wir dadurch Anerkennung finden und schon gar nicht, um uns damit über andere hinwegzusetzen. Denn was für einen Sinn hätte eine spirituelle Praxis, mit der ich mich rühmen möchte und dadurch nur mein Ego stärker würde? Was für einen Effekt hätte eine heilsame Handlung anderen gegenüber für mich selbst, wenn ich dadurch nur würde auffallen wollen?

„Wer selber scheinen will, wird nicht erleuchtet." - „zi4 jian4 zhe3 bu4 ming2" - ‚Wer (auf) sich selbst sieht, wird nicht erleuchtet.‘ Wir sehen hier wörtlich, was uns Laozi zuvor schon so oft gesagt hat: Egoismus führt nicht zu Weisheit!

„Wer selber etwas sein will, wird nicht herrlich (auch: ‚klar!‘)" - „zi4 shi4 zhe3 bu4 zhang1" - auch möglich: ‚Wer selbst im Recht sein will, ist nicht deutlich (ist es nicht!)‘. Die erste Übersetzung zeigt ähnliches wie zuvor.

Die Alternative deutet zusätzlich darauf hin, dass Rechthaberei zu *‚Unklarheit‘ (bu4 zhang1)* und damit zu Falschheit führe. Das gilt auch für die Urteilsfähigkeit, wenn man dabei von sich selbst eingenommen ist.

Die letzten beiden Sätze zeigen, wie jemand, der sich mit seiner Leistung (und dies gilt gerade auch im Spirituellen) hervortut (angibt) weder auf Erden langfristig *Verdienst (gong1, Wilhelm: „Werk“) erlangt noch dafür ‚in den Himmel‘ erhoben wird. Letzteres gilt sowohl transzendent als auch hier auf Erden (zhang3, bei Wilhelm „erheben“, heißt wörtlich: ‚wachsen, entwickeln, groß, Chef‘). So ist es auch der Herrscher, der sich nicht lange „oben (‚groß, Chef‘)“ halten kann, wenn er zu eingebildet und arrogant (jin1, bei Wilhelm: „hervortun“) ist.*

Für uns selbst und unsere Entwicklung ist die Motivation entscheidend, mit der wir etwas ausführen. „Wer sich selbst hervortut, wird nicht erhoben“, sprich er kommt nicht in den Stand der Heiligkeit. Wer weise sein will, wird es nicht. Wer in der Meditation sich nicht einfach nur leer und empfangsbereit macht, sondern selber ‚ergriffen sein‘ möchte, wird eben gerade nicht ergriffen, kommt nicht in den natürlichen Zustand, in dem er das DAO ‚erschauen‘ und es von ihm Besitz nehmen kann. Und da jeder Weg, sich dem DAO zu nähern, über die Selbstlosigkeit führt, wäre Ruhmessucht hier definitiv kontraproduktiv. Daher:

Er ist für das DAO wie Küchenabfall und Eiterbeule.
Und auch die Geschöpfe alle hassen ihn.

Er (gemeint ist nicht nur der praktizierende Adept, sondern immer auch der Herrscher) ist dem DAO entgegengesetzt, und daher benutzt Laozi solch unangenehme Begriffe. Denn auch den Geschöpfen fällt diese falsche Heiligkeit auf. Man erkennt, ob eine Person aufrichtig und authentisch nach wirklicher Entwicklung für sich und zum Wohle aller strebt oder ob er nur eine falsche Bescheidenheit an den Tag legt, um bewundert zu werden. Dies ist auch in spirituellen Gemeinschaften nicht selten zu beobachten und daher mehr als wert, von Laozi angemerkt zu werden, gilt aber ganz genauso für die alltäglichen Handlungen. Er soll nicht (wie heute z.B. in der Politik) versuchen, sich zu profilieren oder wegen seiner selbst willen für sich zu werben etc. Er soll einfach dafür sorgen, dass das Volk in Frieden sein kann. Es geht nicht darum, dass er sich profiliert. Sondern darum, dass eine Arbeit im Hintergrund gemacht wird, so dass im Vordergrund alle das Gefühl haben, alles geht auf natürliche Weise von selbst, und zwar wissen, da ist ein Herrscher, aber keine direkte Berührung mit ihm haben, so, als wäre keiner da (vgl. Vers 17). „Ist das Werk vollbracht, heißt er es nicht seinen Besitz" (vgl. Vers 34) bedeutet, zu schaffen, ohne dafür anerkannt zu werden. Ohne in dessen Glanz zu weilen, sondern weiter zu gehen, wenn es vollbracht ist.

(„Küchenabfall und Eiterbeule (yu2 shi2 zhui4 xing2)" heißt wörtlich auch: ‚übermäßiges Essen, unnützes Erscheinen'.)

So sollen alle Handlungen sein, und auf diese Weise werden sie gänzlich gut, wie Laozi zusammenfassend bemerkt:

Darum: Wer das DAO hat,
weilt nicht dabei.

VERS

25

有物混成
先天地生.
寂兮寥兮獨立不改
周行而不殆
可以為天下母.
吾不知其名
字之曰道.
強為之名曰大.
大曰逝
逝曰遠
遠曰反.
故道大、
天大、
地大、
人亦大.
域中有四大
而人居其一焉.
人法地
地法天
天法道
道法自然.

Es gibt ein Ding, das ist unterschiedslos vollendet.
Bevor der Himmel und die Erde waren, ist es schon da, so still, so einsam.
Allein steht es und ändert sich nicht.
Im Kreis läuft es und gefährdet sich nicht.
Man kann es nennen die Mutter der Welt.
Ich weiß nicht seinen Namen.
Ich bezeichne es als SINN.
Mühsam einen Namen ihm gebend, nenne ich es: groß.
Groß, das heißt immer bewegt.
Immer bewegt, das heißt ferne.
Ferne, das heißt zurückkehrend.
So ist der SINN groß, der Himmel groß, die Erde groß,
und auch der Mensch ist groß.
Vier Große gibt es im Raume,
und der Mensch ist auch darunter.
Der Mensch richtet sich nach der Erde.
Die Erde richtet sich nach dem Himmel.
Der Himmel richtet sich nach dem SINN.
Der Sinn richtet sich nach sich selber.

Es gibt ein Ding, das ist unterschiedslos vollendet.
Bevor der Himmel und die Erde waren, ist es schon da,
so still, so einsam.
Allein steht es und ändert sich nicht.

Laozi beschreibt hier das einzig Permanente und Ungeschaffene, das existiert: das DAO. Es ist vor allen und in allen Erscheinungen und kann daher nicht unterschieden werden. Es ist Ursprung und Bestimmung aller Erscheinungen und daher „vollendet". Es birgt alles in sich, „ändert sich selbst (jedoch) nicht", ist „still" und „einsam". Damit ist gemeint, es ist alleinig ohne Wandlung und nicht dem Dualismus unterworfen. Es ist das unbewegte einzig Eine. Vollkommen, da es alles ist, alles erzeugt, alles wieder in sich aufnimmt und doch selbst nicht in Erscheinung tritt. So ist es ewig und nicht zerstörbar – sprich, es ist vollendet.

Um einmal die Vielzahl von Möglichkeiten aufzuzeigen, hier ein paar Übersetzungsvarianten der ersten Zeile „you3 wu4 hun4 cheng2":

‚Es gibt ein Wesen, das aus dem Chaos sich entwickelt (vollendet) hat (geworden, gewachsen ist).'
‚Es gibt ein Ding, das im Urzustand (bereits) fertig ist.'
‚Es gibt ein Ding, das ist das Ergebnis des Urzustandes.'
‚Es gibt ein Wesen vollendeten Urzustandes.'
‚Es gibt ein Wesen, das mit dem Urzustand einverstanden ist.'
‚Es gibt ein Ding, das im Urzustand in seinem Element ist.'
‚Es gibt ein Wesen, im Urzustand vollendet.'
‚Es gibt ein Wesen, das sich aus dem Urzustand (Chaos) vollendet hat.'
‚Es gibt ein Wesen, das vom Urzustand gelungen (vollendet, geglückt, geworden, vollbracht worden) ist.'
‚Es gibt ein Wesen, zu dem das Chaos geworden ist.'
‚Es gibt ein Ding (Etwas), das ist unterschiedslos (vermischt) vollendet.'

Interessant ist, dass bis auf die letzte Zeile, welche der Wilhelmschen entspricht, alle das DAO auch als aus etwas Hervorgehendes beschreiben. Doch woraus? *Aus „hun4". Dieses „hun4" heißt zum einen ‚vermischen', daher die Übersetzung „unterschiedslos", zum anderen aber auch ‚Urzustand'. Nun wäre es für das Daodejing sehr passend, hier den Begriff ‚Urzustand, Chaos' zu verwenden.* So kann es erwartet werden. Dann ergibt sich jedoch die Schwierigkeit, dass der Urzustand von einem Ding oder Wesen (wu4) unterschieden wird, das wir als das DAO kennengelernt haben. So hätte man aber den Eindruck, es wäre nicht aus sich selbst hervorgegangen. Und dann wiederum könnte es nicht endlos und Maß aller Dinge sein. Sinnvoll ist es daher, zu verstehen, dass der Urzustand, der in sich vollendet ist, sich wirkend formt und damit in gewissem Sinn selbst Form annimmt, was wir als DAO bezeichnen. Wir finden dann keinen Unterschied zwischen dem Urzustand, dem Chaos und dem DAO, außer in der Art, wie wir es wahrnehmen. So wie die reine Potenzialität und die aus ihm entstandene Vielheit ein und dasselbe ist und nur unterschieden werden kann vom Standpunkt aus, nicht aber in seiner eigentlichen Natur (vgl. Vers 1), so kann auch der Urzustand und das DAO, das aus ihm vollendet ‚ist', nur aufgrund unserer Betrachtung als Zweierlei beschrieben werden. Seiner Natur nach jedoch ist es ein Eines.

Bleiben wir jedoch bei Wilhelms Übersetzung, kommen wir in diese hochinteressante Schwierigkeit nicht und erkennen richtig im DAO die „unterschiedslose Vollendung" und interpretieren ‚Ding, Wesen' nur als sprachliche Floskel, in der Laozi versucht, ‚Unvorstellbares' handhabbarer zu machen.

Im Kreis läuft es und gefährdet sich nicht.
Man kann es nennen die Mutter der Welt.

Wenn mehrere Menschen im selben Kreis laufen, besteht immer die Gefahr, dass sie aufeinanderprallen, wenn jemand schneller oder langsamer ist. Das DAO jedoch *„gefährdet sich nicht"*. Denn es trifft lediglich und immer nur auf sich selbst (da nichts außer ihm liegt).

Eine wörtliche Übersetzung kann durch bisher Erkanntes unkommentiert bleiben:

„ji4 xi1 liao2 xi1 du2 li4 bu4 gai3" - ‚Still und leer, (und, wie) einzig (selbstständig) existierend, unwandelbar!'

„zhou1 xing2 er2 bu2 dai4" - ‚Als (allumfassender) Zyklus bewegt (wörtl.: reisen, gehen) es sich, aber erschöpft sich nicht.'

„ke3 yi3 wei2 tian1 xia4 mu3" - ‚(So) kann es handeln, als Mutter unter dem Himmel (auch: der Erde).'

Einzig wollen wir hinzufügen, dass der beste Weg, DAO zu erfahren, ist, sich seine Attribute zu eigen zu machen!

Ich weiß nicht seinen Namen.
Ich bezeichne es als DAO.[31]

Ich erfahre, dass da etwas ist, das unwandelbar, ewig, einzig aus sich selbst heraus, still, leer, gleichzeitig aber auch bewegend unerschöpflich bzw. unerschöpflich bewegend ist - doch ich kann es nicht fassen, auch nicht benennen: Laozi beweist unsterbliche Weisheit, indem er gar nicht versucht, ihm einen Namen zu geben. Nur, um sich mitzuteilen, nimmt er den spätestens durch ihn ewig und selbst unfassbar gewordenen Begriff DAO. Um sich selbst zu erklären, versucht er gleich im Anschluss seine Hilflosigkeit und dennoch Unermüdlichkeit erneut zu zeigen, dieses unaussprechliche DAO dennoch mitzuteilen:

Mühsam einen Namen ihm gebend,
nenne ich es: groß.
Groß, das heißt immer bewegt.
Immer bewegt, das heißt ferne.
Ferne, das heißt zurückkehrend.
So ist das DAO groß, der Himmel groß, die Erde groß,
und auch der Mensch ist groß.
Vier Große gibt es im Raume,
und der Mensch ist auch darunter.

[31]In manchen Versionen steht, wie in der Folgezeile, auch hier das Zeichen „jiang4", wörtlich: *‚hartnäckig'* (Wilhelm: „mühsam" (gleiches Zeichen, doch in der Betonung: qiang3)) vorweg.

Da das DAO alles erzeugt und aus sich heraus gebiert, selbst aber nicht geboren worden ist, sagt Laozi: „Man kann es nennen die Mutter der Welt."

Laozi möchte dies einzig Eine gerne benennen, weiß aber, dass es nicht „genannt werden kann" (Vers 1). Um sich aber mitzuteilen, versucht er es und nennt es „DAO". Dieses chinesische Schriftzeichen bedeutet vorerst so viel wie ‚Weg' und ‚Ziel'. Es hat als Radikale einen Kopf mit Auge(n), sowie zwei Füße. Der Kopf sieht mit den Augen das Ziel, während die Füße ihn dorthin tragen. Er ist im Geiste also schon da, während er sich noch darauf zu bewegt. Daher bedeutet „DAO" auch ‚der Weg ist das Ziel'. Eine andere Betrachtung erkennt zwei Augen über einem Strich, der ‚eins' bedeutet. Darunter ist das Radikal für „selbst" und wieder die zwei Füße. Es meint: Die Augen auf die Einheit aller Dinge zu richten, die in der Innenschau, das heißt in uns selbst zu finden ist, ist der Weg, das DAO zu erlangen (siehe Kapitel ‚Zeichenerklärungen zu DAO und DE'). Wir haben es also zum einen mit einem Begriff zu tun, der in keine Begrifflichkeit passt, weil er mystischer Ausdruck des Unaussprechlichen ist und damit den Urgrund aller Dinge selbst bezeichnet. Gleichzeitig aber gibt der Begriff auch eine Art Landkarte, wie das DAO erfahrbar gemacht werden kann, und beschreibt den Weg, den man zu gehen hat, um es zu erreichen. Wir haben also mit diesem einen Begriff nicht nur das alles Durchdringende selbst umrissen, sondern zusätzlich noch einen Beschreibungsplan der mystischen Erfahrung sowie die Wegbeschreibung, wie man zu der Erfahrung des DAO gelangen kann. Weg und Ziel werden hier im selben Ausdruck verwandt, was nicht nur ein Hinweis ist, dass dieser Weg ein Nicht-Weg ist, d.h. er kann nicht in Strecke gemessen werden (er kann nicht im Gehen, wohl aber im Stehenbleiben ‚gegangen' werden), sondern es drückt außerdem aus, dass das DAO niemals abwesend ist von irgendetwas, auch nicht vom Weg. Es ist nicht in der Ferne, wo ich hingelangen müsste. Es ist immer genau gerade hier, ich muss es nur erkennen. Sich auf den Weg zu machen, ist bereits das Ziel. Denn es geht um nichts anderes, als das erfahrbar zu machen, was alles hervorgebracht hat, alles ständig durchdringt und niemals irgendwo anders war, als immer, überall und ewig: das DAO. Daher kann ich es immer und überall erfahren und daher auch genau hier, wo ich gerade bin und dies ist der Weg.

Nun gibt uns der ‚Alte Meister' ein Bild, das er näher erläutert: „Im Kreis läuft es und gefährdet sich nicht." Er schreibt, dass das DAO auch als „groß" zu bezeichnen wäre: „Groß, das heißt immer bewegt. Immer bewegt, das heißt ferne. Ferne, das heißt zurückkehrend. So ist das DAO groß, der Himmel groß, die Erde groß, und auch der

Mensch ist groß. Vier Große gibt es im Raume, und der Mensch ist auch darunter." Er beschreibt hier einen Kreislauf, der zu sich selbst zurückkommt. Als „groß" bezeichnet er etwas, das immer in Bewegung ist *(„bewegt" ist aus shi4, wörtl.: ‚vergehen, verfließen, verstreichen, auch: sterben*', übersetzt. Die wörtlichen Bezeichnungen stellen noch einmal den Bezug auch zu den Zyklen des, und damit auch unseren, Seins an sich her). Das sich daher entfernt, aber immer wieder zurückkehrt. Dies sieht er als Merkmal der Natur, denn alles, was existiert, ist in Bewegung. Alles, was in Bewegung ist, entfernt sich. Doch alles, was sich entfernt, kommt wieder zu seinem Ursprung zurück.

Erinnern wir uns an Chen Changxing: ‚Alles, was sich zerteilt, findet in seine Einheit zurück'. Alles Geborene strebt in die Welt und kehrt im Tod zu seinem ungeborenen Zustand wieder zurück. Universen breiten sich aus und fallen wieder in sich zusammen. In dieser Natur (Art) handelt das DAO. Daher ist es groß. Genauso handeln aber auch der Himmel und die Erde. Daher werden auch sie als groß bezeichnet. Und auch der Mensch hat nach Laozi diese Natur und wenn er sich nach ihr richtet, ist auch er „groß". Alles, was fähig ist, das DAO zu erfassen bzw. es zu sein, beschreibt er als Viererlei: Das DAO selbst, den Himmel, die Erde und den Menschen. Wie die meisten großen religiös/spirituellen Oberhäupter sieht er den Menschen als die letzte Instanz der absteigenden Tendenz, dem es möglich ist, Befreiung zu erlangen. Aufgrund scheinbar fehlendem Bewusstsein klarer Erkenntnis werden Tiere, Pflanzen, niedere Lebensformen, aber auch grobe Materie wie Steine etc. nicht mehr mit dazugerechnet, sprich sie müssten erst mindestens Mensch sein. In einem anderen chinesischen Original steht hier noch statt *Mensch „wang1", was ‚König' heißt*. Daher adressiert er die letzte Instanz der „großen Vier" wörtlich erst einmal an den Herrscher. Der Herrscher regiert zusammen mit dem Himmel und der Erde (‚in ihrem Auftrage') das Volk, so die damalige Vorstellung. Das Gesetz des DAO regiert den Himmel. Das Gesetz des Himmels regiert die Erde und durch den Herrscher den Menschen. Der Mensch ist abhängig von der Erde, die ihn hervorbringt und ernährt. Die Erde ist abhängig vom Himmel, der ihr Regen und Sonne schickt und in dessen Umarmung (Universum) sie ihren Platz gefunden hat.

Auch der Himmel ist entstanden und steht so in Abhängigkeit zu dem DAO, ohne das nichts ist, das aber selbst alles und einzig aus sich selbst und damit von allem frei und unberührt ist. Obwohl es selbst jedoch alles berührt. Doch in den nun folgenden sehr berühmten Aussagen des Daodejing relativiert Laozi den Begriff auf die gesamte

Menschheit, indem der Begriff *„ren2", „Mensch", für „wang1" ersetzt wird.* Daher sollten wir uns hier nicht nur als die kleinen Herrscher (Herrschsüchtigen) in unserem direkten Umfeld, sondern wirklich auch als die Spezies Mensch generell verstehen, der es möglich ist, sich bewusst mit dem DAO zu einen und an diesem „groß" teilzuhaben. Doch er sieht diese vier nicht ebenbürtig. Daher sagt er:

Der Mensch richtet sich nach der Erde.
Die Erde richtet sich nach dem Himmel.
Der Himmel richtet sich nach dem DAO.
Das DAO richtet sich nach sich selber.

Der Mensch als niedrigste Instanz und am weitesten vom DAO entfernt, jedoch fähig, sich mit ihm zu einen, steht in Abhängigkeit zur Erde, auf bzw. in der er lebt und aus der er hervorgegangen ist. Ohne sie kann er nicht sein. Die Erde wiederum steht in Abhängigkeit zu dem Himmel, aus dem sie hervorgegangen ist. Und der ist gleichermaßen aus dem DAO hervorgegangen, in dessen Abhängigkeit er also steht. Nur das DAO selbst ist das Einzige, das aus sich selbst hervorgegangen und daher unabhängig ist. Abgesehen von dieser Hierarchie gibt uns Laozi auch hier wieder einen Wegweiser, wie die Treppe zur Erleuchtung zu erklimmen ist. Er ist kein Freund harter Askese. Sondern er geht davon aus, dass man die Natur an sich wirken lassen muss. So stellt sich alles von alleine ein. Daher muss der Mensch sich zuerst mit seinem Umfeld, der Erde, harmonisieren. Ist dies der Fall, wird er in den Himmel aufgenommen. Insofern, als er die Erde überwunden hat. Überwindung ist hier weder im Sinn einer asketischen Verneinung gemeint noch in einem Rausch der Sinne. Sondern ganz schlicht im Anpassen und Einswerden mit der zugrunde liegenden Natur. Daher rät er immer zu einer möglichst einfachen und natürlichen Lebensweise. Ist der Mensch eins mit dem Himmel, gelangt er ins DAO, zurück zu seinem letztendlichen Ursprung, der unwandelbar und ewig ist. Da der Mensch aus Körper und Geist besteht, findet er in „Himmel" und „Erde" quasi Vater und Mutter und somit Ursprung. Sich mit diesem Ursprung (Yin und Yang) zu vereinen, bedeutet, zu wiederum ihrem Ursprung vordringen zu können:

Richte dich nach der Erde (Natürlichkeit, Einfachheit), richte dich dann nach dem Himmel (Geist) und lass in dieser Einheit dann von allem los - und du bist eins mit dem DAO. So wäre es in Laozis Sinne. Doch wir versuchen stets umgekehrt, dass sich alles nach uns richtet. Hier ist das Problem. Das kleinste Glied hat zwar Anteil am „Großen". Aber es verwechselt sich selbst als Kleinstes mit dem Größten. Daher sollte Hochmut eingetauscht werden in Demut, und die Natur kann wieder frei wirken!

Wei2 xue2 ri4 yi4
Durch tägliches Üben zunehmen, bzw. Wohltat (Vorteil) erlangen

VERS

26

重為輕根
靜為躁君.
是以君子終日行不離輕重.
雖有榮觀燕處超然.
奈何萬乘之主而以身輕天下.
輕則失根
躁則失君.

Das Gewichtige ist des Leichten Wurzel.
Die Stille ist der Unruhe Herr.

Also auch der Berufene:
Er wandert den ganzen Tag,
ohne sich vom schweren Gepäck zu trennen.
Mag er auch alle Herrlichkeiten vor Augen haben:
Er weilt zufrieden in seiner Einsamkeit.
Wieviel weniger erst darf der Herr des Reiches
in seiner Person den Erdkreis leicht nehmen!
Durch Leichtnehmen verliert man die Wurzel.
Durch Unruhe verliert man die Herrschaft.

Das Gewichtige ist des Leichten Wurzel.
Die Stille ist der Unruhe Herr.

Nach der Theorie von Yin und Yang, die grundlegend für das Verständnis des Daodejing ist, wächst das eine aus dem anderen. Es ist die Lehre der Harmonisierung der Gegensätze. Erreicht ein Pol sein Extrem, beginnt er wieder zu schwinden, und der andere Pol nimmt zu. So ist das Schwere in seiner höchsten Form bereits Beginn des Leichten. Auch finden wir hier für die Praxis des Taijiquan einen wesentlichen Eckpfeiler: Sinke mit deinem Gewicht nach unten und bilde mit diesem Schwerpunkt die Wurzel für die Leichtigkeit des Oberkörpers. Ganz wie ein Baum, der an der Wurzel fest und schwer, aber oben in den Ästen biegsam und leicht ist.

Auch ist, wenn ich das Schwere zur Basis nehme, alles andere danach ‚leicht': Wenn ich die schwierigen Dinge beherrsche, brauche ich mir um die leichten keine Sorgen mehr zu machen. Der Adept sucht daher Vollkommenheit, denn in dieser liegt alles übrige.

Die Stille ist die Quelle der Unruhe. Bewegung kommt aus der Stille. Die Stille ist sozusagen zuerst, fortwährend und immerwährend da. Hierin entsteht die Unruhe, wird aus ihr erzeugt. Doch niemals verschwindet die Stille als das Fundament des Seins (Wu in Bezug zu You). Erinnern wir uns an das Beispiel des leeren stillen Zimmers. Nun kommen viele Menschen hinein und beginnen zu reden. Es ist laut und unruhig. Aber die Stille ist immer noch da, wir nehmen sie nur nicht wahr, weil wir auf die Stimmen lauschen. Wir können sie erkennen, wenn wir trotz des Lauten weiter in die Stille lauschen würden. Denn sobald die Menschen das Zimmer wieder verlassen haben, zeigt sich die Stille genau wie vorher. Es ist wie die Sonne, die, auch wenn eine Wolke davor ist, ihren Platz nicht verlässt. So ist die „Stille der Unruhe Herr". Wir sollten uns stets auf den „Herrn" berufen und in ihm Wohnung nehmen, um uns von hier aus den Geschehnissen (Unruhe) zu widmen.

Das Beziehungswort in beiden Versen ist „wei2", ‚handeln' bzw. in diesem Fall im Sinn von ‚bewirken'. Daher kann man auch übersetzen: ‚Die Stille bewirkt die Herrschaft (über) die Unruhe', wenn man „jun1" („Herr", ‚Monarch') in einem kleinen Kunstgriff als Neutrum wählt.

So wird einem nochmals deutlich, wie man Stress in den Griff kriegt: indem man ihm mit Balance und Ruhe begegnet.

Also auch der Berufene:
Er wandert den ganzen Tag,
ohne sich vom schweren Gepäck zu trennen.
Mag er auch alle Herrlichkeiten vor Augen haben:
Er weilt zufrieden in seiner Einsamkeit.

Der Schüler des DAO wandert. Damit ist gemeint, dass er bei nichts verweilt. Um dies pragmatisch zu leben, sind die meisten Daoisten tatsächlich nicht an einen Tempel gebunden, sondern wandern oft umher. Da man an nichts festhalten soll, ist es sinnvoll, auch auf diese äußere Weise gar nicht erst ein Gefühl von ‚Zuhause', sprich einen Ort des ‚sich gebunden Fühlens' entstehen zu lassen. Wir wollen uns vorerst auf die rein geistige Komponente dieser Strophen beziehen und dann sehen, welche Konsequenz sie für das äußere Leben bedeutet. Der Adept hält sich also bei nichts auf, ist auf fortwährender geistiger Wanderschaft. Doch „ohne sich von seinem schweren Gepäck zu trennen". Was ist dieses „schwere Gepäck"? Die geistige Leerheit ist ein oberstes Prinzip zur Erfahrung des DAO. „Wuwei", Nichthandeln, ebenfalls. Dies darf jedoch nicht zu dem folgeschweren Irrtum führen, der sei ein richtiger Daoist, der nur noch sorgenfrei in der Sonne liegt oder auf einem Berggipfel meditierend in Erhabenheit die Welt betrachtet. Denn dies wäre eine versteckte Form des Hochmuts und der Überschätzung. Es wäre in gewisser Weise eine Art ‚egoistische Spiritualität', indem sich der scheinbare Meister aller Pflichten enthebt und nur noch in Herzensruhe und Gelassenheit dasitzt und die Welt vorüberziehen sieht. Oft wird diese falsche Annahme zum Ziel erhoben. Jedoch werden hier zwei ganz wesentliche Punkte übersehen: Erstens erkennt der scheinbare Meister seine eigenen Unzulänglichkeiten nicht mehr. Das wäre, wie in der chinesischen Kampfkunst Formen zu trainieren, ohne sie im Kampf zu überprüfen. Schnell bekäme man ein Gefühl, dass man alles meisterhaft im Griff hätte, wenn man es bräuchte. Doch nur das Hineinbegeben in wirkliche Alltagssituationen gibt ihm die Möglichkeit, seine Fähigkeiten auch zu überprüfen und weiter zu schulen. Zweitens hat man als ‚Aussteiger' oft das Gefühl, alles richtig gemacht zu haben, und bemerkt oft seinen Hochmut nicht, wenn man davon erzählt, wie andere ihr Leben vergeuden, indem sie kein kontemplatives Leben führen, was doch das Reinste und Höchste wäre. Sie verkennen, dass alle nur Teile eines Ganzen sind und auch sie nur dadurch kontemplativ leben können, weil andere sie mit Bettelspenden, Tempeln, Krankenhäusern, Verehrung und was sonst der Zurückgezogene in Wirklichkeit noch alles bedarf, unterstützen. Das mystische Erleben ist das Eine, und es bedarf großer Zurückgezogenheit hierfür. Doch die Applikation hiervon in der Tugend (DE) muss in ‚realer' Lebenssituation umgesetzt werden. Spirituelles Leben ist nicht zu verwechseln mit geruhsamem Lebensurlaub. Daher gehören kontemplatives und aktives Leben immer zusammen, auch wenn sie oft hintereinander bzw. abwechselnd gelebt werden müssen.

Wir sollen uns also „nicht von unserem schweren Gepäck trennen", sondern unsere und die Probleme und Sorgen der Welt an uns nehmen. Wir sollen dem Leben nicht ausweichen, sondern es annehmen, wie es uns geschieht. Entscheidend jedoch ist die Art dieser Annahme. Sie soll in Selbstlosigkeit und frei von Eigenwillen stattfinden. Nicht im Wollen eines Dieses oder Jenes. Sondern anzunehmen, was einem an Lebenssituation gegeben wird, und nicht mehr zu wünschen, seiner eigenen Meinung und Vorstellung zu folgen. Denn nur, wenn ich von mir selbst entleert bin, habe ich genug Platz für andere. Auch müssen wir hierbei dringend verstehen, was nach Laozi in diesem Falle die weltlichen Belange, um die es sich zu kümmern gilt, sind. Natürlich gehört für ihn alles Künstliche, alles Streben nach Gewinn und Ruhm nicht zu dem, was der Adept als „Gepäck" auf sich nehmen soll. Er strebt Einfachheit und Natürlichkeit an. In dieser Einfachheit jedoch ist er kein der Welt Fliehender, sondern ein in der Welt Lebender. Zwar verzichtet der Adept auf alles Weltliche, das ihn ‚nach außen zieht', daher können ihm alle Herrlichkeiten dieser äußeren Welt nichts anhaben. Dies bedeutet jedoch nicht, dass er bekämpfen, ablehnen oder flüchten solle. Denn selbst wenn er sie hätte, bleibt er ihnen gegenüber doch gelassen und ruhig und lässt sich nicht von ihnen einfangen. Was er tun soll, ist, er soll in der Welt, aber nicht von der Welt sein. Er kann mitten im Leben stehen. Durch seine Absichtslosigkeit und Nichtanhaftung jedoch bleibt er dennoch stets „zufrieden in seiner Einsamkeit". Hierzu eine kleine Anekdote, die ich einst hörte: ‚Ein Mann traf einst einen Erleuchten mit einem Stapel Holz auf dem Rücken. Er fragte ihn: ‚Was ist Erleuchtung?' Der Erleuchtete schaute ihn an und ließ sein gesamtes Gepäck fallen. ‚Und was kommt nach der Erleuchtung?' fragte der Mann weiter. Der Erleuchtete nahm sein schweres Gepäck wieder auf sich und ging weiter.' So entdecken wir Laozis Bedeutung: Stets auf der Wanderschaft, bei nichts stehenbleibend, also niemals träge oder anhaftend, erfüllen wir dennoch unsere Pflicht am Mitmenschen und nehmen unser „schweres Gepäck" auf uns, verweilen darin jedoch in Zufriedenheit und

Gelassenheit, losgelöst in „Einsamkeit". Denn gerade dieses ‚Eins'-Sein ist es ja, was den Suchenden zu befriedigen weiß und von allem Äußeren unabhängig zu machen weiß. So wirken „DAO" und „DE" als Einheit zusammen. Dies ist Sinn und Zweck des „DAO DE JING", des Klassikers über das DAO und seine Wirkung (DE). Für Laozi geht es darum, ein natürlich guter Mensch zu werden, nicht sich diesem Menschsein zu entziehen.

Wie viel weniger erst darf der Herr des Reiches
in seiner Person den Erdkreis leicht nehmen!

Wie so oft bemerkt hier Laozi, dass dieses Prinzip nicht nur für den suchenden Adepten, sondern gerade auch für den Staatsdiener, sprich Herrscher des Reiches gilt. Gerade dieser *(wörtl.: wan4 sheng4 zhi1 zhu3 - ‚der Besitzer von ‚10.000' Streitwagen')* soll sein Gepäck auf sich nehmen, nämlich die schwere Verantwortung, die er seinem Volk gegenüber zu tragen hat. Er soll seinen Zuständigkeitsbereich (wörtlich ist hier ein einziges Erdenreich *(tian2 xia4 - ‚(alles) unter dem Himmel' gemeint)* nicht „leicht nehmen". Der Text bezieht sich auf die klassische chinesische Vorstellung von einem vom Himmel eingesetzten Herrscher über das gesamte Reich. Aber gerade in dieser Verantwortung soll er ohne Interesse an Ruhm und Bewunderung oder an den „Herrlichkeiten" sein, sondern in Einfachheit und Selbstlosigkeit, sprich in „Einsamkeit", walten. Denn natürlich spielt Laozi auch hier auf die Leichtfertigkeit des Herrschers an, der, durch seinen Luxus das Volk vergessend, seine Wurzel verliert und dann, durch die fehlende Balance in Unausgeglichenheit und Unbeherrschtheit die Herrschaft verspielt (da er gestürzt werden wird):

Durch Leichtnehmen verliert man die Wurzel.
Durch Unruhe verliert man die Herrschaft.

Laozi verbindet auf ausgezeichnete Weise zwei Widersprüche: Auf der einen Seite soll man innere Ruhe entwickeln und nicht zulassen, dass ‚das Herz in Verwirrung' gerät. Auf der anderen Seite soll man sich den Problemen des Lebens stellen und es sich nicht einfach machen, indem man ihnen einfach ausweicht. So ist die Kunst des DAO, in innerer Losgelöstheit und Gelassenheit seine Aufgaben in Weisheit, Liebe und Mitgefühl zu leben. ‚Tiefe Stille auf dem Marktplatz finden' oder ‚ins Wasser springen, ohne nass zu werden' könnten dieses Prinzip auch illustrieren. So bringt er die Gegensätze zueinander und vereint sie zu einem Ganzen.

Betrachten wir es noch einmal aus dem Taijiquan: Ohne die Schwere in die Beine sinken zu lassen, haben wir keine Verwurzelung und im Oberkörper keine Leichtigkeit. Der Geist führt alle Bewegung stets aus der Stille. Er führt die Bewegung und bleibt selbst doch unbewegt (Wuji-Taiji).

Wu2 ji2
Ohne ‚First', Pol / vor dem Uranfang

VERS 27

善行無轍跡.
善言無瑕讁.
善數不用籌策.
善閉無關楗而不可開.
善結無繩約而不可解.
是以聖人
常善救人
故無棄人.
常善救物
故無棄物.
是謂襲明.
故善人者
不善人之師.
不善人者
善人之資.
不貴其師、
不愛其資
雖智大迷
是謂要妙.

Ein guter Wanderer läßt keine Spur zurück.
Ein guter Redner braucht nichts zu widerlegen.
Ein guter Rechner braucht keine Rechenstäbchen.
Ein guter Schließer braucht nicht Schloß noch Schlüssel,
und doch kann niemand auftun.
Ein guter Binder braucht nicht Strick noch Bänder,
und doch kann niemand lösen.
Der Berufene versteht es immer gut, die Menschen zu retten;
darum gibt es für ihn keine verworfenen Menschen.
Er versteht es immer gut, die Dinge zu retten;
darum gibt es für ihn keine verworfenen Dinge.
Das heißt die Klarheit erben.
So sind die guten Menschen die Lehrer der Nichtguten,
und die nichtguten Menschen sind der Stoff für die Guten.
Wer seine Lehrer nicht werthielte
und seinen Stoff nicht liebte,
der wäre bei allem Wissen in schwerem Irrtum.
Das ist das große Geheimnis.

Ein guter Wanderer lässt keine Spur zurück.

Wieder haben wir das Ideal, nicht an unserem Werk anzuhaften, sondern nach seiner Vollendung „spurlos" weiterzuziehen. Wir sollen es so ausführen, dass wir niemandem dabei auffallen, so dass uns auch keine Ehre oder Schmach zuteilwerden kann (vgl. Vers 13). Unbemerkt wirkt der Weise. Das bedeutet aber auch nicht heimlich. Einfach nur natürlich und der Sache selbst wegen. Nicht, um selbst dadurch zu glänzen. Er wirkt im allerersten Beginn, im Keim des Anfangs. Dort, wo Yin und Yang gerade erst im Begriff sind zu entstehen: im urtümlichen Taiji. So ist jede Handlung mühelos, natürlich und unbemerkt.

Der chinesische Begriff für „Spur", „zhe1", bedeutet wörtlich: ‚Wagenspur, Weg, Idee'. Es folgt ihm in diesem Vers noch ein zweiter Begriff, „ji4", mit der Bedeutung ‚Weg, Fährte'. Man könnte daher auch sagen, dass der Weise keine Lehre hinterlässt. Zwar wird im Folgenden auf den Sinn eines Lehrers hingewiesen, aber wir können es als ein Merkmal von Laozis Gedanken erkennen: Sein Weg ist ein Nicht-Weg. Seine Lehre eine Nicht-Lehre. Kein starres System, kein: Ich hab es so gemacht, du musst es nun ganz genauso machen. Nein, er hinterlässt keine Spur, bedeutet in diesem Betrachtungswinkel: Er wirkt und lehrt und hinterlässt doch kein System. Jeder bleibt in seinem eigenen Verstehen und Ausdruck einzigartig und gleich. Nur das Prinzip (DAO) ist es, was alle eint und verbindet.

Ein guter Redner braucht nichts zu widerlegen.
Ein guter Rechner braucht keine Rechenstäbchen.

Wer sich seiner Sache sicher ist, wer Fachmann ist auf seinem Gebiet, der braucht keine Hilfsmittel. Ihm ist es möglich, frei heraus seine Kunst so auszuüben, dass er keine Fehler macht oder dass man ihn kritisieren könnte. Durch sein Können erreicht er den Zustand von Natürlichkeit. Er kann ohne Vorbereitung immer richtig liegen, wenn er in seiner Berufung nur weit genug fortgeschritten ist. Er ist in sich wahrhaftig und authentisch. So überzeugt er einfach nur aus sich heraus, und er hat es nicht nötig, andere herabzusetzen, um seine Sache zu vertreten. Ist man wahrhaftig, reicht es zu sagen, wie die Dinge sind. Es ist überflüssig zu sagen, wie sie nicht sind.

Ein guter Schließer braucht nicht Schloss noch Schlüssel,
und doch kann niemand auftun.
Ein guter Binder braucht nicht Strick noch Bänder,
und doch kann niemand lösen.

Da der Weise im großen Taiji, im allerersten Anfang, bereits sein Wirkfeld legt, kann er im Unsichtbaren handeln und bleibt darin verborgen. Er wirkt an so früher Stätte, wo andere sein Wirken noch nicht sehen können. Daher „braucht er nicht Schloss noch Schlüssel", „nicht Strick und Bänder": Niemand „kann auftun" und niemand „kann lösen". Denn da der Weise schon im allerersten Anfang die Weichen gestellt hat, kommt ‚der Zug' gar nicht erst auf falsche Bahnen. Daher braucht er kein Schloss und keinen Strick. Denn im eigentlichsten Sinne wird hier kein Missstand korrigiert, sondern darauf geachtet, dass gar nicht erst etwas verkehrt läuft. Hierauf begründet sich auch der altchinesische Mythos, dass z.B. ein Arzt bezahlt wurde, solange der Patient gesund war, und versagt hatte, wenn dieser krank wurde. Nicht warten also, bis was schief läuft, sondern die Dinge pflegen, dass sie in Ordnung bleiben (vgl. hierzu auch die Verse unten).

Hier führt uns Laozi zudem auf eine mystische Ebene, indem er das zuvor Gesagte in einen Bereich des Übernatürlichen erhebt: Wir können in unserer Kunst grenzenlos voranschreiten. So weit, dass wir selbst auf das, was unsere Kunst ausmacht, verzichten können. Es gibt eine Geschichte, in der der beste Bogenschütze des Landes den König um eine Urkunde hierüber bittet. Der König antwortet: Es gibt einen Eremiten, von dem man sagt, er sei im Bogenschießen unüberwindlich. Geh in die Berge. Wenn er es dir attestieren will, so will ich es ihm gleichtun. In den Bergen trifft er einen blinden alten Mann, der sich ihm als dieser zu erkennen gibt. Als der Bogenschütze ihn nun um das Attest bittet, fordert jener ihn auf, ihm eine Kostprobe seines Könnens zu geben. Der beste Bogenschütze des Landes hebt seinen Bogen und schießt aus dem Ansatz heraus mit einem Schuss zwei Vögel vom Himmel, die nun tot vor ihnen liegen. Da hebt der Blinde den Kopf gen Himmel, und es fallen drei Vögel vom Himmel, die nun vor ihnen liegen, aber leben und unverletzt sind. Da sagt der Blinde: ‚Um die wahre Bogenkunst zu meistern, muss Du zuerst Deinen Bogen wegwerfen.' Dies will uns sagen, dass wir in unserer Kunst ohne Limit sind, dass wir immer weiter voranschreiten können und dass wir so weit gehen müssen, unsere

Kunst zu meistern, indem wir sie vergessen. Es ist wie in der meditativen Praxis, wo wir erst dann wirkliche Leere erfahren können, wenn wir alle Konzepte von Leere fallen gelassen haben.

Laozi beschreibt uns hier die Fähigkeit zur subtilsten Durchdringung der Dinge, so dass wir in ihnen Mühelosigkeit erreichen. Siehe hierzu auch Zhuangzi, u.a. die Erzählung des Kochs.

Der Berufene versteht es immer gut, Menschen zu retten;
darum gibt es für ihn keine verworfenen Menschen.

Der Berufene haftet an nichts an, auch nicht an den Menschen. Dadurch zieht er niemanden dem anderen vor und drängt auch niemanden wegen eines anderen beiseite. Alle sind ihm gleich, und aufgrund seiner unberührten Liebe ist es ihm eine Verpflichtung, den Menschen zu helfen. So „kann er alle Menschen retten, ohne einen von ihnen zu verwerfen." Es gibt keine Bedingungen für ihn, sondern nur die Tat selbst. Kein Mensch wird jemals aufgegeben. Ob Freund, ob Feind: Der Weise sieht in allen das wirkende DAO und behandelt alle gleich gut.

„Jiu4", ‚retten', bedeutet auch ‚helfen, beistehen, trösten'.

Er versteht es immer gut, die Dinge zu retten;
darum gibt es für ihn keine verworfenen Dinge.

Hier gilt das Gleiche: Alle Dinge erscheinen ihm gleich-wertig, und er zieht nicht das eine dem anderen vor. So steht er allen Dingen gut gegenüber, „kann sie alle retten", ohne eines dafür zu gering zu erachten. Es ist eine selbstlose, nichtanhaftende Liebe, die keine Unterschiede macht und in ihrer Art unpersönlich ist insofern, als sie tief und rein ist und dort ansetzt, wo die Menschen noch nicht unterschieden sind: an ihrer Quelle. So auch gegenüber allen Wesensarten und Dingen (*wu4: ‚Wesen', „Ding"*).

Auch bedeutet es ganz pragmatisch, dass es für den Weisen keine nutzlosen Dinge gibt. Er findet für alles eine Verwendung. Es gibt keine Verschwendung. Obwohl er nichts anstrebt, ist ihm auch nichts überflüssig, er gibt jedem Ding einen Nutzen. Es gibt für ihn kein „Wegwerfen“ von Ungebräuchlichem oder Altem, da nichts für ihn ungebräuchlich oder (ver)alt(et) ist.

Das heißt die Klarheit erben.

Da keine Unterschiede zugunsten einer eigenen Vorliebe entstehen, bleibt der Geist tief, rein und klar. Er bleibt ungetrübt, da unbewegt. Ist der Geist in ständiger Regung, springt er aufgrund seines Interesses und seiner Meinungen sowie den daraus hervorgehenden Handlungen ständig hierhin und dorthin, dann ist es wie mit dem Wasser, dessen Sand am Grund ständig aufgewirbelt wird: Das Wasser ist ständig trübe. Erst durch die geistige Ruhe und Unbewegtheit im Sinn des beschriebenen Gleichmuts gelangt der Adept zur geistigen Klarheit (ming2), da sie durch keinen Eigenwillen, durch keine Meinung und durch keine Vorliebe getrübt wird.

***So sind die guten Menschen die Lehrer der Nichtguten,
und die nichtguten Menschen sind der Stoff für die Guten.***

Menschen, die in dieser Weise handeln können, dienen den anderen als Lehrer. Jedoch können auch sie nicht ohne die zu Belehrenden sein, denn ein Lehrer ist ohne Schüler kein Lehrer. Es gibt niemanden, der gut ist, wenn da nicht jemand wäre, der es weniger ist. Erst durch die Unterscheidung und Abgrenzung ist die Definition möglich. Es ist wie Yin und Yang, sie stehen sich entgegen, brauchen und bedingen aber gleichzeitig einander. Ohne die nichtguten Menschen könnten die guten Menschen nicht gut sein. Sie brauchen also als „Stoff“ die nichtguten Menschen, um zu erkennen, dass sie selbst gut sind. Würde nun jedoch der Stolz einsetzen, wandelten sie sich zum Unguten. Insofern verstehen wir unter dieser Beziehung von Lehrer zu Schüler und umgekehrt eine Dynamik, mit der beide, quasi Hand in Hand, dem DAO zuströmen. Der Weise weiß: Alle Menschen sind gleich. So gibt es immer nur ein Miteinander. Ein Miteinander ist aber immer auch ein Nebeneinander. So gibt es trotz der verschiedenen Fähigkeiten dennoch kein höher und niedriger. Vergleiche hierzu auch unbedingt Vers 2.

Auch lernt der Schüler vom Lehrer (durch Erkennen des Richtigen) und der Lehrer vom Schüler (durch Erkennen des Fehlerhaften).

„Zi1", „Stoff", heißt wörtlich auch: ‚bereitstellen, als etwas dienen, (eigentlich materiell) unterstützen', was noch einmal die helfende Abhängigkeit beider zueinander verdeutlicht.

Wer seine Lehrer nicht werthielte
und seinen Stoff nicht liebte,
der wäre bei allem Wissen in schwerem Irrtum.

Wir erkennen also, dass dies nicht zweierlei Partei, sondern ein endloses Kontinuum ist: Auf der einen Seite habe ich einen Lehrer, gleichzeitig aber habe ich auch „Stoff, den ich lieben" soll. Dies bedeutet zum einen, dass es immer jemanden gibt, der besser ist als ich, immer aber auch jemanden, der es weniger ist. Daher bin ich immer sogleich nicht gut und bedarf durch meinen Stoff eines Lehrers als auch gut und bin hierin selbst Lehrer über den Stoff anderer. Hierdurch hebt sich ein ‚Besser-' oder ‚Schlechter'-sein als andere auf, da prinzipiell alle in der gleichen Position und Situation, vielleicht nur nicht auf demselben Level, sind. Da ich weiß, dass beides unausweichlich existiert und ich beides brauche, liebe ich sowohl meinen Lehrer als auch meinen Schüler bzw. seine Verfehlungen. Und vor allem liebe ich meinen eigenen Stoff, wie uns Laozi sagt. Allerdings in der Form, dass ich Fehler nicht zur Wahrheit erhebe, sondern sie „liebe", weil ich mich nur über ihre Erkenntnis von ihnen befreien und auf diese Weise aufsteigen kann.

Dies hebt Schranken und Hochmut zwischen den Menschen auf und lässt alle trotz ihrer Unterschiedenheit gleich, sprich Brüder und Schwestern sein. Laozi möchte also, dass wir nicht nur unsere „Lehrer werthalten", sondern auch unseren eigenen Stoff, d.h. unsere eigenen Verfehlungen lieben. Wir sollen uns nicht feindlich gegenüberstehen, weder dem anderen noch uns selbst gegenüber. Ich muss lernen, mich so zu akzeptieren und anzunehmen, wie ich bin. Gleichzeitig aber soll ich mich dem Besseren zuwenden, also auf meinen Lehrer hören und beständig nach Höherem streben. Wegweiser hierfür sind, wie erwähnt, meine eigenen Fehler.

Auch bedeutet, wer „seinen Stoff nicht liebte, der wäre bei allem Wissen in schwerem Irrtum" in Bezug auf den Schüler, dass eine spirituelle Errungenschaft falsch verstanden wäre, wenn man sie nicht (mit-) zu teilen verstehen oder vermitteln wollen würde. Der Erkennende begibt sich also auch in die Verantwortung des Weitergebens.

Es gibt daher keine Schuldgefühle oder Depressionen angesichts meiner Verfehlungen, sondern nur ein ‚Nach-oben'- streben und der Wunsch nach Verbesserung und Vervollkommnung. Denn nur der Fehler, der mir auffällt, kann von mir beseitigt werden. So freue ich mich über jeden, der sich mir ‚erkenntlich' (erkennbar) zeigt. Es entsteht ein allen Wesen gemeinsames, in Frieden und Liebe gestaltetes Streben hin zum DAO:

Das ist das große Geheimnis.

知其雄
守其雌
為天下谿.
為天下谿
常德不離
復歸於嬰兒.
知 其白
守其黑
為天下式.
為天下式
常德不忒
復歸於無極.
知其榮
守其辱
為天下谷.
為天下谷
常德乃足
復歸於樸.
樸散則為器
聖人用之則為官長.
故大制不割.

Wer seine Mannheit kennt
und seine Weibheit wahrt, der ist die Schlucht der Welt.
Ist er die Schlucht der Welt, so verläßt ihn nicht das ewige LEBEN,
und er wird wieder wie ein Kind.

Wer seine Reinheit kennt
und seine Schwäche wahrt, ist Vorbild für die Welt.
Ist Vorbild er der Welt, so weicht von ihm nicht das ewige LEBEN,
und er kehrt wieder zum Ungewordenen um.

Wer seine Ehre kennt
und seine Schmach bewahrt, der ist das Tal der Welt.
Ist er das Tal der Welt, so hat er Genüge am ewigen LEBEN,
und er kehrt zurück zur Einfalt.

Ist die Einfalt zerstreut, so gibt es "brauchbare" Menschen.
Übt der Berufene sie aus, so wird er der Herr der Beamten.
Darum: Großartige Gestaltung
bedarf nicht des Beschneidens.

Wer seine Mannheit kennt
und seine Weibheit wahrt,
der ist die Schlucht der Welt.

Unabhängig davon, ob wir als Mann oder Frau geboren werden, tragen wir dennoch Anteile von beiden in uns. In uns, als in der dualistischen Welt geborene Wesen, wirkt die Gesetzmäßigkeit, Verbindung und Unterschiedenheit von Yin und Yang. Sind wir also in der Lage, unsere männlichen und weiblichen Anteile zu „wahren", pflegen wir sie und erreichen den optimalen Zustand unseres Wesens. Wir leben in Harmonie mit unseren Kräften. Dazu jedoch müssen wir diese Anteile „kennen", so dass wir wissen, was wir zu „wahren" haben und wie wir das anstellen sollen. Durch „kennen" und „wahren" erreichen wir den bestmöglichen Zustand unseres vergänglichen Seins. Laozi jedoch geht noch weiter. Indem er jemanden, der dies vollendet hat, „Schlucht der Welt" nennt, versucht er uns zu vermitteln, dass, wenn wir diese Harmonisierung von Yin und Yang bis auf seine vollkommenste Stufe heben, sie ineinander zerfallen und der non-dualistische Zustand entsteht *(daher verwendet er weiter unten auch entsprechend den Begriff Wuji (wu2 ji2, der hier von Wilhelm mit „Ungewordenen" übersetzt wird)*. Yin und Yang, weiblich und männlich, werden demnach so weit harmonisiert, dass sich jegliche Unterscheidbarkeit aufhebt. Wie bei einer Schlucht, an der oben noch beide Berge klar unterschiedlich erkennbar sind, die sich aber mit Vertiefung der Schlucht immer weiter annähern, bis sie unten am Grund ganz zusammenfließen und eins sind (vgl. Vers 6). Wir pflegen also nicht nur unsere männlichen und weiblichen Anteile. Durch esoterische Praxis nähern und vereinen wir beide immer mehr. Wie bei der Schlucht. So heben sich diese beiden Gegensätze mehr und mehr ineinander auf und bilden nur noch ein Eines. Yin und Yang werden wieder zueinander geführt. Der Schüler erfährt dies in seiner Wahrnehmung sich und dem Leben gegenüber als mehr und mehr geschlechtsunabhängig und geschlechterfrei. Männliche und weibliche Attribute gleichen sich mehr und mehr aus, dann an und lösen sich schließlich auf.

Eine solche Person kann ohne Sorgen der Welt entsagen, da sie durch diesen non-dualistischen Geisteszustand zwar noch in, aber nicht mehr von dieser dualistischen Welt ist. Er transformiert in den Zustand des ursprünglichen Taiji und weiter in den des Wuji. Selbstlosigkeit, Freiheit von allen Verlangen und Bezügen sowie eine gelassene selige Gemütsverfassung voller Mitgefühl allen Wesen gegenüber, die an dieser Heiligkeit (noch) nicht teilnehmen können, sind die Folge. Die „Schlucht" bezeichnet hier also einen Bereich, durch den man von der Welt kommt, an der die Welt sich jedoch öffnet und den Weg in ihr tiefstes Inneres (eines jeden Selbst) freigibt und dort zu einem einzigen Punkt ‚verjüngt'. Dies ist der Punkt, an und aus dem sie entstanden ist (vgl. Vers 6).

Der von Laozi benutzte Begriff für Schlucht ist „xi1", der eigentlich eher ‚Bach, Gebirgsfluß bzw. das, worin der Fluss fließt (‚Flussbett')', bedeutet. Nun wissen wir jedoch, dass eine Schlucht meist durch genau so einen Fluss entsteht. Und gerade das Fließen des Flusses in dieser Schlucht drückt noch einmal ganz wundervoll dieses Einswerden mit sich und der Welt, dem ‚Mitfließen' aus. Denn gemäß dieses Mitfließens soll der Mensch handeln, was Laozi hier noch durch das Verb „wei2", ‚handeln', betont.

Und noch eines will uns der Meister sagen: Das „Männliche zu kennen" und das „Weibliche zu wahren" bedeutet, den aktiven Teil seines Lebens, seine Bestimmung und die daraus folgende Handlung zu „kennen", das heißt, seine innere Stimme hören und ihr folgen zu lernen. Gleichzeitig aber auch seiner ursprünglichen Herkunft, seinem Ursprung, dem Ort, von dem ich durch Geburt hierhergekommen bin, „gewahr" zu sein und sich mit diesem Urgrund wieder zu vereinen. So soll dann beides, Handlung und Rückkehr, ‚nach vorn und nach hinten' miteinander in Einklang und Harmonie gebracht werden. Seinen Ursprung wahren und seine Bestimmung kennen: So bin ich ‚Schlucht meiner Selbst'. Weiß ich dann noch meinen Ursprung mit dem generellen Ursprung als identisch zu erfahren und meine Bestimmung mit dem Lauf der Welt einheitlich zu machen, ich wäre „die Schlucht der Welt":

Ist er die Schlucht der Welt,
so verlässt ihn nicht das ewige DE,
und er wird wieder wie ein Kind.

An diesem Punkt ist Einheit. Am Boden dieser Schlucht ist keine Zweiheit mehr. Es ist das Sein im Nichtsein und daher herausgenommen aus Zeit und Raum.

Also ist es ewig und daher *„das ewige LEBEN (DE)" (chang2 de2, ewiges (beständiges) DE')*, das einen dort nicht mehr verlässt (Wuyou). Es ist die Stufe, in der man aus der Ewigkeit in der Endlichkeit wirkt. So wird man wieder zum Kind. Denn ein Kind steht für das Unschuldige, das Naive, das von der Welt nichts weiß. Es steht für weich und schwach und ohne Künstlichkeit. Denn ein Mensch kann auf zwei Weisen so sein: entweder weil er von der Welt noch nichts weiß, oder weil er sie überwunden hat. Ein Neugeborenes steht für die Fähigkeit, bereits im Sein zu sein, das Nichtsein aber noch nicht verlassen zu haben – also in beiden Dimensionen gleichzeitig zu sein. So auch der Unsterbliche.

Wer seine Reinheit kennt
und seine Schwäche wahrt,
ist Vorbild für die Welt.

„Seine Reinheit zu kennen" bedeutet den heiligsten Ort in sich entdeckt zu haben. Den Ort der Ursprünglichkeit. Den Quell aus dem Nichts, an der Stelle, als noch nichts ‚sein Wasser befleckt hat'. Den Ort der eigenen Jungfräulichkeit. Die Reinheit ist dort, wo nur die Liebe herrscht, da noch keine Vorstellungen, Pläne und Wünsche, Sorgen, Begierden und Übervorteilung hervorgerufen haben.

„Seine Schwäche zu wahren" bedeutet, von der Ehrlichkeit nicht abzulassen. Weich bedeutet mitfühlend, anpassungsfähig, spontan und liebevoll zu sein. Es ist die Mutterliebe, die unabhängig von den Handlungen der Wesen immer da ist. Denn es ist das Gegenteil von Stärke und Härte, die Unnachgiebigkeit, Egoismus, Dogmatismus und Gerechtigkeit im Sinn des Gesetzes und nicht des Herzens ist. Dies ist die Vaterliebe, die nur in Form von Belohnung bei der Erfüllung von Erwartungen eintritt. Mit seinen Schwächen ehrlich zu leben, führt zur Selbsterkenntnis, während sie zu unterdrücken und Stärke zeigen zu wollen, zu Künstlichkeit führt. Daher ist der wahre Starke der Schwache, denn er ist (selbst-)ehrlich, und Ehrlichkeit ist die größte und am schwersten zu erreichende Stärke.

Wer also „seine Reinheit kennt und seine Schwäche wahrt", der ist nach Laozi wahrer Mensch und somit Vorbild der Welt. Auch haben wir hier in gewisser Weise eine Wiederholung, da Reinheit dem Yang, also dem

Männlichen, und Schwäche dem Yin, also dem Weiblichen zugeordnet werden kann. Interessanterweise verwendet Laozi hier auch dieselben Verben „kennen“ für Yang und „wahren“ für Yin.

Die von Wilhelm mit „Reinheit“ und „Schwäche“ übersetzten Begriffe sind „bai2“ und „hei4“, üblicherweise als ‚hell (weiß)‘ und ‚dunkel (schwarz)‘ bekannt.

Ist Vorbild er der Welt,
so weicht von ihm nicht das ewige DE,
und er kehrt wieder zum Ungewordenen um.

Ein solcher Mensch ist bereits „wieder zum Ungewordenen umgekehrt“, denn er ist wieder bei seiner Reinheit, aus der er einst geworden ist, angelangt. Er hat „seine Schwäche“ wiedererlangt und ist wieder „Kind“ geworden. In der Unschuld wirkt das ewige Leben (chang2 de2). Denn erst durch die ‚Schuld‘ (Eigeninteresse) gerät der Geist in Verfall und fällt aus dieser Herrlichkeit. Daher verweilt das unbefleckte Herz ständig im ewigen Leben (DE), was nichts anderes und nichts geringeres ist als der wirkliche, täuschungsfreie, niemals endende Lebensstrom (DE). Dieses ewige Leben (DE) „weicht so nicht von ihm“, weder im Sein noch im Nichtsein. Denn „Ungewordenes“ (im Original: Wuji, wu2 ji2) kann nicht vergehen. Gewordenes ist dem Verfall unentrinnbar unterworfen. Daher kann ein Handeln der eigenen Übervorteilung niemals in das ewige Leben (DE) führen, sondern führt in den Tod. Das ewige Leben (DE) ist die Freiheit des Ungewordenen, des Nichtwollenden, des Selbstlosen und Unbefleckten. Das Ungute dagegen ist Gewordenes, Verfallendes, Unbeständiges und daher immer wieder Sterbendes.

Wer seine Ehre kennt
und seine Schmach bewahrt,
der ist das Tal der Welt.

Wieder zielt Laozi auf das Männliche und Weibliche: hier mit dem Begriff der „Ehre“, den er sonst meist negativ verwendet, und dem Begriff der „Schmach“. Er bringt „Ehre“ und „Schmach“ als Pole gegenseitiger

Vervollkommnung. „Seine Ehre zu kennen“ bezeichnet hier den Zustand, sich seiner Vorteile bewusst zu sein. Gleichwohl aber „bewahrt er seine Schmach“. Hiermit ist zum einen die Demut gemeint, die nicht zulässt, dass die Bewusstheit der eigenen Stärke zu Hochmut führen könnte. Zum anderen ist hier der Zustand gemeint, die eigenen Nachteile nicht nur nicht zu verdecken, sondern offen dazu zu stehen und sich ihrer nicht zu schämen. Sich also seiner Stärken und Schwächen voll bewusst zu sein. Sich „die Schmach zu bewahren“ bedeutet aber nicht, seine Fehler nicht abschaffen zu wollen. Makellos zu sein, ist immer das höchste Ziel. Aber der Berufene geht mit einer selbstlosen Ehrlichkeit zu Werke, die darauf abzielt, vollkommen zu sein. Diese Ehrlichkeit will jedoch keinen Vorhang über die Unzulänglichkeiten werfen, sondern offen mit ihnen umgehen, um sie zu überwinden. „Schmach“ bezieht sich hier aber auch auf eine grundlegende Bescheidenheit. Eine Bescheidenheit, die nicht aus der Höflichkeit geboren wurde, sondern aus dem wahrhaften Wissen der eigenen Nichtigkeit. Wer sich dieser beiden Pole bewusst ist und sie zu einer Einheit bringen kann, der ist „das Tal der Welt“. Ein Tal ist der tiefste Punkt eines Berges und daher sinnbildlich für den tiefsten Punkt überhaupt, gleich der „Schlucht“. In einem anderen Zusammenhang benutzt Laozi diesen Begriff, um den tiefsten Quell der Seele zu beschreiben (vgl. Vers 6). Ähnlich, wenn auch in einer anderen Intention, benutzt er den Begriff hier: „Wer seine Ehre kennt und seine Schmach bewahrt“, wird zum Ausgangspunkt der Welt. Er ist der tiefste Punkt, die Quelle, die ureigenste Natur des Menschen. Dadurch wird er zum Nabel der Welt, zu ihrem Vorbild und zu dem Ideal ‚Mensch‘. „Tal“ steht hier jedoch auch für das Attribut, verborgen zu sein. Auf der Bergspitze kann man glänzen. Im Tal jedoch wird man übersehen. So steht der Berufene in diesem Zustand zwar als das Ideal eines Menschen, wird von den Menschen selbst jedoch nicht wahrgenommen. Dies ist eine immer wiederkehrende These Laozis: der Weise, der unerkannt in der Menge weilt. Der Herrscher, den das Volk nicht wahrnimmt (vgl. Vers 17). Denn er weiß darum, dass Weisheit im Verborgenen wirkt. Es ist zum einen die Selbstlosigkeit, die diese Menschen nicht in das Rampenlicht führt. Zum anderen aber auch bereits Produkt der Weisheit selbst, denn er weiß, dass alles Auffällige gefährlich lebt. Wie der Baum, der das beste Holz hat, am ehesten gefällt wird und das dickste Schwein am schnellsten geschlachtet wird, so ergeht es auch dem Helden, der großen Ruhm erworben hat. Daher rät Laozi den Berufenen, ihre Tugend im Verborgenen zu halten. Von dort aus wirkt der Meister, indem er „sein Werk vollendet und nicht dabei verharrt“ (vgl. Vers 2 und 27).

Wie beim Verweis auf Vers 17 schon angedeutet, ist es auch für den Herrscher ratsam, unbemerkt zu regieren. So fühlt sich sein Volk wohl und wüsste nicht, gegen wen und warum es rebellieren sollte. So wird auch die Macht des Herrschers beständig. Und nicht nur das. Als „Tal der Welt“ fließt ihm alles zu, denn die „Schlucht“, das ‚Flussbett‘ ist ‚Sammelbecken‘ (vgl. oben xi1) aller anderen Ströme. Allerdings bedeutet dies auch, sich unter allem und jeden zu stellen, denn alles steht ja über ihm. Diese notwendige Bescheidenheit und Demut des Herrschers und des Weisen wären Laozis Ideal (vgl. Vers 4, 8 und 32).

Ist er das Tal der Welt,
so hat er Genüge am ewigen DE,
und er kehrt zurück zur Einfalt.

Wir verstehen jetzt, dass ein Berufener sein ‚Licht unter den Scheffel‘ stellt. Er tut dies nicht mit Gram, sondern in vollster Überzeugung und Wissen. Ja, mehr noch, er tut es einfach aus seinem natürlichen Verständnis heraus. Er hat das ewige Leben (DE) und „hat Genüge“ daran. Dies ist es, worin er weilt, und es fehlt ihm an nichts. *„Er kehrt zurück zur Einfalt“ (‚Einfalt, einfach, schlicht‘, pu3, auch: ‚die ursprüngliche Natur des Menschen‘)*, denn nur hier lebt er seine Seligkeit. Dadurch ist es ihm nicht nur ein Leichtes, sondern sogar ein Bedürfnis, der Welt zu entsagen. Er hat ein „Genüge am ewigen DE“ und mischt sich nicht ein in das Getriebe des vergänglichen Lebens. Es fällt ihm nicht nur nicht schwer, auf die Zweiheit, den Zwiespalt, also die Auseinandersetzung in der Welt zu verzichten, sondern er sehnt sich nach der Einfalt, um in innerster Einfachheit und Stille seinem Weg in der Welt gerecht zu werden.

Auch ist der Fluss des Tals der Ort, wo alle anderen Flüsse sich in ihm ergießen. So wird der Weise leitführend für die Menschen. Er durchdringt sie wie das DAO. Alle kommen in ihm zusammen und münden gemeinsam in der Einfalt (‚dem Meer‘, vgl. hierzu Vers 32).

Ist die Einfalt zerstreut, so gibt es „brauchbare" Menschen.

„Ist die Einfalt zerstreut", bleibt zwar kein Weltabkehrer, aber auf diesem Hintergrund bleibt ein „brauchbarer" Mensch. Dieser Mensch hat die Erkenntnis des DAO bereits in sich, bleibt jedoch voll und ganz in der dualistischen Welt. Er entzieht sich ihr nicht, obwohl er darum weiß. Dadurch wird er für die Welt brauchbar. Denn er ist in seinem Wesen gut, und seine Taten werden gerecht und anderen ein Beispiel sein. Aus Liebe zur Welt enthält er sich des letzten Schrittes und wird Diener der Welt – in der Welt.

Übt der Berufene sie aus, so wird er der Herr der Beamten.

„Übt der Berufene sie (die Einfalt) aus, so wird er der Herr der Beamten." Er wird Vorsteher der „brauchbaren Menschen". Denn er ist nicht zerstreut, er handelt für die Welt, ist jedoch nicht in der Welt. Seine Einfalt ist nondualistisch, und daher ist er aus dem Weltgeschehen ausgetreten. Der „brauchbare Mensch" weiß um diese Dinge, aber ist aus der Welt nicht ausgetreten. Dadurch ist er gut. Gut jedoch im Dualismus, sprich als Gegenteil von schlecht. Der Berufene hat sich diesem Kreis enthoben und steht demnach über den „brauchbaren Menschen". Dies stellt ihn nicht über andere Menschen (vgl. Vers 27), sondern gibt ihm seine Position im Gesamtbetrieb als „Herr der Beamten". Laozi geht hier von dem Ideal einer Beamtenschaft aus. Einer Klasse von tüchtigen, aufrechten und ehrlichen Menschen, die um das Wohl des Staates und seiner Einwohner bemüht ist. Diesen guten Menschen steht der Berufene in seiner Einfalt über und gibt ihnen Orientierung zwischen ihm als Verkörperung des DAO, den Beamten selbst als Verkörperung der Tugend (DE) und dem Volk.

Darum: Großartige Gestaltung bedarf nicht des Beschneidens.

Laozi fasst wieder zusammen, dass auf diese Weise alles seine natürliche Ordnung erhält. Es reicht bereits aus, dass alle das DAO zu ihrem Ausgangspunkt und Ziel erheben. Auch wenn nicht alle gleich weit vorangeschritten sind, gehen doch alle in dieselbe Richtung, und aus der Natur der Sache entsteht von allein ein Marschzug, der in seiner Ordnung steht, das heißt, jeder geht an seinem Platz und ist Bindeglied zwischen dem Vorderen und Hinteren, ist deren Diener und Lehrer. Diese „großartige Gestaltung", da göttlicher Natur, „bedarf nicht des

Beschneidens“, das heißt, es muss hieran nicht künstlich herumgebastelt werden. Laozi lehnt hier ganz klar jede künstliche Moral und gemachte Gesellschaftsform ab. Ein allgemeines Ausrichten auf das DAO reicht aus, um eine natürliche Herrschaftsform zu entwickeln, die jedem Einzelnen gerecht wird und ihm seinen Frieden gibt. Wie ein Baum, der natürlich wächst und seine Verzweigungen entwickelt, wächst auch der Mensch natürlich, wenn er im DAO ist - wie der Baum mit seinen Ästen.

Bezogen auf die Staatsführung können die letzten Zeilen auch folgend übersetzt werden:

„pu3 san4 ze2 wei2 qi4“: ‚Ist die Einfalt zerstreut (verbreitet sich die Einfalt), folgt brauchbares Handeln (qi4: ‚Werkzeug‘).‘

„sheng4 ren2 yong4 zhi1“: ‚Wenn der Weise sie verwendet,‘

„ze2 wei2 guan1 chang2“: ‚folgt die Ausübung als ((und) wird er ernannt als) Oberhaupt der Beamten.‘

„gu4 da4 zhi4 bu4 ge1“: ‚Dann (darum) erleidet die Herrschaft (das große System) kein Unglück (wird die Herrschaft nicht zerspalten (zerschlagen)).‘

Kurz: Regieren Weise, die dem DAO folgen, wird das Reich Bestand haben, denn das Volk wird ihnen folgen.

Es könnte aber auch heißen:

‚Ist die Einfalt zerstreut, folgt Handeln als Werkzeug. Verwendet der Weise dies (Werkzeug), so (folgend) wird er Oberhaupt der Beamten. Darum: Das große Erzeugen (da4 zhi4 wörtlich genommen) (be-)schneidet nicht!‘

Hier wäre mit „zerstreuen“ also nicht ‚sich ausbreiten‘ im Positiven, sondern ‚davon ablassen‘ im Negativen gemeint. Es wäre ein beginnender Zerfall angedeutet, und die Bezeichnung „Herr über die Beamten“ wäre kritisch gemeint. Damit aber würde sich Laozi gegen jede Art Staatsführung wenden. Er wäre quasi Anarchist, was vermutlich der Quelle des Daodejing (auch wenn es zeitweilig solche Züge trägt), gerade auch als Weisung für den Herrscher, nicht gerecht wird. Dennoch ist es gut, hier mit angeführt zu werden, da es den Charakterzug unterstreicht, sich von aller Macht stets fern zu halten.

Auch lesen wir aus der letzten Zeile, dass Handeln (regieren) „unbeschnitten", das heißt natürlich sein soll. Wie in Vers 17 wird hier gezeigt, dass der Herrscher in Zurückhaltung lenken soll, statt selbstgefällig oder ideologisch zu (wörtlich:) ‚herrschen'!

Tai4 ji2

Höchster ‚First', Pol / Uranfang

VERS

29

將欲取天下而為之
吾見其不得已.
天下神器
不可為也
為者敗之
執者失之.
夫物或行或隨、
或歔或吹、
或強或羸、
或挫或隳.
是以聖人去甚、
去奢、
去泰.

Die Welt erobern und behandeln wollen,
ich habe erlebt, daß das mißlingt.
Die Welt ist ein geistiges Ding,
das man nicht behandeln darf.
Wer sie behandelt, verdirbt sie,
wer sie festhalten will, verliert sie.
Die Dinge gehen bald voran, bald folgen sie,
bald hauchen sie warm, bald blasen sie kalt,
bald sind sie stark, bald sind sie dünn,
bald schwimmen sie oben, bald stürzen sie.
Darum meidet der Berufene
das Zusehr, das Zuviel, das Zugroß.

Die Welt erobern und behandeln wollen,
ich habe erlebt, dass das misslingt.

Laozi beschreibt ein ständiges Ringen zu allen Zeiten, das auf ewig zum Scheitern verurteilt ist: „das Erobern und Behandeln der Welt". Hiermit meint er das wirkliche Erobern in all den Bereichen, in denen der Mensch versucht, etwas für sich zu ergattern und es zu behalten. Im schlimmsten Fall auf gewaltsame Weise und unter Benachteiligung anderer. Aber selbst im Fall einer scheinbar normalen Aneignung „misslingt" es. Er ist Pazifist. Weniger jedoch aus moralischen, als einfach aus ganz verstandesmäßigen Gründen: Es funktioniert einfach nicht. Und das deshalb, weil es nicht der Natur der Dinge entspricht. Die Natur der Dinge ist die Veränderung. Nichts Existierende in unserer Welt ist beständig. Daher können wir auch nichts auf Dauer festhalten. Daher muss eine Eroberung langfristig misslingen und ist daher von vornherein als sinnlos anzusehen. Die Welt hat vielmehr ihre eigenen Gesetze, und der Berufene tut besser daran, statt sie zu „behandeln", sprich sie zu seinen eigenen persönlichem Vorteil verändern zu wollen, sich einfach diesen natürlichen Gesetzen und Veränderungen anzupassen. Statt sich alles anzueignen und zu unterjochen, um dadurch zur Glückseligkeit zu gelangen, rät Laozi genau das Gegenteil anzustreben: alles aufzugeben und sich dem Lauf der Dinge vollständig zu unterwerfen und anzupassen. So besitzt er alles, ohne jemals etwas zu verlieren. Und Laozi philosophiert hier nicht einfach nur, sondern gibt uns hierzu eine biographische Bemerkung, dass „er es selbst erlebt hat, dass es misslingt." Er hat beobachten können, dass die Dinge sich dauerhaft nicht festhalten lassen und dass alles Erreichte auch wieder verrinnt. Die Legende geht, dass er Bibliothekar gewesen sein soll. Abgesehen davon, dass er in der sehr unruhigen Zeit der Streitenden Reiche gelebt haben soll, hat er auch als einer der wenigen zu seiner Zeit die Möglichkeit gehabt, in alle Aufzeichnungen zu blicken, und könnte nicht nur im Tagesgeschehen, sondern auch in der Geschichte das Aufkommen und auch wieder Zerfallen von Besitz und Macht verfolgt haben. So können auch wir durch Beobachtungen in unserem Leben und unserem Umfeld sowie der Gesamtentwicklung unserer Welt leicht zu dieser Erkenntnis von Laozi gelangen und müssen ihm Recht geben.

Auch schließt er an den vorangegangenen Vers 28 an, indem er feststellt, dass etwas für sich gewinnen zu wollen und es dann künstlich bearbeiten zu wollen, keinen Bestand hat. Lassen wir die Dinge, wie sie sind, und freuen uns an ihnen.

Die Welt ist ein geistiges Ding, das man nicht behandeln darf.

Nun erklärt uns der ‚Alte Meister' tiefergehend, warum dies so ist: „Die Welt ist ein geistiges Ding"! Wir sollen verstehen, dass es der Geist ist, der die Dinge hervorbringt. Dass die äußere Welt nichts anderes ist, als eine Widerspiegelung der geistigen Welt. Die äußere Welt ist real. Wir können versuchen, sie zu verändern. Doch Laozi rät uns strengstens davon ab: „Man darf sie nicht behandeln". Jede künstliche Anstrengung, nach eigenen Vorlieben oder Vorstellungen in die Natur der Welt einzugreifen, hieße für ihn, in Unwissenheit Fehler zu begehen. Nur die Natur der Sache selbst weiß um sich in wirklicher Weise, und daher soll man die Dinge sich selbst überlassen. Denn gerade der Geist ist es, der, lassen wir ihn nicht zur Ruhe kommen, von einem zum nächsten springt und in seiner Unwissenheit so viel Schaden anrichtet. Ein zur Ruhe gekommener Geist jedoch trägt in sich die Besonnenheit. Ein unbewegt gewordener, klarer, vom DAO durchdrungener Geist erkennt (ist) die Natur aller Dinge und weiß daher, das alles vom DAO durchdrungen und in sich bereits vollkommen ist. Der konditionierte Ich-behaftete Geist jedoch handelt aus seinen wenigen Jahren Lebenserfahrung plus seinem hieraus gebildeten Eigeninteresse. Doch diese Erfahrung kann nicht tiefer gehen und muss an der Oberfläche bleiben. Das Ganze kann nicht gesehen werden, und so wird das Handeln egoistisch, sprich selbstbezogen, denn weiter reicht der Blickwinkel nicht. Ein Eingreifen würde daher nur dieser Vollkommenheit abträglich sein und ist daher in jedem Falle minderwertig und schädlich.

„Geistiges Ding", „shen2 qi4", bezieht sich evtl. auf eine bestimmte Form von neun Opfergefäßen, die sich unter den Machthabern in China weitervererbt haben und symbolisch für die Macht stehen. Laozi nimmt dieses Bild, um zu zeigen, dass es nicht das Materielle ist, an dem sich Macht ausmachen lässt oder das sie erhält. Es ist der Geist, der dies vermag. *„Shen2", „Geist" bedeutete früher oft auch ‚Gott'.* So unterstützt Laozi die Vorstellung, dass Macht vom Himmel gegeben ist und der Geist es ist, der ihr entsprechen muss. Ein nicht geläuterter Geist verliert die Gunst des Himmels, wenn er selbstsüchtig regiert. Diese Selbstsucht ist es, die das Göttliche im Geist abhanden sein lässt. So wird der Herrscher seine Macht wieder verlieren. Eine scheinbar sehr altertümliche, religiöse Sicht, die aber auch dem rationalen Denker einleuchtet, der erkennt, dass das Volk gegen einen Diktator früher oder später aufbegehren wird.

Wer sie behandelt, verdirbt sie,
wer sie festhalten will, verliert sie.

Da Eingreifen wie gesehen in jedem Fall schadhaft ist, „verdirbt" er die Welt, die an sich vollkommen ist. Und „wer sie festhalten will, verliert sie", denn sie wird sich seinem Griff durch den Lauf der Dinge und durch das Gesetz der ständigen Wandlung wieder entziehen. Diese ständige Wandlung aller Dinge drückt er in den nun folgenden Versen aus:

Die Dinge gehen bald voran, bald folgen sie,
bald hauchen sie warm, bald blasen sie kalt,
bald sind sie stark, bald sind sie dünn,
bald schwimmen sie oben, bald stürzen sie.

Darum meidet der Berufene
das Zusehr, das Zuviel, das Zugroß.

Wenn alles der ständigen Wandlung unterworfen ist, hält sich der Berufene aller Extreme fern. Sein Handeln ist gemäßigt. Er bleibt im Strom der Natur, und sein Handeln ist nur so, wie es in dem Moment gerade erforderlich ist. So „meidet der Berufene das Zusehr, das Zuviel, das Zugroß." Er hält sich quasi in der Mitte des Flusses, dort, wo die Schwankungen ihn am wenigsten berühren, da sie immer erst die Extreme betreffen. Und auch sein eigenes Tun ist so beschaffen, dass es gerade mal seinen natürlichen Bedürfnissen genügt, ansonsten verweilt er im Nichthandeln. So hat er nichts und verliert auch nichts. Und da er nichts braucht, fehlt ihm nichts. Auf diese Weise hat er alles, obwohl er nichts hat. So ist er im Wandel, ohne davon betroffen zu sein - da er jederzeit ganz diesem Wandel entspricht.

„Wu4", „Dinge", auch ‚Wesen', bezeichnen auch Menschen. Daher zeigt Laozi hier, dass nicht nur die Eigenschaften von Dingen sich ändern und alle Dinge unterschiedliche Eigenschaften haben. Sondern auch die Menschen sind untereinander unterschiedlich in Wesen, Charakter und Körper sowie im sozialen Gefüge und

geistig/physischen Zustand. Und ihre Situationen und sie selbst ändern sich fortwährend. Daher muss der Berufene (und auch der Herrscher) entsprechend handeln, um allen entsprechend gerecht zu werden. Er darf sich in keinem „Zusehr" verlieren. Sprich, er darf nicht einseitig, sondern muss allen gegenüber ausgewogen sein.

Wir sollen uns vorsehen vor Extremen, da sie immer schädlich sind.

VERS

30

以道佐人主者
不以兵強天下.
其事好還.
師之所處荊棘生焉.
軍之後必有凶年.
善有果而已
不敢以取強.
果而勿矜.
果而勿伐.
果而勿驕.
果而不得已.
果而勿強.
物壯則老
是謂不道
不道早已.

Wer im rechten Sinn einem Menschenherrscher hilft,
vergewaltigt nicht durch Waffen die Welt,
denn die Handlungen kommen auf das eigene Haupt zurück.
Wo die Heere geweilt haben, wachsen Disteln und Dornen.
Hinter den Kämpfen her kommen immer Hungerjahre.
Darum sucht der Tüchtige nur Entscheidung, nichts weiter;
er wagt nicht, durch Gewalt zu erobern.
Entscheidung, ohne sich zu brüsten,
Entscheidung, ohne sich zu rühmen,
Entscheidung, ohne stolz zu sein,
Entscheidung, weil's nicht anders geht,
Entscheidung, ferne von Gewalt.

Wer im rechten DAO einem Menschenherrscher hilft,
vergewaltigt nicht durch Waffen die Welt,
denn die Handlungen kommen auf das eigene Haupt zurück.

Nun erkennen wir in Laozi endgültig den Pazifisten. Jedoch ist seine Gesinnung so gesehen keine politische. Es ist eine geistige, die nichts außer dem eigentlichen Zustand des Menschen in seiner Vollkommenheit im Auge hat. Zudem ist es eine pragmatische. Denn er erkennt, dass mit Gewalt dauerhaft nichts zu erreichen ist. „Einem Menschenherrscher zu helfen", sprich ein Berater oder Ausführender des Hofes zu sein, der „im rechten DAO" handelt, trägt keine gewaltsame Gesinnung in sich. Das Wortspiel „die Welt nicht durch Waffen zu vergewaltigen" drückt aus, dass der Einsatz von Waffen und damit jegliches kriegerisches Handeln gegen den Willen der Mutter Erde ist. Wer also vom DAO gelenkt dem „Menschenherrscher hilft", tut dies in Weisheit und Friedfertigkeit. Auf eine Weise, die dem Willen der Natur der Schöpfung entspricht: Er bringt alles in Frieden und Gesundheit. Wir finden hier also den vom DAO beseelten „Herrn der Beamten" aus Vers 28.

Interessant ist die letzte Strophe: „denn die Handlungen kommen auf das eigene Haupt zurück." Hier beschreibt Laozi den Vorgang, der vornehmlich über den Buddhismus in der Welt bekannt ist: das Gesetz des Karma. Jegliches Handeln hat Folgen. Jedes Ereignis ist Folge seiner Ursache, und diese Folge wiederum ist Ursache des nächsten Ereignisses. Jedes Individuum ist insofern eben kein Individuum, da es in allen seinen Vorkommnissen nur aus anderen Zuständen zusammengesetzt und von begrenzter Dauer ist. Daher befinden wir uns alle in einem unaufhörlichen Kreislauf von Entstehen und Vergehen und sind Teil eines großen Bewusstseinsstroms. Da wir wiederum Teil dieses Gesamtstroms sind, schade ich mit negativen Handlungen gleichzeitig auch mir selbst, da ich ja Teil des Ganzen bin. Denn wie ich aus vielen verschiedenen Einzelteilen existiere, die zusammenarbeiten, bin auch ich als Ganzes nur ein Teil des nächst Größeren, das wiederum nur durch das Zusammenwirken der Einzelteile gesund sein kann. Daher müssen die Menschen mit- und nicht gegeneinander sein. Aber dies ist nur ein Teil der karmischen Wirkung. Denn dadurch, dass jede Handlung, die ich vollführe, nicht nur in einer endlosen Kette immer weitere Ereignisse und Handlungen hervorruft, sondern auch in mir selbst entsprechende Wirkungen hat, findet Karma auch auf einer sehr direkten persönlichen Ebene statt: Jede Handlung hat auch eine Intention, die ihr aus dem Geist vorangeht. Diese geistige Wirkung setzt sich in meinem Selbst weiter fort und führt mich ebenfalls immer weiter in die Richtung, in die ich nach außen wirke. Negative Handlungen führen mich daher immer weiter ins Negative, und hieraus entstehen wieder entsprechende Handlungen, die mich immer tiefer in diesen unheilvollen Zustand verstricken. Durch beide Effekte also fallen meine Intention und meine daraus entstandene Handlung mit ihren Wirkungen wieder auf mich zurück.

In unserer westlichen Kultur heißt es dazu z.B. entsprechend Laozis Vers: ‚Wer ein Schwert mit sich führt, wird durch das Schwert umkommen (Matthäus 26,52).' Abgesehen von den verheerenden Folgen, die der Einsatz von Waffen (Kriegen) generell mit sich zieht, ist es also auch für den Aggressor selbst der Beginn eines langen Leidensweges:

Wo die Heere geweilt haben, wachsen Disteln und Dornen.
Hinter den Kämpfen her kommen immer Hungerjahre.

Laozi gibt uns eine ewige Wahrheit: Nach jedem Krieg herrscht Elend.[32]

Darum sucht der Tüchtige nur Entscheidung, nichts weiter;
er wagt nicht, durch Gewalt zu erobern.

Aufgrund dieser ewigen Wahrheit und der Wahrheit des karmischen Gesetzes sieht der „Tüchtige" keinen Sinn in kriegerischer Handlung. Im Gegenteil. Der Weise sieht, dass jede Waffengewalt nur sich und den anderen schadet, und sucht daher Konflikte niemals gewaltsam zu lösen. Überhaupt, und dies ist für Laozi sehr entscheidend, trifft der „Tüchtige" nur dann Entscheidungen und handelt, wenn es darum geht, zu harmonisieren. Niemals käme er auf die Idee, von sich aus einen Angriff auf irgendetwas oder irgendjemanden zu starten, nur um mehr zu haben als zuvor. Wenn Laozi Waffen toleriert, dann nur als absolutes Verteidigungsinstrument (siehe unten). Sein Handeln zielt nur auf den Zustand der Harmonie ab. Ist dies erreicht, lässt er sofort von jeglichem Handeln ab. Es zielt demnach nur auf Wiederherstellung des Gleichgewichts, niemals aber auf dessen Zerstörung. Vergeltung oder das

[32]In einigen Originalen heißt es statt „jun1" („Kämpfe", eigentlich *‚Heer, Truppe'*), ‚da4 (*‚groß'*) jun1', was aber in der Bedeutung nahezu gleich bleibt.

Ausnutzen einer Situation zum eigenen Vorteil kennt er nicht. ‚*Wenn das Gute Erfolg gebracht hat (Ausreichend ist Erfolg, dann), aufhören*', wie man die obere der beiden Zeilen etwas wörtlicher übersetzen könnte. Eine Tat findet also nur solange statt, bis sich ihr Zweck erfüllt hat. Ist dieser erreicht, hört die Handlung auf. Da die Handlung selbstlos ist, dient sie nur zur Wiederherstellung von Harmonie. Doch unabhängig des Grundes: Nach jedem Waffengefecht „kommen Hungerjahre", sprich folgt Elend. So bleibt auch bei einer gewonnenen Schlacht nur die Trauerfeier, wie wir in Vers 31 sehen werden.

Sollte der „Tüchtige" in diesem Kontext der Verteidigung zu gewaltsamer Konfliktlösung gezwungen sein, sprich „sucht er die Entscheidung", handelt er militärisch (und auch generell) so gewaltlos wie möglich, auch damit dies keine weitere Gewalt provoziert:

Entscheidung, ohne sich zu brüsten,
Entscheidung, ohne sich zu rühmen,
Entscheidung, ohne stolz zu sein,
Entscheidung, weil's nicht anders geht,
Entscheidung, ferne von Gewalt.

Indem man sich seiner Taten nicht „brüstet", sich ihrer nicht „rühmt" und nicht „stolz" ist, erzeugt man keinen Hochmut, der anderen unangenehm auffällt und Reaktionen hervorruft. „Entscheidungen" sind nach Laozi so zu treffen, dass der Entscheidende in den Hintergrund tritt und nur die Handlung selbst gegeben ist. So ist kein Ego angegriffen, und es entsteht die Möglichkeit, in Wahrheit nach einer rechten Lösung zu forschen und sich nicht durch persönliche Verletzlichkeiten in eine falsche Richtung drängen zu lassen. Diplomatie und Strategie werden immer der kriegerischen Handlung vorgezogen. So sagt auch schon der berühmteste chinesische Kriegsstratege Sunzi, dass ein vermiedener Krieg immer die beste Lösung ist. ‚Ein guter Feldherr siegt nur gezwungenermaßen, nicht um selbst zu zwingen' (Zhi Zhongcai).

Auch wird eine „Entscheidung" nur getroffen, „weil es nicht anders geht". Das heißt, Handlungen finden nicht aus einem Selbstzweck (im wahrsten Sinne des Wortes), sondern nur zur Verbesserung der Situation im Sinne des

DAO statt. Der Weise handelt demnach nur, wenn es einen Anlass dazu gibt. Ansonsten sorgt die Natur der Sache für sich selbst. Somit entstehen ausnahmslos selbstlose, auf das Heil aller gerichtete Handlungen, und auch diese nur, wenn es ihrer bedarf. Da jeder Druck Gegendruck erzeugt, finden alle „Entscheidungen ferne von Gewalt" statt. Denn die Handlungen sollen Konflikte verringern und nicht verschärfen. Laozi ist kein ideologischer Weltverbesserer. Er möchte lediglich eingegriffen sehen, wenn die Welt vom DAO abkommt. Die Welt ist in sich selbst perfekt und bedarf keiner Verbesserung. Nur wenn der Mensch in seiner Unwissenheit vom DAO abgekommen ist und die Selbstheilungskräfte der Mutter Erde nicht mehr wirken können, ruft er zu Handlungen auf, welche jedoch lediglich korrigierender und rückführender Natur sind. Es ist für ihn auch sinnlos, gewaltsam dafür zu sorgen, dass Frieden ist, denn dies wäre bereits der Widerspruch in sich. Er will befrieden, daher kann er selbst nur gewaltlos sein. Um es wieder mit den Worten Mahatma Gandhis zu sagen: ‚Es gibt keinen Weg zum Frieden, Frieden ist der Weg.' Daher ist es in der Regel Unsinn, Gewalt Gewalt hinzuzufügen, um sie verringern zu wollen. Vielmehr sucht er nach einer geistigen Lösung und findet sie darin, die Welt sich selbst zu überlassen, ohne einzugreifen. Laozi geht davon aus, dass, wenn wir alle dem DAO folgen würden, Frieden, Zufriedenheit und Gesundheit eine zwangsläufige Konsequenz davon wäre. Die Erkenntnis der Wahrheit hat für ihn zwei Effekte: Zum einen führt dies dazu, dass von dem Berufenen selbst keine Gewalt mehr ausgeht. Erlangen alle diese Erkenntnis, geht von niemandem mehr Gewalt aus, und es ist Frieden. Zum anderen führt diese Erkenntnis zur Annahme seines Schicksals, so dass der Berufene stets im DAO weilt und seine Seligkeit nicht mehr nur im Sein, sprich der „räumlichen Begrenztheit", sondern vor allem im Nichtsein, im Schauen des „wunderbaren Wesens sucht" (vgl. Vers 1). So reicht ihm im Sein die Einfachheit. Er trägt glückliche Stunden mit demselben Gleichmut wie unglückliche. Aus dieser Fähigkeit, die dualistische Welt aus einem non-dualistischen Geisteszustand heraus wahrzunehmen und zu betrachten, entsteht die Möglichkeit, vollständigen Frieden wirken zu lassen und gleichzeitig Zustände der Disharmonie mit Verständnis und Gelassenheit zu überdauern bzw. in selbstlosem Handeln beizutragen, diese verringern zu können. Dadurch kann das Eingreifen höchste Effektivität und Weisheit erlangen, und der Weise wirkt beschwichtigend und nicht anheizend, auch nicht aus guter Absicht.

An dieser Stelle folgen eigentlich noch drei Zeilen, die Wilhelm wie folgt übersetzt:

***„Sind die Dinge stark geworden, altern sie.
Denn das ist der Wider-Sinn.
Und Wider-Sinn ist nahe dem Ende."***

Da sie jedoch zu Vers 55 in Wiederholung stehen, hat sich Wilhelm damit begnügt, sie nur einmal anzugeben und zwar im hinteren Vers. So will auch ich sie erst dort zu kommentieren versuchen.

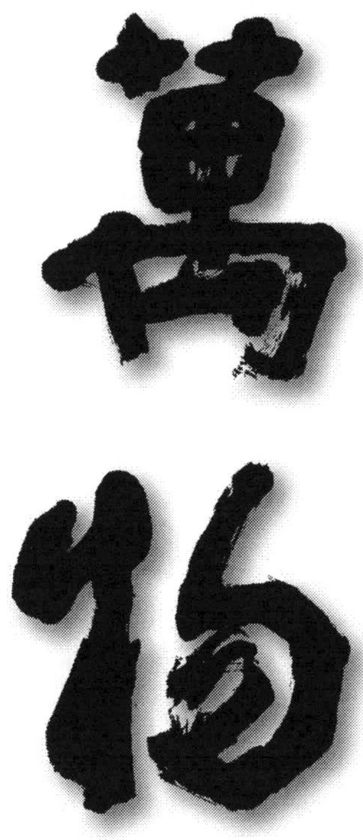

Wan4 wu4

10.000 (alle) Wesen/Dinge

夫佳兵者不祥之器
物或惡之
故有道者不處.
君子居則貴左
用兵則貴右.
兵者不祥之器
非君子之器
不得已而用之
恬淡為上.
勝而不美
而美之者
是樂殺人.
夫樂殺人者
則不可得志於天下矣.
吉事尚左
凶事尚右.
偏將軍居左
上將軍居右.
言以喪禮處之.
殺人之眾
以悲哀泣之
戰勝以喪禮處之.

Waffen sind unheilvolle Geräte, alle Wesen hassen sie wohl.
Darum will der, der den rechten SINN hat, nichts von ihnen wissen.
Der Edle in seinem gewöhnlichen Leben
achtet die Linke als Ehrenplatz.
Beim Waffenhandwerk ist die Rechte der Ehrenplatz.
Die Waffen sind unheilvolle Geräte, nicht Geräte für den Edlen.
Nur wenn er nicht anders kann, gebraucht er sie,
Ruhe und Frieden sind ihm das Höchste.
Er siegt, aber er freut sich nicht daran.
Wer sich daran freuen wollte,
würde sich ja des Menschenmordes freuen.
Wer sich des Menschenmordes freuen wollte,
kann nicht sein Ziel erreichen in der Welt.
Bei Glücksfällen achtet man die Linke als Ehrenplatz.
Bei Unglücksfällen achtet man die Rechte als Ehrenplatz.
Der Unterfeldherr steht zur Linken, der Oberführer steht zur Rechten.
Das heißt, er nimmt seinen Platz ein nach dem Brauch der Trauerfeiern.
Menschen töten in großer Zahl, das soll man beklagen mit Tränen des Mitleids.
Wer im Kampfe gesiegt, der soll wie bei einer Trauerfeier weilen.

Waffen sind unheilvolle Geräte,
alle Wesen hassen sie wohl.
Darum will der, der das rechte DAO hat,
nichts von ihnen wissen.

Verstehen wir den 30. Vers, sprechen diese Strophen und der ganze Vers für sich selbst. Er klingt im Ganzen fast schon wie ein Kommentar des vorangegangenen.

Alle Wesen wollen glücklich sein. Daher mag niemand, dass seine eigenen Lebensumstände gewaltsam bedroht oder vernichtet werden. „Waffen sind unheilvolle Geräte", weil sie durch den Menschen genau dieses aber bewirken. Da wir durch das DAO alle miteinander in Verbindung stehen, möchte der, „der das rechte DAO hat", nichts von ihnen wissen, weil es für ihn keinen positiven Grund ihrer Nutzung gibt. Daher ist der Berufene gewaltfrei und lehnt alles ab, was damit in Verbindung steht. Und dazu gehören Waffen im tatsächlichen oder auch übertragenen Sinne, also kriegerische und aggressive Handlungen im Allgemeinen. Wir brauchen hier also nicht nur auf die Politik und die Befehlshaber der Armee zu zeigen, sondern es ist gut, auch auf uns selbst zu deuten, um unsere eigenen ‚Kleinkriege' überwinden zu lernen.

Wilhelm lässt hier zwei Zeichen scheinbar unübersetzt: *„jia1", ‚schön, ausgezeichnet', das vor dem Zeichen „bing1" für „Waffen" steht und das diesem vorausgehende in der Regel satzeinleitende Zeichen „fu2". Mit ihnen wird im Gesamtkontext ausgedrückt, dass es so gesehen keine ‚schönen' Waffen gibt.* Dass sie keine Gegenstände sind, die man zur Schau stellt, mit denen man sich brüstet, sondern dass sie durchweg nur „Unheil" bringen. Ebenfalls heißt es, je *‚schöner'* (auch im Sinne von ‚besser') die Waffen sind, umso „unheilvoller" sind sie.

Waffen haben keine Romantik, ebenso wenig wie Kriegshelden.

Der Edle in seinem gewöhnlichen Leben
achtet die Linke als Ehrenplatz.

Beim Waffenhandwerk
ist die Rechte der Ehrenplatz.
Die Waffen sind unheilvolle Geräte,
nicht Geräte für den Edlen.

Da „die Rechte der Ehrenplatz beim Waffenhandwerk ist", achtet „der Edle in seinem gewöhnlichen Leben die Linke", die Seite des Geistes, „als Ehrenplatz." Denn Waffen und der Krieg im Allgemeinen ist nicht die Sache des Edlen. Er bedient sich des Geistes und der Erkenntnis, nicht aber der Gewalt.

Nur wenn er nicht anders kann, gebraucht er sie.

Nun gibt uns Laozi jedoch eine scheinbar altbekannte Einschränkung, unter deren Vorwand schon so viele dann doch zu den Waffen gegriffen haben: „Nur wenn er nicht anders kann, gebraucht er sie." Hier wäre unter normalen Umständen genug Spielraum, den Gewaltsamen zu legitimieren. Doch hören wir weiter:

Ruhe und Frieden sind ihm das Höchste.

Dies ist nicht der Werbespruch eines Politikers, der Eindruck machen möchte. Sondern es ist tief erfahrene Wahrheit spiritueller Erkenntnis. Wir erkennen, warum die Selbstlosigkeit in dieser Entwicklung eine so große Rolle spielt: Sie stellt sicher, dass die tugendhaften Erkenntnisse authentischer und wirklicher Natur sind und nicht den Zweck verfolgen, irgendein Ziel in der äußeren Welt zu erreichen. Im Gegenteil. Sie dienen einzig dazu, Frieden zu stiften und den Geist im Innern an seiner tiefsten Quelle, seinem Ursprung und damit seiner eigentlichen Natur zu erfahren und damit Selbsterkenntnis zu erhalten. Denn dies ist nur mit reinem Herzen und befriedetem Selbst möglich, das von äußerem Erfolg unabhängig ist. So schätzt der wahre Herrscher „Ruhe und Frieden" am meisten und verabscheut den Gebrauch von Waffen. Und auch wenn er sie gebrauchen müsste, so ist selbst hier „Ruhe und Frieden das Höchste". Das heißt, er führt sie mit Umsicht und verzichtet sofort wieder auf sie, wenn sie ihre Notwendigkeit erfüllt haben. Dies erklärt uns der Alte Meister genauer: Ist der Edle in einer

Situation, in der Waffengebrauch auch für ihn unumgänglich ist, führen folgende Eigenschaften dazu, dass hier kein Missbrauch stattfinden kann und Schaden nur so gering wie möglich ausfällt:

Er siegt, aber er freut sich nicht daran.

Dadurch, dass er persönlich keinen Gefallen und keine „Freude" durch diesen Waffengebrauch hat, auch nicht, wenn er den Sieg erringt, ist sichergestellt, dass seine Handlung nicht einem Motiv persönlichen Vorteils oder machterfüllter Neigung, auch nicht religiöser Art, dient. Damit kann sie nur uneigennützig und insofern tragisch gerecht sein, als dass sie unvermeidlich ist. Er siegt, aber er sieht keinen Anlass zur Freude. Im Gegenteil, er empfindet aufrichtige Trauer. Denn jede militärische Aktion, auch die siegreiche, hinterlässt Kummer und Zerstörung. Was wir verstehen müssen, ist:

Wer sich daran freuen wollte,
würde sich ja des Menschenmordes freuen.
Wer sich des Menschenmordes freuen wollte,
kann nicht sein Ziel erreichen in der Welt.

So behält sich Laozi zwar im Notfall einen Waffengebrauch vor, verweist aber darauf, dass dieser nur uneigennützig und in einer unausweichlichen Situation rein defensiver Art seine Berechtigung finden kann. Dieser Gebrauch kann niemals einem egoistischen Interesse, einer persönlichen Meinung oder einer Ruhmessucht jeglicher Art entspringen. Denn dies würde bedeuten, dass der Edle „Freude" an seinen Taten mit der Waffe hätte. Dies impliziert jedoch, dass sein Charakter noch von anhaftender Vorteilssuche an die äußere Welt gebunden ist. Auch ein religiöses Motiv wäre für ihn fern jeglichen Willens des Himmels. Solch ein Mensch kann daher niemals sein „Ziel" in dieser Welt, das nach Laozi für alle gleich ist, die Vereinigung mit dem DAO, erreichen. Denn „das Schwache siegt über das Starke" (Vers 36), der Niederste ist der Höchste (vgl. Vers 4): Niemand, der andere bezwingen möchte, niemand, der begehrt, andere zu töten, weder aus persönlichen, politischen, noch religiösen oder sonst irgendwelchen Gründen, kann authentische Selbstlosigkeit erreichen. Er ist einfach nur in einer der vielen verschiedenen Arten gierig und dadurch im wahrsten Sinne des Wortes ‚gemein'. Laozi zeigt hier, dass niemand wahrhaft glücklich werden kann und niemand seine Erfüllung findet, solange er „Freude" an Gewalt hat. Der Alte Meister tritt uns hier also nicht mit Moral entgegen, sondern zeigt uns auf ganz neutraler Ebene, was zum Heil führt und was nicht. Und gewollte Waffengewalt tut es definitiv nicht. Der Zweck heiligt eben nicht die Mittel, denn der Zweck selbst ist es oft schon, der niemals zu Frieden führen kann.

Die letzte Zeile liest sich etwas wörtlicher wie ‚sich unter dem Himmel (tian1 xia4) mit seinem Willen (zhi4) nicht durchsetzen zu können'. Auch hier also ein Hinweis an den Herrscher, dass Kriegslust ihn nicht an der Macht halten wird.

Bei Glücksfällen achtet man die Linke als Ehrenplatz.
Bei Unglücksfällen achtet man die Rechte als Ehrenplatz.

Es heißt, der Herrscher habe mit seinem Thron Richtung Süden gesessen. So habe er die heilbringende, aufgehende Sonne im Osten zu seiner Linken und die niedergehende und dadurch Unheil verkündende Sonne im Westen zu seiner Rechten gehabt. Daher gilt der linke Platz neben dem Herrscher immer als Platz für den Ehrengast. Es heißt auch, der Gelehrte sitzt zur Linken, der Krieger sitzt zur Rechten. Im Frieden hat die Linke mehr Gewicht, im Krieg die Rechte. So heißen diese beiden Zeilen wörtlich:

„jun1 zi1 ju1 ze2 gui4 zuo3": ‚Der weise Herrscher, ist er zu Hause (im Frieden), dann schätzt er die Linke.'
„yong4 bing1 ze2 gui4 you4": ‚Benutzt er die Waffen, dann schätzt er die Rechte.'

Doch immer steht links für das Wohl („Glück") und rechts für Trauer („Unglück"). Der Edle schätzt daher seine Linke und vermeidet mit allen Mitteln den Gebrauch der Rechten.

Noch einmal wird darauf hingewiesen, dass nur ‚geistige Siege' als Glücksfälle bewertet werden dürfen. Damit sind selbstlose Errungenschaften friedlicher Natur gemeint, die ausschließlich dem Wohl aller und der eigenen inneren Natur dienen. Alles jedoch, was aufgrund der eigenen Übervorteilung gegenüber anderen mit Gewalt durchgesetzt wird, alle „Siege", die auf Kosten eines anderen gehen und sogar, und hierum geht es Laozi an dieser

Stelle am vornehmlichsten: Verteidigungssiege, die in Unschuld errungen wurden, werden als Unglücksfall erachtet. Daher ist in Laozis Augen eine jegliche Gewaltanwendung immer ein tatsächlicher, tief im Innern des Menschen empfundener Unglücksfall, unabhängig, wie unschuldig oder gerecht der Ausübende in seiner Handlung auch gewesen sein mag. Und ebenfalls unabhängig davon, ob er siegreich war oder nicht. Ob verloren oder gewonnen, der Edle hält nach einer unumgänglichen Schlacht den Trauerzug:

Der Unterfeldherr steht zur Linken,
der Oberführer steht zur Rechten.
Das heißt, er nimmt seinen Platz ein
nach dem Brauch der Trauerfeiern.

Das bedeutet, dass dem siegreichen Feldherrn *(Oberführer, wörtl.: jiang4 jun1: ‚Oberbefehlshaber der Truppen')* der „Ehrenplatz für Trauerfeiern" zukommt. Hiermit haben wir nun das genaue Gegenteil zu dem durch die Geschichte sich ziehenden ‚Siegesparaden' berühmter Feldherren durch die Hauptstadt.

So weise und klug und eigentlich auch so einfach - doch noch immer hat der Mensch, haben die Völker dies nicht umsetzen können...

Menschen töten in großer Zahl,
das soll man beklagen mit Tränen des Mitleids.
Wer im Kampfe gesiegt,
der soll wie bei einer Trauerfeier weilen.

Diese Zeilen sprechen inzwischen für sich selbst. Das Töten von Menschen ist in keinem Fall etwas Positives. Immer ist es ein Unglück für alle. Und dieses „alle" ist sehr wichtig. Es gibt niemals einen Sieger, wenn ein Menschenleben beendet wurde. Daher soll man, wann immer und warum immer Menschen getötet werden, dies zutiefst und aus ganzem Herzen beklagen. Auch der Sieger soll trauern und hat keinen Grund zur Freude. Hiermit macht Laozi unausweichlich klar, dass es niemals und zu keiner Zeit positiv sein kann, Waffen zu gebrauchen, sprich Kriege zu führen.

Der Begriff *„Trauerfeier" (in einer anderen Version ‚ai1 li3', hier wie meistens: sang1 li3) heißt wörtlich vornehmlich ‚Leichenbegräbnis',* was der Trauer noch einmal ihren direkten Bezug gibt.

道常無名.
樸雖小天下莫能臣.
侯王若能守之
萬物將自賓.
天地相合以降甘露
民莫之令而自均.
始制有名
名亦既有
夫亦將知止
知止可以不殆.
譬道之在天下
猶川谷之於江海.

Der SINN als Ewiger ist namenlose Einfalt.
Obwohl klein,
wagt die Welt ihn nicht zum Diener zu machen.
Wenn Fürsten und Könige ihn so wahren könnten,
so würden alle Dinge sich als Gäste einstellen.
Himmel und Erde würden sich vereinen,
um süßen Tau zu träufeln.
Das Volk würde ohne Befehle
von selbst ins Gleichgewicht kommen.
Wenn die Gestaltung beginnt,
dann erst gibt es Namen.
Die Namen erreichen auch das Sein,
und man weiß auch noch, wo haltzumachen ist.
Weiß man, wo haltzumachen ist,
so kommt man nicht in Gefahr.
Man kann das Verhältnis des SINNs zur Welt vergleichen
mit den Bergbächen und Talwassern,
die sich in Ströme und Meere ergießen.

Das DAO als Ewiges ist namenlose Einfalt.
Obwohl klein,
wagt die Welt es nicht zum Diener zu machen.

Das DAO, hier nicht als ‚Weg', als zeitlich gehbares Geleit zur Weisheit des Selbst, sondern als Quelle und Durchdringer von allem, dieses DAO, das nach seiner Natur nur ewig sein kann, *dieses ewige DAO, „ist namenlose Einfalt" (dao4 chang2 wu1 ming1, wörtl.: ‚das DAO, ewig ohne Namen').* Wie wir in Vers 1 bereits gesehen haben, kann es keinen Namen haben, denn es grenzt sich von nichts ab. Es kann von nichts unterschieden werden, es ist alles in allem. Und in seinem fortwährend allgegenwärtigen und lebendigen Ursprung ist es das einzig Eine. Weil da nichts anders ist, was nicht von und durch das DAO wäre und was nicht vollständig ewig von ihm durchdrungen ist. Wie könnte es da benannt werden? Und wie könnte es anders sein als „einfältig"? Es ist das Non-duale. Das Eine, als noch keine Zwei da war. Die Einfalt vor dem Zwiespalt. Nur das Non-duale ist ohne Gegenüber, ohne anderes, ohne Unterschied. Nur das Non-duale ist ohne Zeit und Raum, ist ewig und somit auch in Zeit und Raum. Es ist unbewegt bewegend. Es ist alles, es ist nichts. Es ist einfach die „namenlose Einfalt". Sich diesem (wieder) bis zur Einheit anzunähern ist alles, was Laozi uns vermitteln will. Doch warum nennt er es nun „klein"? Es ist weder klein noch groß. Es ist alles, und es ist nichts. Des DAO mystische Wahrnehmung liegt tief in der Stille verborgen. Daher nennt er es „klein", denn es ist nicht greifbar, es kann niemandem etwas tun, es fällt niemandem auf, es sei denn, er ist still. Stille ist etwas ganz Leichtes, Zartes, Kleines. Wie klein ist da erst das DAO zu bezeichnen? Man muss ganz genau ‚hinhorchen', ganz genau ‚hinsehen', sehr sensibel nach ihm fassen. Und doch: weder hört, noch sieht, noch fühlt man es (vgl. Vers 14). Es durchdringt zwar alles, ist aber so subtil, so „klein", dass der normale Mensch es nicht zu vernehmen vermag. Doch Laozi stellt hier noch ein Zeichen voran, das bei Wilhelm unübersetzt bleibt: *„pu3", ‚Ursprünglichkeit, Einfachheit'.* In diesem ursprünglichen, ja verborgenen, in seinem ureigensten Kern, in dieser allem zugrunde liegenden Einfachheit, ist es nur von den wenigsten zu entdecken - ist es „klein".

Darum „wagt die Welt nicht, es zum Diener zu machen" (neng1, hier als „wagen" übersetzt, heißt eigentlich ‚können'. Sprich: ‚kann die Welt es sich nicht zum Diener (chen1, auch: ‚unterwerfen') machen': Das DAO ist so gesehen zwar das Allerkleinste. Doch nichts hat mehr Macht. Nichts hat mehr Schöpfungskraft. Nichts ist gewaltiger, wichtiger, von größerer Tragweite und entfaltet sich größer als das DAO. Denn nichts, das nicht aus dem DAO wäre, und nichts, das ohne das DAO bestehen würde. Es ist so „klein", und doch *kann (neng1)* „niemand es zum Diener machen". Man könnte sagen, es ist zu klein, als dass man es zum Diener machen könnte. Es ist unsichtbar, nicht hör-, seh- oder greifbar (vgl. Vers 14). Und doch ist es mächtiger als die Welt und alle Erscheinungen. Daher „wagt" es auch keine Erscheinung, es zum Diener zu machen, was sowieso nicht ginge. Und das braucht auch niemand zu versuchen. Denn die Natur des DAO ist es, zu dienen. Es kann nicht anders, als unentwegt zu dienen. Es gebiert, es erhält, es wandelt, es bringt alles hervor und lässt alles wieder in sich zergehen. Es ist alle Zeit Diener. Das DAO dient der Welt, und die Welt sollte dem DAO folgen. Denn nur so kann Angleichung geschehen. Nur so kann die Erscheinung dieselbe Macht erlangen wie das DAO. Nur ist die Macht keine weltliche Macht. Es ist die unendliche Macht des Ewigen. Und seine Macht äußert sich ausschließlich im Dienen. Nur so kann es in Handlung sein. Daher, wer sich dienen lassen möchte, wer der höchste Herrscher sein möchte, der muss der niedrigste aller Diener werden. Nur so gelangt er in Einheit mit dem DAO (vgl. Vers 4 und 28).

Wenn Fürsten und Könige es so wahren könnten,
so würden alle Dinge sich als Gäste einstellen.

So können wir verstehen, dass, „wenn Fürsten und Könige es so wahren könnten", sie allem Volk nur Diener sein würden. Dem Volk würde im Vollsten und Ganzen gedient, so wie es jeder Herrscher von sich sagt und doch niemand tut. Doch „könnten Fürsten und Könige es so wahren" und wären sie diese selbstlosen Diener, wäre jeder gerne bei ihnen. Jeder würde ihre Nähe suchen, und „so würden alle Dinge sich als Gäste einstellen". *„Bin1", „Gast", heißt klassisch auch ‚unterordnen'.* Wären die Herrscher vom DAO beseelt, würde sich das Volk ihnen von selbst und freiwillig unterstellen.

Wer immer zu einem Diener kommt und nicht sein Herr ist - ist ein Gast. Ein Gast ist aber nicht der Herr, und nur der Herr bestimmt über das Haus. Hier gibt Laozi dem Herrscher wieder einen klaren Hinweis, auf welche Weise das Volk hinter ihm stehen würde. Nämlich freiwillig und gerne, ohne dass seine Macht dadurch gefährdet wäre.

Im Gegenteil, auf diese Weise wäre er tatsächlich der vom Himmel eingesetzte Herrscher, wie es im alten China angenommen wurde:

Himmel und Erde würden sich vereinen,
um süßen Tau zu träufeln.

Wenn die Herrscher auf Erden das Bindeglied zum Himmel wären (Taiji) und seinen Auftrag verstehen würden, verschwände die Kluft zwischen Himmel und Erde. Daher „würden Himmel und Erde sich vereinen". Sie wären in vollständiger Harmonie, da sie wesensgleich wären. Eine einzige Dienerschaft. Warum „träufelt süßer Tau" hieraus? „Süß" steht für angenehm. „Tau" entsteht am Morgen. „Träufeln" bedeutet, etwas fällt auf etwas. Himmel und Erde vereint wäre die vollkommene Harmonie – der Himmel auf Erden. Das Paradies bereits zu Lebzeiten. Dies ist im Mindesten als angenehm zu bezeichnen. Es wäre ein ewiger Morgen. Es gäbe kein Sterben mehr, denn das Sterben geschieht durch die Abkehr vom DAO. Ein ewiger Morgen, das ewige und wahrhaftige Leben – wäre uns durch Himmel und Erde gegeben: „Der süße Tau träufelt" - auf uns. Wenn wir dem Himmel gleich sind, wenn Himmel und Erde sich vereinen. Wenn wir einander Diener sind, wenn wir gemeinsam gleich dem DAO sind, so wie wir einst von ihm hervorgebracht wurden, bevor wir unsere Natürlichkeit, unsere Unschuld verloren haben. Sind Himmel und Erde miteinander in Harmonie (auch bzw. gleich mit: sind Yin und Yang in Harmonie, vgl. Vers 1), erhalten wir die Gaben des Himmels und der Erde „wie süßen Tau".

Das Volk würde ohne Befehle
von selbst ins Gleichgewicht kommen.

... wenn jeder dem anderen ein Diener ist. Wenn niemand etwas für sich selbst will, gibt jeder jedem und alle haben. Auf natürliche Weise stellt sich so Gleichgewicht ein, denn niemandem fehlt etwas und niemand braucht etwas. So sind alle in sich und mit sich eins und innen und außen versorgt. Wie könnten Befehle nun noch einen Nutzen haben, wie könnten sie nun noch helfen können, Gleichgewicht herzustellen, wie könnten sie überhaupt noch gesprochen werden? Alles ergibt sich aus sich selbst. Aus der Natur der Dinge, welches das DAO ist, mit welchem alles eins geworden wäre.

Wenn die Gestaltung beginnt,
dann erst gibt es Namen.

Doch wenn „Gestaltung" beginnt, wenn Gestalt angenommen wird, wird abgetrennt. Dieses trennt sich von jenem und erhält hierdurch seine Gestalt. Wenn alles vereint ist, wo ist da eine Gestalt? Alles ist vereint, nichts ist differenzierbar. So ist nur eine „Gestalt". Eine Gestalt aber trennt sich von nichts ab und kann daher nicht wahrgenommen werden, da es keine Grenzen gibt, die die Gestalt definieren würden. Wenn also „Gestaltung beginnt", beginnt Getrenntsein. Hier beginnt die Gestalt, dort hört sie auf. Das eine ist hier, das andere ist da. Wenn Getrenntsein beginnt, beginnt die Wahrnehmung des Individuums. Hier bin ich, da ist etwas anderes/jemand anderes. Wenn die Wahrnehmung des Individuums beginnt, entsteht das Ego. Wenn das Ego entsteht, entsteht Egoismus. Egoismus möchte haben und nicht geben. Daher gibt es hier keine wahre Dienerschaft mehr, denn selbst das Dienen zielte auf eigenen Gewinn. Dieses Getrenntsein unterscheidet. Nun ist es möglich und nötig, Namen zu geben. Nötig ist es, um der hervorgebrachten Differenzierung ihre Bestätigung zu geben und um sich in ihr zu orientieren. Das Benennbare jedoch ist nicht mehr eins dem Ursprung nach. Dies beschreibt der allererste Satz im Daodejing (vgl. Vers 1).

Die Namen erreichen auch das Sein,
und man weiß auch noch, wo haltzumachen ist.
Weiß man, wo haltzumachen ist,
so kommt man nicht in Gefahr.

Doch Laozi sieht auch hier Möglichkeiten. Denn dadurch, dass „die Namen auch das Sein erreichen", kann sich das Einzelwesen als Individuum empfinden. Nun hat es die Wahl: Es kann in dem beginnenden Egoismus voranschreiten. Oder es kann seine Selbstwahrnehmung nutzen, um seine natürliche und gesunde Grenze zu erkennen. Daher wüsste es noch, „wo haltzumachen ist." Kennt man seine natürliche und gesunde Grenze, stürzt man sich nicht ins Unglück, „man kommt nicht in Gefahr". Hier beschreibt Laozi das Sein im beginnenden, reinen Zustand von Yin und Yang. Das Einzelwesen nimmt sich zwar bereits wahr und schafft somit die dualistische Welt, aber es bewahrt sich seine Reinheit, bleibt unbefleckt und ursprünglich. So kann es ein Leben zwar in

Wandlung, dennoch aber in Harmonie und Gesundheit führen. Es ist das ursprüngliche Taiji, in dem die Harmonie der vermeintlichen Gegensätze noch nicht gestört ist. Es ist ein Leben aus der Einfalt heraus in der Vielheit. Dieses Leben aber verliert sich nicht in der Vielheit, sondern bleibt stets im Einen. So wirken Wuji und Taiji zusammen und ergeben die gesamte vollständige Dimension des Ganzen.

Wörtlich können wir diesen Spruch so verstehen, dass man, sobald etwas benannt worden ist, damit aufhören sollte:

„ming1 yi4 ji4 you3, fu2 yi4 jiang1 zhi1 zhi3"
‚(Wenn) die Namen dann auch sind, so weiß (man) auch mit Handeln (damit) aufzuhören'.

Sprich, im allerersten Bewusstsein zu bleiben, nicht in die Welt der Komplizierungen einzutreten, im DAO zu verweilen. Das Nötigste zu tun, dann aber wieder (und auch im Handeln selbst) das Nicht-Handeln pflegen (vgl. u.a. Vers 64). Auch mit dem Regieren sollte man aufhören, sobald man das Nötigste geregelt (die anfänglichen Namen gegeben) hat. Gerade das Regieren sollte nach Laozi auch stets im Sinne des Wuwei, des Nicht-Handelns (vgl. das Ende von Vers 6) stattfinden.

Wenn man darum weiß, wann aufzuhören ist mit dem ‚in die Welt gehen', bleibt man im Fluss mit seiner Energie und der Schöpfung erhalten. Verloren geht man ihr (dem DAO), wenn man sich in der Welt ‚verzettelt' und vor lauter „Namen" das Namenlose nicht mehr erkennt.

Man kann das Verhältnis des DAO zur Welt vergleichen
mit den Bergbächen und Talwassern,
die sich in Ströme und Meere ergießen.

Erinnern wir uns an den Begriff „klein", den Laozi für das DAO gewählt hat. Und erinnern wir uns daran, dass das DAO zwar als klein, dennoch aber als unendlich mächtiger begriffen werden muss als alles, was aus ihm entstanden ist. Nur das DAO ist alles. Alles aus ihm Hervorgegangene sind nur Teile, wenn sie auch das Ganze in sich tragen. Was also ‚nur klein wahrzunehmen' ist, erscheint einem, wenn man es dann wahrnimmt, größer als nur irgendetwas je Gekanntes.

Das Dienende hält sich stets unten (vgl. u.a. Vers 8 und 28). Wie ein Bergbach: Was unten ist, wird Sammelbecken. Alles mündet hier und „ergießt sich dann gemeinsam in Ströme und Meere". Gegen das Harte und Starre lehnt man sich auf. Dem Weichen gegenüber jedoch kann man sich weder auflehnen noch seiner Herr werden. Durch seine Nachgiebigkeit bekommt man es nicht zu fassen. „Es vereinigt sich mit ihrem Staub" (vgl. Vers 4), ist so auf tiefstem Punkt und trägt von hier aus alles. Alles ist auf dem DAO errichtet, ob es das weiß oder nicht. Daher vereinigt sich jeder tiefste Punkt einer jeglichen Erscheinung mit dem DAO, das von allem am Tiefsten weilt - so wie „Bergbäche und Talwasser sich in Ströme und Meere ergießen."

So vergleicht Laozi „das Verhältnis des DAO zur Welt" - die Vielheit findet sich wieder im großen Strom (Meer) der Einheit. Alle Flüsse (Vielheit, Yin/Yang) münden im Meer, im „Tor des dunklen Weibs", und schließlich im DAO (vgl. Vers 6).

知人者智
自知者明.
勝人者有力
自勝者強.
知足者富.
強行者有志.
不失其所者久.
死而不亡者壽.

Wer andre kennt, ist klug.
Wer sich selber kennt, ist weise.
Wer andere besiegt, hat Kraft.
Wer sich selber besiegt, ist stark.
Wer sich durchsetzt, hat Willen.
Wer sich genügen läßt, ist reich.
Wer seinen Platz nicht verliert, hat Dauer.
Wer auch im Tode nicht untergeht, der lebt.

In diesem Vers beginnt Laozi jeweils in einer Strophe mit einer an und für sich positiven Aussage, die er dann jedoch in der nächstfolgenden Strophe quasi überbietet. Er gibt etwas, was alle als richtig anerkennen würden, stellt es dann jedoch nicht nur durch etwas Höheres in den Schatten, sondern verweist gleichzeitig darauf, dass die herkömmliche geistige Ausrichtung ungenügend ist und nicht zur höchsten Erkenntnis führt. Denn:

Wer andre kennt, ist klug.
Wer sich selber kennt, ist weise.

Sicherlich kann man von Klugheit sprechen, wenn man „den anderen kennt". Menschenkenntnis ist nicht nur bei ‚negativen' Dingen wie Geschäftemacherei etc. wichtig. Gerade auch dem guten Herzen dient sie zum Erkennen, auf welche Weise dem Einzelnen jeweils zu helfen ist. Es ist daher nichts Schlechtes an der Menschenkenntnis. Im Gegenteil, es wird als Klugheit gehandelt, auch wenn wir nicht vergessen wollen, dass Laozi die Klugheit oft im Sinn von ‚raffiniert' gebraucht, also in der Art, ‚wie ich jemanden am besten übervorteilen oder mich über ihn hinwegsetzen kann', und wird daher negativ bewertet.

Aber Laozi belässt es nicht dabei, denn: „Wer sich selbst kennt, ist weise." Mit der zweiten Strophe geht er über die erste hinaus. Weisheit ist eine Steigerung von Klugheit. „Andere zu kennen" bedarf zunächst eines Blickes nach außen. Man muss den anderen beobachten, um seine Handlungsweisen beschreiben und einordnen zu können. Selbsterkenntnis jedoch bedarf des Blickes nach innen. Wieviel schwieriger ist es, an den eigenen Fehlern zu arbeiten, als auf die Fehler des anderen zu zeigen. Etwas im Äußeren zu beobachten – dazu bedarf es keiner Selbstkritik. Sich selbst zu erkennen, bedeutet jedoch, auch seine Schattenseiten zu sehen und zunächst zu akzeptieren. Da der Mensch sich selbst aber nicht gern in der Kritik sieht, neigt er sehr viel leichter dazu, den andern zu „erkennen" als sich selbst. Doch Laozi möchte uns darauf aufmerksam machen, dass das Wertvollere in dieser Hinsicht die Selbsterkenntnis ist. Mehr noch. Da er davon ausgeht, dass aller letztendliche Urquell ein und derselbe ist, liegt für ihn in der Selbsterkenntnis auch die Kenntnis des anderen. Erkenne ich meine eigene Natur, erkenne ich auch die meines Gegenübers. Denn wir sind von der gleichen Natur. Sind auch unsere im Leben auftretenden Probleme scheinbar unterschiedlich, verfügen wir doch über die gleichen Anlagen und befinden uns grundsätzlich in derselben Umgebung, im Dualismus. Wenn ich erkenne, dass ich Fehler mache und dass ich unvermeidlich auch in der Zukunft immer wieder welche machen werde, ist es mir leicht, die Fehler eines anderen zu verzeihen. Halte ich mich jedoch für fehlerlos, oder besser, denke ich darüber nicht einmal nach, was wohl in der Regel der Fall ist, ist es mir wiederum einfach, jemand anderen für eine Handlung zu verurteilen, von der ich glaube, dass ich sie niemals begehen würde. Je mehr ich jedoch zur Selbsterkenntnis gelange, umso mehr wird mich dies in aller Wahrheit und Ehrlichkeit zu Demut und Nächstenliebe führen. Denn ich erkenne meine eigenen Vor- und Nachteile und erkenne sie in anderer, prinzipiell jedoch identischer Weise auch bei meinem Nächsten. So kann ich nicht mich selbst lieben, ohne gleichzeitig auch den anderen zu lieben. So sagt uns Laozi vorerst etwas Gutes, verweist uns aber sofort darauf, dass die höchste Erkenntnis wieder einmal in mir selbst verborgen liegt.

Wer andere besiegt, hat Kraft.
Wer sich selber besiegt, ist stark.

Wenn auch „das Besiegen anderer" zunächst nicht tugendhaft erscheint, ist doch der Besitz von „Kraft" sicherlich etwas Wünschenswertes. „Stark", das bedeutet in diesem Zusammenhang ein Maximum an „Kraft", jedoch bei dem, der nicht den anderen, sondern „sich selbst besiegt". Wir haben schon in den ersten beiden Strophen gemerkt, dass Selbsterkenntnis nicht einfach ist. Unser Ich, das doch immer so strahlend schön dastehen möchte, will nicht tiefer in sich hineinsehen, will nicht so gern die eigenen Fehler sehen. Und schon gar nicht möchte es an diesen eigenen Fehlern arbeiten. Es möchte an den Fehlern der anderen arbeiten und dafür Lob bekommen. Es möchte das Gefühl haben, etwas besser zu können als andere. Es möchte etwas Besonderes sein, sich über andere erheben, sprich: andere besiegen. Und in der Tat, wer dies vermag, so schreibt Laozi „hat Kraft". Sehr viel mehr „Kraft" jedoch hat der, der den bitteren Weg der Selbsterkenntnis geht. Denn wer darauf verzichtet, den anderen zu besiegen und sich lieber selbst aufs Korn nimmt, der ist kräftiger. Dieser ist der Stärkere, denn sein Kampf ist schwieriger. Denn er kann sich auf diese Weise nicht vor den anderen erhöhen. Im Gegenteil, er erniedrigt sich vor allen, erscheint sich selbst als der Geringste und kann alle nur loben, wo er bei sich selber nur Tadel und Unvollkommenheit entdecken kann (vgl. Vers 32). Dem DAO sich nähernd jedoch erscheint ihm diese Erniedrigung nicht als Schmach. Denn er erkennt darin den Weg zur Vollkommenheit und sowohl Freude als auch Leid, die beide auf diesem Weg der Selbsterkenntnis liegen, sind für ihn seligmachendes Heil.

Wer sich durchsetzt, hat Willen.
Wer sich genügen lässt, ist reich.

Wenn sich jemand „durchsetzen", sprich sich vor anderen behaupten kann, braucht er einen starken „Willen". Bin ich in mir selbst uneins, habe ich diesen „Willen" nicht, werde ich nicht überzeugend sein und mich vermutlich nicht durchsetzen können. Doch auch hier gibt uns Laozi wieder die Möglichkeit, die Welt aus einer anderen Perspektive zu sehen. Und wieder einmal aus einer Sicht, die uns über das Gewohnte hinausblicken lässt. Denn wieder kehrt er die allgemeine Meinung um: Nicht wer sich durchsetzt, gelangt auf die höchste Ebene. Laozi spricht ihm zwar einen gewissen Erfolg nicht ab. Es ist fast so, wie wenn er jemanden lobt, um ihm dann in einer kleinen Randbemerkung zu verstehen zu geben, dass er dennoch in die falsche Richtung schaut. Denn er zeigt uns genau das Gegenteil: Nicht sich „durchzusetzen", ist der wahre „Reichtum". Wer also ganz im Gegensatz dazu „sich genügen lässt", wer sich gerade nicht durchsetzen will, wer zufrieden ist, mit dem was ist, und nicht mit dem, was er selber gerne möchte – der „ist reich". Denn er hat alles, was sein Herz begehrt. Wer sich durchsetzen will, erlebt die Welt als einen unentwegten Kampf. Wer bescheiden ist und mit allem zufrieden, lebt mit sich und der Welt in Harmonie. Unverständige stellen hier oft die Frage, wie es denn aber richtig sein könne, wenn jemand sich immer nur ‚unterbuttern' lasse. Wir müssen auf das Wort „reich" achten. „Reichtum" in Laozis Sinne ist, eins mit dem DAO zu sein. Beziehungsweise - je näher dran, umso reicher. Eins mit dem DAO zu sein, bedeutet, dem Dualismus entflohen in der Ein(s)heit zu weilen. Dies ist eine innere Erfahrung oder eine innere Wahrnehmung, die nicht von einer Äußerlichkeit abhängig ist. Es ist die Wahrnehmung des Ewigen im Zeitlichen und die sich daraus ergebende Art zu leben (DE). Je näher ich dem DAO bin, umso unabhängiger werde ich. Daher kann ich genügsam sein, denn ich brauche immer weniger. Und daher bin ich zufrieden, auch wenn es nicht nach meinem Willen geht. Und hier müssen wir wieder dieses Wort ‚zufrieden' (‚zum Frieden') richtig verstehen. Verzichte ich darauf, meinen Willen durchzusetzen und bin ich mit dem, was ist, zufrieden, bin ich also zufrieden. Wenn ich aber zufrieden bin, ist alles in Ordnung. Daher stellt sich für mich dann nicht die Frage, ob ich nun untergebuttert worden bin oder nicht. Denn ich bin ja zufrieden. Sollte ich daher unzufrieden sein, wird meine Ich-Natur sich zur Wehr setzen, und ich werde versuchen, mich „durchzusetzen". Oder ich entwickele mich zu einem ‚geschlagenen Hund'. Beides ist hier nicht gemeint. Sondern ich habe meine Ruhe gefunden und brauche nicht. Dies ist wahre Größe, und der ewig Brauchende wirkt auf diesen nur als ‚Zappelphilipp'. Doch Laozi bezeichnet die Fähigkeit zum sich Durchsetzen nicht als schlecht, solange es nicht auf Kosten anderer geht. Es ist nur das geringere Level. Dies auch im Bezug zur mystischen Praxis. Der Wille und die Disziplin, die notwendig sind, um sich tiefgehender Praxis zu widmen, sind am Anfang definitiv nötig, sollten aber einer gelassenen Zufriedenheit weichen, in der die Übung nicht mehr erzwungen, sondern zur Natur geworden ist bzw. nicht mehr zwischen Übung und Nichtübung unterschieden werden kann, da es ‚gelebt' wird. Je näher ich dem DAO bin, umso mehr bin ich mit immer weniger zufrieden. Und je mehr ich zufrieden bin, umso weniger brauche ich mich durchzusetzen. Wer möchte schon um etwas kämpfen, wenn er doch bereits zufrieden ist. Und wie kann ich ‚untergebuttert' werden, wenn ich gar nicht teilnehme? Daher geht es Laozi nicht darum, um etwas Bestimmtes im Äußeren zu kämpfen, denn hier führt eins zum anderen. Um von Auseinandersetzungen wegzukommen, schlägt er uns nicht vor, diese zu ‚gewinnen', sondern das ‚Nicht-Brauchen' und damit das ‚Nicht-Teilnehmen'. So kann ich genügsam und gerade dadurch zufrieden und daher „reich" sein.

„Durchsetzen", „qiang1", wird von Wilhelm in der Zeile davor mit „stark" übersetzt. Da beide Male dasselbe Schriftzeichen im Original erscheint, im ersten Falle aber als das Bessere und im zweiten Falle als das daran Zurückfallende angesehen wird, ist zu vermuten, dass dieses *„qiang1" hier nicht als ‚mit Gewalt erzwingen' übersetzt werden sollte*, was auch möglich wäre (es wäre dann eine Gegenüberstellung des ‚gewaltsamen Durchsetzens' gegenüber dem ‚einfachen Sich- Genügen'). Daher bekräftigt dies meine Interpretation, dass ein ‚starker Wille' gut, Genügsamkeit jedoch noch besser ist. „Auch (mindestens in Bezug zu dem hier angegebenen Original) sind in Wilhelms Übersetzung die Zeilen 5 und 6 vertauscht. Dies, wie er selbst angibt[33], um den Sinngehalt in Bezug auf die Satzordnung nicht zu verlieren."

Wer also statt andere sich selbst „besiegen" kann, hat „Stärke". Benutzt er diese Stärke, um sich noch weiter gegen sich selbst „durchzusetzen", hat er einen „starken" „Willen". Diesen dann, wenn ich mich selbst überwunden habe, auch losgelassen („genügt") zu haben, bedeutet, dem Ziel nahe („reich") zu sein.

[33] Wilhelm, 1986, Seite 215

Wer seinen Platz nicht verliert, hat Dauer.
Wer auch im Tode nicht untergeht, der lebt.

Laozi endet hier mit einer Konklusion sowohl für das Zeitliche als auch für das Ewige. Für das „Seiende" (You) als auch für das „Nichtseiende" (Wu): „Wer seinen Platz nicht verliert, hat Dauer". Dies kann im äußeren Leben eine gesicherte Existenz sein. Diese ist niemals ewig gesichert durch das duale System, dem diese Existenz zu Grunde liegt. Aber es kann seine „Dauer" haben: ein friedliches Umfeld, gute Versorgung und Gesundheit.

Noch eine wichtige Bedeutung gilt es hier zu unterstreichen: seinen Platz in sich selber zu haben, sich dem DAO anzunähern und durch den ‚Weg', durch das DAO seinen Platz zu erhalten und nicht von diesem ‚Weg' abzukommen. Dies „hat Dauer" im Leben, denn der Adept weilt immer an derselben Stelle, egal, wo er sich befindet. Was immer er tut, was immer um ihn herum geschieht und wo immer er ist: Er tut immer das Gleiche, ihm geschieht immer das Gleiche, und er ist immer an der gleichen Stelle: Er ruht in sich selbst, handelt aus sich selbst und lässt alles auf sich wirken. Dieses Selbst ist eins mit dem DAO, ist die Einheit mit allem, wodurch nichts einen Unterschied macht. Im Taijiquan wird gesagt: ‚10.000 Wege, ein Prinzip (‚wan4 fa3 gui1 yi1'). ' Auf diese Weise „hat er seinen Platz", ist in seinem Zentrum, bewegt aus der Unbewegtheit, verliert dabei nie die Harmonie und „weiß immer, wo halt zu machen ist" (vgl. Vers 32) - und hat auf diese Weise „Dauer".

Wenn auch hier in den letzten beiden Strophen beides in dieselbe Richtung drängt, steigert Laozi auch dies, indem er nun den Faden wieder weiter spinnt: „Wer auch im Tode nicht untergeht, der lebt." Wer „seinen Platz" also sogar im Tod „nicht verliert", wer sich so seiner Quelle bewusst sein kann, dass selbst der Tod ihm dieses Bewusstsein nicht nehmen kann, der lebt ewig. Denn er hat seinen Platz bereits im Ewigen, trotz des Zeitlichen. Der Unwissende kennt nur das Zeitliche. Der Schüler hört vom Ewigen. Der Fortgeschrittene hat Einblick in das Ewige. Doch der Meister weilt innerhalb der Zeit bereits vollständig in der Nichtzeit, so dass das Ende der Zeit für ihn nichts anderes bedeutet, als dass seinem Platz in der Ewigkeit sein äußeres Wandeln in der Zeit genommen wurde. Mehr nicht. Doch nehme ich dem Endlosen (in dem ja auch das Endliche liegt) etwas, ist es dadurch nicht verringert. So gesehen stellt sich also für ihn auch kein Verlust ein. Daher lebt er ewig, und der Tod kann ihn nicht mehr töten. Er ist aus dem Dualismus hinausgelangt, ohne dabei seine Bewusstheit aufgeben zu müssen. So ist er eins mit der Urseele und lebt vor, während und nach aller Zeit. Er ist ein ‚Unsterblicher' (‚xian1 ren2') geworden und ist eins mit dem DAO.

VERS

34

大道氾兮
其可左右.
萬物恃之以生而不辭
功成不名有.
衣養萬物而不為主
常無欲可名於小.
萬物歸焉
而不為主
可名為大.
以其終不自為大
故能成其大.

Der große SINN ist überströmend;
er kann zur Rechten sein und zur Linken.
Alle Dinge verdanken ihm ihr Dasein,
und er verweigert sich ihnen nicht.
Ist das Werk vollbracht,
so heißt er es nicht seinen Besitz.
Er kleidet und nährt alle Dinge
und spielt nicht ihren Herrn.
Sofern er ewig nicht begehrend ist,
kann man ihn als klein bezeichnen.
Sofern alle Dinge von ihm abhängen,
ohne ihn als Herrn zu kennen,
kann man ihn als groß bezeichnen.

Also auch der Berufene:
Niemals macht er sich groß;
darum bringt er sein Großes Werk zustande.

Das große DAO ist überströmend;
es kann zur Rechten sein und zur Linken.

Wie wir bereits erfahren haben, versteht Laozi unter dem „DAO" nicht nur den Urgrund aller Dinge, sondern gleichsam durchdringt es alles, was ist und was nicht ist. Es erzeugt und dann durchdringt es. Alles ist vom DAO erzeugt, das DAO selbst jedoch ist nicht erzeugt. Es existiert einzig aus sich selbst heraus. Da es aber alles, was es durchdringt und dessen Leben es erhält, auch erzeugt hat, ist es sein Grund (Quelle und Bestimmung). Diese Quelle erzeugt ohne Unterlass und daher ist das „DAO überströmend" (ewig strömend und in aller Fülle). Da es alles durchdringt und nichts ohne es ist oder sein kann, kann es nicht anders als „groß" bezeichnet zu werden. *Das Große DAO (da4 dao4) ist eine Bezeichnung für das ewige DAO, also der mystische Ur-Grund. Der Kontext des begehbaren Weges wird ausreichend ohne das „da4", groß, beschrieben.*

„Es kann zur Rechten sein und zur Linken." Kurz: Es kann nicht nur, es IST überall. Rechts und links steht hier für alle Richtungen sowie Yin und Yang in dem Sinn, dass Yin und Yang alle Richtungen ausfüllen. Laozi macht uns jedoch noch auf etwas anderes aufmerksam, was richtig verstanden sein will: Das DAO „strömt" nicht nur durch das Gute, es strömt auch durch das Nichtgute. Es ist nicht nur beim „Edlen" (links), sondern auch beim „Kriegsherrn" (rechts, vergleiche hierzu Vers 31). Er will uns damit sagen, dass alles Erschaffene aus demselben Quell gezeugt wurde. Zwar soll sich der „Berufene" klar in eine bestimmte Richtung bewegen, um zur Einheit mit dem DAO zu gelangen („Wer sich des Menschenmordes freuen wollte, kann nicht sein Ziel erreichen in der Welt", Vers 31). Er muss aber der Welt ein Untätiger und vor allem ein Befriedeter werden. Dies gelingt ihm jedoch nur, und das scheint Laozi wichtig, wenn er erkennt, dass er die Schöpfung als Ganzes akzeptieren muss und allen Dingen und Wesen in gleicher Güte zu begegnen hat. Er soll nicht oder nur im äußersten Notfall teilnehmen an der „Rechten", doch soll er sie auch nicht als von dem DAO als etwas Getrenntes ansehen. Denn nichts ist da, was nicht aus dem DAO wäre. Durch die Akzeptanz und die Güte auch den unangenehmen Aspekten und Wesen der dualistischen Welt gegenüber jedoch, bringt er sich selber dem Non-dualismus immer näher, da er in seinen Handlungen und Bewertungen keine Unterschiede zu machen braucht. Ihm sind alle gleich. Und zwar alle gleich hochwertig, als Teil der Schöpfung.

Hierdurch wiederum erregt er nicht die durch Angriff erreichte Gegenwehr des „Bösen“, sondern durch seine Güte wird er auch diesem gegenüber zum Freund. Das gibt dem „Bösen“ wiederum die Möglichkeit, sich dem das „DAO“ Verkörpernden zu öffnen und ihn auf sich wirken zu lassen, was wiederum zu seiner eigenen Herzöffnung führen kann und ihn so zu einem Handeln veranlassen kann, das dem DAO näher steht und dem „Bösen“ verlustig wird. Durch wirkliche Feindesliebe gerät man selbst in den Zustand von Demut und Heiligkeit, der andere dazu in den Umstand, nicht mehr wirklich Feind sein zu können, da er geliebt wird. So kann er beginnen, mit ihm Freundschaft einzugehen und erhält die Möglichkeit, dessen Tugend (DE) Stück für Stück zu übernehmen.

***Alle Dinge verdanken ihm ihr Dasein,
und es verweigert sich ihnen nicht.***

Auf den vorangegangenen zwei Strophen aufbauend, zeigt Laozi uns hier die Erkenntnis: Gut und Böse sind wie links und rechts: Alles entstammt dem DAO, und das DAO verweigert sich niemanden *(shi4, wörtl. ‚Mutter (klassisch), sich auf etwas/jemanden stützen/vertrauen‘)*, ganz gleich, wie er sich zeigt. Es ist die allumfassende Liebe, die keine Trennung (Liebe = verbinden) und keine Vorliebe hat. *Besinnen wir uns auf den Begriff des ‚mütterlich-gebärenden‘ für „shi4“, ist es die ‚mütterliche Liebe‘, die sich keiner ihrer ‚Kinder‘ „verweigert“ (ci2, wörtl.: ‚weggehen, verlassen‘),* welche wiederum von ihr *‚abhängig‘ (ebenfalls shi4)* sind: Die Schöpfung liebt alles ohne Ausnahme. Das DAO durchdringt alles, was aus ihm hervorgegangen ist, und nichts ist nicht aus ihm hervorgegangen. Es geht also nicht darum, dass jemand nach seinen Handlungen belohnt oder bestraft wird bzw. sich das DAO gibt oder entzieht. Das DAO gibt sich jedem und allem. Denn jedes und alles ist aus dem DAO. Daher soll dem DAO gemäß auch alles ohne Unterschied angenommen werden. Denn da es selbst „unterschiedslos vollendet“ (Vers 25) ist, wie könnte es da selbst unterscheiden? Es muss hier allerdings klar erkannt werden, dass Seligkeit und Leid das DAO gleichermaßen in sich tragen, und dass, wer die Seligkeit dem Leid vorzieht, nach Einheit mit dem DAO trachten muss, während jemand, der seine Handlungen dem DAO entgegenstellt, zwar nicht von ihm getrennt ist, sich jedoch auch nicht mit ihm vereinen kann. Seligkeit des Menschen beruht auf Einheit mit dem DAO, Leid auf Uneinigkeit. Daher ist es für jeden, möchte er „sein Ziel erreichen in der Welt“, ratsam, tugendhaft im Sinne des DAO und des DE zu leben, „so also auch der Berufene.“

Kurz: Der Gute und der Böse sind aus und durch DAO (vgl. Vers 20). Und doch, um Glück und Seligkeit zu erfahren, muss man das eine wahren (vgl. Vers 5) und das andere lassen.

Im Original sind die Begriffe „shi4", „sheng1" (‚leben, gebären/geboren werden') und „bu4 (‚nicht') ci2" für das Verhältnis zwischen dem DAO und allen Dingen/Wesen angegeben. Daher kann es auch heißen: ‚Alle Dinge/Wesen werden von ihm gestützt/stützen sich auf ihn, durch es geboren/lebend(ig) (gehalten) und nicht verlassen.' Dies zeigt noch einmal, dass es sich hier nicht um einen einmal stattgefunden, sondern permanent stattfindenden Akt handelt.

Ist das Werk vollbracht,
so heißt es (das große DAO) es nicht seinen Besitz.

Was für den Berufenen gilt („Ist das Werk vollbracht, so verharrt er nicht dabei", Vers 2, und sinngemäß u.a. Vers 10 und 77), gilt umso mehr für das „große (allumfassende) DAO" selbst. Dies impliziert, dass sich der Weise nicht nur nicht auf seinen Lorbeeren ausruht, nicht nur, dass er nicht einmal Lorbeeren für sich in Anspruch nimmt, sondern außerdem, dass er nicht das Gefühl oder den Anspruch entwickelt, er hätte oder würde auch nur den geringsten Besitzanspruch auf sein Werk erheben wollen. Ist eine Arbeit erledigt, liegt sie hinter einem, und ohne sich umzudrehen geht man zur nächsten Aufgabe. Denn auf den Sinn der Arbeit kommt es an, nicht auf den, der es tut. So auch das DAO als sein Quell: Es erschafft, gebiert und schöpft, und doch nennt es nichts sein Eigen. Alles ist aus ihm und durch ihn und ist es selbst und dennoch ist ihm nichts als sein Eigentum bewusst. Wären nach Laozi so auch die Einzelwesen, gäbe es keinen Besitzanspruch. Dadurch gäbe es keinen Neid und keinen Hochmut. Genügsamkeit und Güte würde das Gesellschaftsbild prägen, da eine Abgrenzung nicht stattfinden würde.

Es kleidet und nährt alle Dinge
und spielt nicht ihren Herrn.

Alles, was der Mensch auf dieser Welt an Nahrung findet - sowohl physische, als auch geistige - und alles was ihn kleidet, so auch alles, was er selbst zu produzieren glaubt, wird schließlich und endlich durch das DAO gewirkt. Denn durch das DAO kommt es in seine Existenz. So ist alles, was ein Mensch besitzt oder was er erschaffen hat, schließlich und endlich doch nur durch das DAO geschaffen. Diese Erkenntnis verleiht uns die Demut, folgendes zu verstehen:

Obwohl das DAO Ursprung aller Dinge ist und obwohl alles durch das DAO in Existenz kommt und seinen Bestand hat, so erhebt sich DAO doch nicht über auch nur das kleinste Kleine und ist somit allen gleich. So sollen auch Menschen sich nicht übereinander erheben oder den anderen erniedrigen („nicht ihren Herrn spielen"), egal, wer welche Position in der Gesellschaft einnimmt. Da sich das DAO nicht einmal auch nur über das kleinste Kleine erhebt und allen gleich ist, bezeichnet es Laozi in diesem Zusammenhang als „klein":

Sofern es ewig nicht begehrend ist,
kann man es als klein bezeichnen.

Denn da das DAO nicht begehrt *(chang2 wu2 yu4, wörtl.: ‚immer (ewig) ohne Begehren' ist identisch mit der Zeile aus Vers 1)*, unterscheidet es nicht. Unterscheidet es nicht, trennt es nicht. Trennt es nicht, gibt es kein Darüber noch Darunter. Gibt es keine Hierarchie im Sinn einer Wertigkeit, ist alles trotz ihrer Unterschiede allen gleich. So führt das Nichtbegehren zum „Kleinen", denn es ist die Seligkeit und Freiheit, die aus dem absichtslosen Nichtbegehren entsteht (vgl. Vers 14 und 32).
Dies bedeutet für Laozi jedoch nicht, dass wirklich alle wortwörtlich gleich sind. Er akzeptiert eine gewisse gesellschaftliche Ordnung und greift auch die Institution des Herrschers nicht an. Nur, und das ist sehr wichtig, in welchen Positionen die Menschen auch immer zueinander stehen, um einen reibungslosen Ablauf des Miteinanders zu gewährleisten: Alle stehen sie innerhalb ihrer Position nebeneinander und sind gleichwertig. Der Herrscher ist nicht mehr wert als der einfache Bauer. Sie haben lediglich unterschiedliche Aufgaben.

Sofern alle Dinge von ihm abhängen,
ohne es als Herrn zu kennen,
kann man es als groß bezeichnen.

„Da alle Dinge vom DAO abhängen" *(wan4 wu4 gui1 yan1, wörtl.: ‚alle Dinge fließen hier (im DAO) zusammen')*, ist das DAO über alles erhaben. Da es aber in einer Weise wirkt, dass niemand das Gefühl hat, das DAO würde über einen herrschen, „kennt man es nicht als Herrn" (vgl. Vers 17). Dies ist nach Laozi wahre Größe: Alles bewirken und doch niemandem bekannt zu sein. Wirken ohne zu verweilen. Herrschen, ohne aufzufallen, Macht zu haben, ohne sie für sich in Anspruch zu nehmen. Dies ist zweierlei und beides in einem: großes Handeln in vollkommener Selbstlosigkeit. Selbst das ‚große Handeln' ist in dem Sinn nicht gewollt, sondern entsteht nur aus der Zweckmäßigkeit des Naheliegenden. Daher „kann man es als groß bezeichnen". Vergleiche hierzu auch Vers 25.

Also auch der Berufene:
Niemals macht er sich groß;
darum bringt er sein Großes Werk zustande.

Also handelt auch der Berufene dem DAO gleich in seinem „DE", sprich seinem Wirken, Sein und seiner Tugend: Gerade weil er sich in seinem Wirken nicht beweisen will, vollbringt er Großes. Da es ihm nur um das Werk und nicht um seine Person geht, kann er sich konzentrieren, kann natürlich und beim Werk freien Geistes sein. So kann es nur gelingen, da ihn nichts dabei auf falsche Wege führt.

Die Bezeichnung des „Berufenen" ist zwar passend, aber nicht in allen Originalen enthalten. Daher scheint sich dieser Zweizeiler in den Versionen, wo der „Berufene" *(sheng4 ren2, „der Berufene", ‚der Weise, der Heilige')* fehlt, wörtlich zumindest auf das DAO selbst und nicht auf den Berufenen zu beziehen. Natürlich aber wäre dieser Hinweis zwecklos, wenn es nicht ebenso auch und gerade für den „Berufenen" gelten würde.

VERS

35

執大象
天下往.
往而不害
安平太.
樂與餌
過客止.
道之出口淡乎其無味.
視之不足見.
聽之不足聞.
用之不足既.

Wer festhält das große Urbild,
zu dem kommt die Welt.
Sie kommt und wird nicht verletzt,
in Ruhe, Gleichheit und Seligkeit.

Musik und Köder:
Sie machen wohl den Wanderer auf seinem Wege anhalten.
Der SINN geht aus dem Munde hervor,
milde und ohne Geschmack.
Du blickst nach ihm und siehst nichts Sonderliches.
Du horchst nach ihm und hörst nichts Sonderliches.
Du handelst nach ihm und findest kein Ende.

Wer festhält das große Urbild,
zu dem kommt die Welt.

„Das große Urbild" – das ureigenste Bild (vgl. Vers 14). Es ist nicht wirklich ein Bild, denn nichts ist auf diesem Bild zu sehen. Es ist das, was ‚gesehen' wird, wenn man in seiner geistigen Erfahrung am Grund, sprich Ursprung („Urbild") angelangt ist. Dieses ‚Schauen' wird auch Erleuchtung genannt. Warum? Weil durch die Sicht dieses „Urbildes", ausgehend vom eigenen Startpunkt ‚am anderen Ende', vom ‚äußersten Zipfel der manifestierten Welt', sprich meiner Ich-Wahrnehmung im Äußeren, der gesamte Weg bis zum immerwährenden Schöpfungsbeginn („Urbild") offen daliegt. Es ist erleuchtet, sprich ich sehe den Gesamtzusammenhang. Vom ‚Anfang' bis zu seinem ‚Jetzt' bzw. das Gesamte von Wu (Nichtsein) bis You (Sein) und mehr noch, „des Geheimnisses noch tieferes Geheimnis, durch das alle Wunder hervortreten" (Vers 1) bis hin zu dem „Wunder" selbst. Es wird bewusst, woher wir kommen, warum und auf welche Weise wir sind und wohin wir gehen.

Dieses „Urbild festzuhalten", das nichts als das DAO selbst ist, bedeutet, sich diesem vollständigen Bewusstsein permanent gewahr zu sein. Dadurch stellt sich Weisheit ein. Dadurch stellt sich Einfachheit ein. Dadurch stellt sich Begehrungslosigkeit ein, dadurch stellt sich das wahre Leben und das wahre Handeln (DE) ein. Wer so sein kann, „zu dem kommt die Welt". Er entwickelt sich zu den „Bergbächen und Talwassern, die sich in Ströme und Meere ergießen" (vgl. Vers 32). Denn da ist nichts mehr zwischen ihm und der Welt. Er bewegt sich ununterbrochen in Einheit beider (genauer: aller) Dimensionen, die schließlich aber nur eine einzige sind: die des DAO, des Himmels, der Erde und seinen Geschöpfen. „Denn in ihrer Einheit heißt es das Geheimnis" (Vers 1).

So dient ihm die Welt, indem sie ihn nährt, lebendig hält und alles zufließen lässt, was er braucht. Denn was nicht durch sie gegeben wird, dessen bedarf er auch nicht.

Dadurch, dass er selbst leer ist, kann er alles in sich aufnehmen. Dadurch, dass er absichtslos ist, nimmt er alles unterschiedslos an. Und dadurch, dass er dem DAO nah ist, „kommt die Welt zu ihm". Schon deshalb, weil er ihr Vorbild und Heiliger (sheng4 ren2, vgl. Vers 22) wird.

Sie kommt und wird nicht verletzt,
in Ruhe, Gleichheit und Seligkeit.

Sind wir in der Lage, alles gleichermaßen annehmen und friedlich in uns aufnehmen zu können, ohne zu zerstören - dann „kommt sie", die Welt, auf uns zu und beschenkt uns mit ihren Gaben. „In Ruhe, Gleichheit und Seligkeit". Wir sehen, allein schon, wie sie gibt, versetzt uns in große Freude, und was sie uns in ihrer Natürlichkeit zu geben vermag - so können wir ein seliges, glückliches und gesundes Leben führen. Stellen wir unsere hektische Betriebsamkeit dagegen mit all ihrer ‚Verletzung der Welt' - alleine schon in dem Bedürfnis nach Urlaub und Ausschlafen oder dem Wunsch, ‚mal in der Natur zu sein', sollten wir merken, dass hier etwas nicht stimmt. Doch wenn wir uns auf das Nicht-Handeln (Wuwei) und unsere natürlichen Bedürfnisse besinnen, und wir alle darüber hinausgehenden künstlich erzeugten und zerstörerischen Wünsche aufzugeben lernen, bleibt ‚die Welt unverletzt' und schenkt uns ihre „Seligkeit".

Durch unsere Absichtslosigkeit und Nicht-Unterscheidung wird nichts bevorzugt und nichts abgewiesen. Wenn die ‚ewige Tugend' des DE in uns manifestiert ist, geschieht alles in Güte. Daher wird sie durch nichts, was kommt, „verletzt", und alles ist „in Ruhe, Gleichheit und Seligkeit."

Da wir uns wieder in Einheit mit ihr, der Welt, befinden, handeln wir nur noch im Einklang und Harmonie mit ihr. Harmonie bringt Ruhe, Einswerdung bringt Gleichheit, da die Unterschiede aufgehoben sind. Harmonie und Gleichheit bringen Ruhe und Frieden, dessen höchster Ausdruck Seligkeit ist. Mir scheint, dass dieser Zustand des Erlebens mit keinem Geld, Unterhaltungsmedium und keiner Macht dieser Welt aufzurechnen ist, und doch bewegen wir uns unentwegt in diese Richtung. Uns zur Umkehr bewegen zu wollen, uns die Augen zu öffnen, dies ist Laozis Absicht und sein Testament an uns alle.

Auch wenn es zu Laozis Zeit kaum Thema gewesen sein wird, finden wir hier auch eine klare Aussage zum Umweltschutz. Laozi beschreibt die Welt wie ein Wesen, das sich uns öffnen möchte, aber Sorge trägt, von uns verletzt zu werden, was ja leider auch unentwegt und immer mehr passiert.

Musik und Köder:
Sie machen wohl den Wanderer auf seinem Wege anhalten.

Wie auch für Buddha, sind auch für Laozi viele Dinge, die dem normalen Menschen als angenehm und einer Entwicklung vielleicht sogar förderlich scheinen, abträglich. Zum Beispiel die „Musik". ‚Bloßes Getöse ist Musik in den Ohren des Buddha.' So sprach der Erhabene selbst. Gemeint sind hiermit alle „Köder", die zwar auf den ersten Blick angenehm scheinen, schließlich und endlich jedoch den Geist von der Versenkung und der Ruhe fernhalten und ablenken. Musik versetzt den Geist in Stimmung. Stimmungen rufen Emotionen hervor. Und schon ist der innere See nicht mehr spiegelglatt, sondern es kräuseln sich Wellen, und der Blick auf „das Urbild" wird getrübt. Dadurch ist der Blick nicht mehr rein, und das DE wird unscharf.

Nun soll Musik nicht als etwas Schlechtes hingestellt werden, denn sie gehört zu den ganz großen Errungenschaften des Menschen und hat auch absolut ihren Platz in der Welt der Spiritualität. Gerade auch der Himmel kann durch ‚eine Art Musik' wahrgenommen werden. Doch es ist ein wenig wie das Beispiel mit dem Regen. Sitze ich im Tal, trifft mich der Regen. Sitze ich auf einem hohen Berg, liegen die Regenwolken bereits unter mir. So macht man die Erfahrung, dass Musik zu Beginn hilfreich und angenehm, später jedoch in vertieften Geisteszuständen störend und als ‚bloßes Getöse' wahrgenommen wird. Denn wie hat ebenfalls der Buddha gesagt: ‚Stille ist die schönste Musik'. Wir erkennen auch hier, dass sich Dinge verändern. Etwas, was lange Zeit dienlich war, kann plötzlich aufhalten. Wir sollten in der Lage sein, uns stets den sich verändernden Bedingungen vorbehaltlos anpassen zu können. Und natürlich gibt es auch hier kein Entweder-oder, aber ein Alles-zu-seiner-Zeit.

„Köder" sind auch alle Formen von Annehmlichkeiten, die den „Wanderer", sprich den spirituell Suchenden, augenscheinlich angenehm und vielleicht sogar hilfreich erscheinen, in Wirklichkeit aber von der tiefen, reinen Sicht ablenken oder fernhalten. Denn durch das Verweilen, also durch das „Anhalten" kommt der Wanderer in jenem Moment nicht weiter voran, was den Prozess der Einswerdung mit dem DAO verlangsamt oder zum Stillstand bringt. So ist es auch ratsam, bei einer neuen meditativen Erfahrung ebenfalls nicht bei ihr zu verharren, sondern immer weiter beständig nur eines zu tun: loslassen, möchte man noch tiefer rutschen. Natürlich sind mit dem *„Köder“ (er3, auch: ‚Kuchen‘, somit: ‚Musik und Kuchen‘)* auch ganz profan alle Ablenkungen gemeint, die nicht auf dem spirituellen Weg liegen, wie Fernsehen, ‚Zeitvertreibe‘, Alkohol, Rauchen, bzw.: „Musik und Kuchen“ etc. Das jedoch versteht sich von selbst. Musik steht hier symbolisch für alle Arten von Unterhaltung und Ablenkungen. Natürlich können auch sie ihre Zeit haben. Vielleicht wie eine Art Verschnaufpause. Nur „machen sie wohl den Wanderer auf seinem Weg anhalten“. Wohl bemerkt: Laozi verdammt diese Dinge nicht, er macht uns nur deutlich, dass dies den Wanderer in dieser Zeit nicht wandern lässt. Aber ob er etwas gegen Verschnaufpausen hat oder nicht und in welchem Maße sie stattfinden sollen/müssen, muss wohl jeder Wanderer selbst entdecken. Disziplin und Gelassenheit sind die wichtigsten Werkzeuge daoistischer Alchemie, und erst ihr Zusammenspiel bringt die Dynamik. Dennoch sollten wir dabei immer im Auge haben, dass, als Buddha den ‚Weg der Mitte‘ verkündete, diese Mitte weit asketischer im Sinn hatte, als wir es heute in der Regel gerne hätten.

Wenn wir uns den Begriff „ke4“ ansehen, den Wilhelm mit Wanderer übersetzt hat, bedeutet er heute in erster Linie ‚Gast‘. Somit haben wir nicht nur den „Wanderer“ des Wegs (DAO), sondern auch den Gast, sprich den spirituellen Tourist, der zwar ein gewisses Interesse zeigt, sich aber schnell von ‚Musik und Kuchen‘ ablenken lässt.

Es gilt zu unterscheiden, ob ich meine Sinne nach innen zum „Urbild“ oder nach außen zu den Annehmlichkeiten des Lebens richte (vgl. Vers 12). Die nach außen gerichteten Sinne erzeugen die Ablenkung. Die nach innen gerichteten Sinne schauen das DAO, doch das ist „ohne Geschmack“:

Das DAO geht aus dem Munde hervor,
milde und ohne Geschmack.

Auch wenn das DAO selbst einzig permanent und ungeschaffen ist, hat es an sich selbst keine Substanz. Denn auch wenn es in allem wirkt und alles durch das DAO ist, ist das DAO selbst doch immer gleich und sowohl strömend wie unbewegt. Daher bezeichnet Laozi es als „ohne Geschmack“. Da es wirkt, ohne aufzufallen, herrscht, ohne bemerkt zu werden, erschafft, ohne zu besitzen, leicht ausgedrückt: Da es in und durch alles wirkt, aber selbst in dem Sinne nicht ist, ist es nicht nur „ohne *Geschmack“ (wei4, auch ‚Sinne‘ generell), sondern auch als „milde" (dan4) in der wörtlichen Bedeutung von ‚dünn, wässrig, fade', also ebenfalls als „geschmacklos" zu bezeichnen.* Doch gerade in dieser Schlichtheit liegt die größte Freude. Denn auch wenn keine Macht stärker ist als das DAO selbst, ist seine Wirkungsweise doch seicht und unscheinbar (vgl. u.a. Vers 32 und 34). Ganz schwach ist es und bewegt doch das Mächtigste und Stärkste (vgl. Vers 36).

Das DAO geht aus sich selbst hervor. Daher ist es sich auch selber Mund. Es zeigt sich uns durch die Mutter, die Öffnung, Tor, sprich „Mund" ist (vgl. Vers 1 und 6). Es ist das ursprüngliche Taiji, durch das es sich uns zeigt. Es kommt aus dem Mund, doch es ist ohne Geschmack. Es zeigt sich im Taiji, doch es kommt aus dem Wuji, der Leere, dort, wo keine Sinne sind. Geschmack hat, was von außen in den Mund kommt. Nicht, was von innen kommt. Doch der Mund führt in das Innere unseres Körpers. „Das DAO geht aus dem Munde hervor" ist somit wieder eine Umschreibung, dass wir es in unserem Innern zu suchen haben. Nicht außen, in der Welt des „Geschmacks". Es ist die Erfahrung des Geschmack-, Gehör- und Gefühllosen (vgl. Vers 12).

Es ist die Erfahrung der Leere. Die Leere, die in allem ist und daher alles ‚füllt' (vgl. Vers 34).

Ganz einfach: Sinne nach innen - Ewigkeit. Sinne nach außen - Vergänglichkeit. Wuji - Taiji. Vergleiche hierzu Vers 1.

Du blickst nach ihm und siehst nichts Sonderliches.
Du horchst nach ihm und hörst nichts Sonderliches.

Wie so oft, fasst Laozi zum Schluss noch einmal zusammen oder wiederholt es: Dadurch, dass das DAO im Unscheinbaren wirkt, selbst „ohne Geschmack" und „milde" ist, wissenschaftlich also gar nicht nachweisbar ist und dennoch alles bewegt, „blickst du nach ihm und siehst nichts Sonderliches, horchst nach ihm und hörst nichts Sonderliches." Aber Laozi wiederholt hier nicht nur. Er gibt uns einen ganz wichtigen Hinweis auf unsere eigene, spirituelle Praxis: Wenn der Anfänger sich vorzustellen versucht, wie sich die Erfahrung des DAO wohl anfühlen mag, entspringt seiner Fantasie vielleicht etwas Großes, etwas Ekstatisches. Doch Laozi lenkt uns erneut in die richtige Richtung: Es ist das Nichtsonderliche. Die mystische Erfahrung des DAO ist nicht innerhalb einer Ekstase zu suchen. Es ist die Erfahrung des immerwährenden Nichts, das alles durchdringt, immer da ist, sich nie ändert und doch an allem Teil hat. Auch wenn es, ist der Berufene darin geschult, ein Nichts ist, ist es doch so allmächtig in und um uns, dass es zwar augenscheinlich gar nicht da ist, augenscheinlich auch gar nicht fühlbar ist, dennoch aber die stärkste und transformierendste Erfahrung ist, die wir machen können. ,Gott kommt in einem Säuseln' heißt es beim Propheten Elija. Es ist wie der Sinn eines Textes, der zwischen den Zeilen geschrieben steht. Er ist augenscheinlich nicht da, und doch ist es die stärkste Aussagekraft dieser Zeilen. So auch das DAO, nichts ist erfüllender in seiner Wahrnehmung, nichts seligmachender und gleichzeitig nichts unsichtbarer. Der Suchende soll in seiner Meditation daher nicht das Außergewöhnliche und Spektakuläre suchen, auch wenn die direkte Erfahrung das ,Aufsehenerregendste' überhaupt sein kann, so geht es doch nicht um einen ekstatischen Moment, sondern um den „Samen" (vgl. u.a. Vers 21), der durch diese Erfahrung in uns gelegt ist. Es ist ein ehrfürchtiges Staunen, aber kein ekstatischer Tanz, wenn wir beginnen, das DAO in und um uns wahrzunehmen.

Haften wir uns an die Freude des Erlebens, wäre dies wieder die „Musik und der Köder": Unsere meditative Erfahrung würde uns zum Anhalten bringen und vom eigentlichen Ziel ablenken. Nein, wir sollen auf die Stille lauschen und immer vertiefter in die Stille gehen und dort das ,Säuseln' suchen, dessen Quelle wiederum still in der Stille verborgen ist. Vergleichen wir diese Zeilen noch einmal mit Vers 14, erkennen wir, dass das, wonach wir „horchen", was wir aber nicht hören können, und wonach wir „schauen", was wir aber nicht sehen können, in seiner nichtsinnlichen Wahrnehmung immer das gleiche ist: „nichts Sonderliches". Dieses „Nichtsonderliche" ist immer wieder ein und dieselbe Erfahrung, die tiefste aller Erfahrungen, die Erfahrung des einzig Permanenten, des DAO.

Du handelst nach ihm und findest kein Ende.

Und obwohl diese Erfahrung dort gemacht wird, wo nichts mehr zu verringern ist, ist unsere Reaktion hierauf doch so unerhört und groß, dass sie fähig ist, unser ganzes Leben umzukrempeln. Sie führt uns zurück zum Eigentlichen. Und wir merken: Es ist wie ein Nichts, unscheinbarer als alles Unscheinbare. Und doch, „handelst du nach ihm, findet es kein Ende." Denn es ist unerschöpflich. Das Leiseste ist es und lässt doch den größten Hall ertönen. In seiner Unscheinbarkeit ist es wie ein Füllhorn. Es versiegt nie und aus dem kleinen kaum merkbaren

Quell entsteht der allergrößte, alles beinhaltende Fluss. Das Handeln im DAO „nimmt nie ein Ende", denn das DAO ist in seiner Natur ewig. So auch sein Hervorbringen (vgl. Vers 6) und alles, was daraus entsteht. Der unaufhaltsame ewige Fluss des DAO. In diesem ‚Fluss' (vgl. Vers 4, 32, 34, 42, 45 und 66) wird unser Handeln mühelos (vgl. Vers 6) und uns unsere Ewigkeit bewusst.

In den letzten drei Zeilen wird dem letzten Zeichen immer noch *„zu2", ‚Fuß, genug, sich begnügen'* vorangestellt. Dies bringt die Bedeutung der Strophen in eine unangenehme Situation: Was immer du siehst oder hörst, nie kann es dich zufriedenstellen. Das bedeutet zweierlei: 1. welches Glück ich auch immer mit meinen Sinnen zu erreichen suche, ich werde nie zufriedengestellt. Dies bezeichnete der Buddha mit ‚Dukkha', ‚nicht zufriedenstellend, bzw. leidvoll, da nicht zufriedenstellend, da nicht permanent'. Hierauf begründete er seine Lehre. Dies gilt 2. aber auch für das DAO, wenn ich versuche, es mit meinen Sinnen zu erreichen. Das sagt ja schon der allererste Satz des Daodejing: „Das DAO, das sich aussprechen (auch fühlen, hören, sehen etc.) lässt, ist nicht das ewige DAO" (Vers 1). Um zu letztendlichem inneren Frieden zu gelangen, muss ich ohne die Sinne erfahren lernen. Literarisch beeindruckend ist dann die dritte Zeile, in der das *„zu2" in Zusammenhang mit „ji4", ‚verbrauchen, erschöpfen', bei Wilhelm „Ende", die ganze Sache andersherum dreht: Indem ich nach dem DAO handle (yong4, meist: ‚benutzen'), komme ich nie an ein Ende. Sprich, bin nie erschöpft, verbrauche mich nicht und bin somit ewig (yong4 zhi1 bu4 zu2 ji4, wörtl.: ‚gebrauche es - nicht genügend (wirst du dich) verbrauchen'). Denn das DAO ist ewig und verbraucht sich nie. In einer anderen Version steht statt „zu2", „ke3", ‚können' (‚gebrauche es - nicht kann es (kannst du) enden').* Dieser Vers war sicherlich sehr gut für die daoistischen Unsterblichkeitstechniken zu benutzen bzw. ausreichend für die Gründung einer Religion nach Laozi. Sie stimmt in ihrer praktischen Mystik mit allen anderen Weltreligionen überein.

Jing1 qi4 shen2

Essenz, Energie, Geist

將欲歙之必固張之.
將欲弱之必固強之.
將欲廢之必固興之.
將欲取之必固與之.
是謂微明.
柔弱勝剛強.
魚不可脫於淵
國之利器
不可以示人.

Was du zusammendrücken willst,
das mußt du erst richtig sich ausdehnen lassen.
Was du schwächen willst,
das mußt du erst richtig stark werden lassen.
Was du vernichten willst,
das mußt du erst richtig aufblühen lassen.
Wem du nehmen willst,
dem mußt du erst richtig geben.
Das heißt Klarheit über das Unsichtbare.
Das Weiche siegt über das Harte.
Das Schwache siegt über das Starke.
Den Fisch darf man nicht der Tiefe entnehmen.
Des Reiches Förderungsmittel
darf man nicht den Leuten zeigen.

Was du zusammendrücken willst,
das musst du erst richtig sich ausdehnen lassen.
Was du schwächen willst,
das musst du erst richtig stark werden lassen.
Was du vernichten willst,
das musst du erst richtig aufblühen lassen.

Laozi gibt uns einen Plan. Und zwar beschreibt er uns, wie wir unsere Handlungen ausrichten sollen. Der Unterschied jedoch zu herkömmlichen Tipps und Weisheiten ist, dass er das Nichthandeln (Wuwei) befürwortet. Er rät uns das Handeln dort, wo es am mühelosesten ist. Er gibt uns nicht einfach einen Tipp, wie wir durch aktives Tun zu unserem Erfolg kommen. Sondern er betrachtet alles aus der Perspektive des Nichttuns: Wir sollen unsere Ziele nicht erreichen, indem wir uns anstrengen und abmühen. Sondern wir sollen uns das Prinzip von Yin und Yang zunutze machen: Es ist wie der Mond. Stetig nimmt er zu, nur um bei Vollmond wieder abzunehmen und bei Neumond wieder zuzunehmen. Dies hat Laozi als allgemeingültiges Prinzip des ganzen Universums und all seinen darin befindlichen Wesens- und Dinglichkeiten erkannt. Über dieses Yin-Yang-, sprich Taiji-Prinzip bekommt sein Nichthandeln Erfolg: Wenn ich „etwas zusammendrücken will", wende ich keine Kraft auf, sondern Geduld. Ich warte ab, bis es „sich richtig ausgedehnt hat". Dann, an seinem Höhepunkt der Ausdehnung, wird es wieder abnehmen, und ich brauche nun nicht mehr gegen die Kraftrichtung zu drücken, sondern sie nur noch zu unterstützen und kann mit ihr fließen. Auch könnte ich mir das Zusammendrücken mit genügend Zeit ganz sparen, denn die Natur der Sache selbst erledigt das für mich von ganz alleine. So auch, wenn ich „etwas schwächen will": Geduldig beobachte ich, bis es „richtig (maximal) stark geworden ist" und erkenne dann den Beginn des Schwächerwerdens. So „besiegt das Schwache das Starke" (siehe unten), indem man ohne Hinzutun das Starke sich leer laufen lässt und erst dann handelt, wenn es an seinem Schwachpunkt angelangt ist. So brauche ich nur abzuwarten, um mich dann in die entsprechende Kraftrichtung einzuhaken, statt selbst den Zeitpunkt bestimmen zu wollen und gegenan arbeiten zu müssen. Daher postuliert der ‚alte Meister' das Prinzip des Nichteingreifens: Zum einen, weil die Natur von sich aus am besten in der Lage ist, Gleichgewicht herzustellen. Weil die Dinge auf diese Weise von selbst in Ordnung kommen. Aber auch für meine Handlungen: So brauche ich quasi nur auf einen fahrenden Zug aufzuspringen, in dem ich abwarte, bis er in meine Richtung fährt. Dann handle ich entsprechend mühelos und lass es danach gleich wieder in Ruhe und „verweile nicht dabei“ (Vers 2). In der Kunst des Taijiquan nennt man dies das ‚Abpassen des richtigen Augenblicks‘. Wozu also künstlich etwas herstellen und sich abmühen, wenn der Moment, den man anstrebt, sich von allein einstellen wird? Oft reicht die eigene Kraft nicht aus, etwas zu bewerkstelligen. Wenn ich aber erkannt habe, wie die Kräfte auf natürliche Weise ab- und zunehmen, kann ich mich dem anpassen und meine Kraft im richtigen Augenblick gezielt einsetzen. Es ist ein bisschen wie mit einem Segelboot, das die Winde nutzt, wie sie wehen, statt mit einem Motor gegen sie zu arbeiten.

Erreicht etwas sein Äußerstes, zieht es sich entweder auf natürliche Weise wieder zusammen. Oder es wird, wenn von Menschen gesteuert, weiter versuchen, sich weiter auszudehnen. Dadurch aber expandiert es über sein natürliches Gleichgewicht und büßt es ein, wodurch es automatisch ebenfalls schwächer wird. Im ersten Fall geschieht dies in Harmonie, im zweiten bringt es sich selbst zu Fall. Gerade auch im Taijiquan wird versucht, sich Ersterem anzugleichen und Zweiteres beim Gegner zu bewirken. Auf diese Weise gibt Laozi den Herrschern ein Mittel an die Hand, wie sie mit ihren Gegnern und Schwierigkeiten umgehen sollen. Die eigene Kraft wird erst dann eingesetzt, wenn die Kraft des Gegners am Abnehmen ist. So ist z.B. ein Staat, der sich im Aufbau befindet, sorgsam und konzentriert. Wenn er aber in voller Blüte steht, beginnen die Nachlässigkeiten, und der Zerfall schleicht sich anfangs „klein“ (vgl. Vers 63) und ‚unbemerkt‘ nach und nach ein.

Wem du nehmen willst,
dem musst du erst richtig geben.

Nun überträgt er dieses Prinzip auch auf die Handlung selbst. Gib, so wirst du bekommen. Mache jemandem reichliche Geschenke, und er wird dich als Vertrauten nehmen. Bist du sein Vertrauter, wirst du sein Erbe. Alles fließt zu einem zurück, gute wie auch schlechte Handlungen. Daher soll man nicht nur großzügig sein, sondern auch bedacht darauf sein, von wem man welche Geschenke annimmt...denn natürlich lassen sich so eine Menge gemeiner und hinterlistiger Methoden entdecken, jemanden, dessen Vertrauen man gewonnen hat, auszunehmen.

Doch wenn auch bei Hof scheinbar interessant, sollen diese ungünstigen Geistesregungen hier unbesprochen bleiben.[34]

Das heißt Klarheit über das Unsichtbare.

Laozi gibt uns ein Geheimnis preis: Erkennst du dieses Prinzip von Yin und Yang, den Bedingungen der Gegensätze, erkennst du die den Dingen innewohnende Natur und deren Wirkweise. Du lernst also, dir diese Beobachtungen zunutze zu machen.

Doch dieses Wirken ist nicht offensichtlich. Es bestimmt die Bewegung der Natur, ist selbst aber nur indirekt auszumachen, da es weder greif-, hör-, noch seh-, noch fühl- oder schmeckbar ist (vgl. Vers 14). Und dennoch fügt sich alles nach diesem Prinzip. Dies zu verstehen bedeutet, „Klarheit über das Unsichtbare" zu erlangen.

„shi4 wei4 wei1 ming2" - wörtl.: ‚Das bedeutet tiefgründige Klarheit'.

So gibt Laozi in dieser Zeile eine Zusammenfassung, wie wir in der Tiefe die Natur der Dinge erkennen können. Es könnte aber auch *‚erhellen, wenn (die Dinge noch) klein (sind)'* heißen (vgl. Vers 52), wenn man genau die Erkenntnis des Wechselpunkts beschreiben möchte, in der sich die eine Qualität in die andere verändert. Denn der Weise handelt im Verborgenen (vgl. Vers 15), da, wo noch nichts ersichtlich ist. Das heißt, im allerersten Anfang (Ansatz), im Taiji, dann ist jede Handlung mühelos. Dies ist zu einem entscheidenden Kriterium innerhalb des späteren Taijiquan geworden. Wilhelm fasst beide Bedeutungen in seiner Übersetzung meisterhaft zusammen.

[34]In einigen Originalen steht statt *„nehmen" (qu3, auch: ‚holen, bekommen'), „duo2" (‚gewaltsam wegnehmen, entreißen'),* was auf eine (Kriegs-) List hinweist.

Das Weiche siegt über das Harte.
Das Schwache siegt über das Starke.

Hier kommt eine der bekanntesten Thesen des Laozi: „Das Weiche siegt über das Harte. Das Schwache siegt über das Starke." Wie wir oben gesehen haben, zieht sich alles, was sich zuvor ausgedehnt hat, auch wieder zusammen. Alles, was einmal groß war, wird auch wieder klein. Auf diese Weise ist also das Nicht-Eingreifen (Wuwei), die Geduld, dem unbedingten Wollen überlegen, da sich alles von selbst einstellt und der Übereifer nicht nur Energieverschwendung ist, sondern auch zu Ungeduld und Leid führt. Nun beschreibt Laozi aber weiter die Tatsache, dass das Harte nicht in der Lage ist, sich dem Wandel der Zeiten anzupassen. Weder im Materiellen (der starke Baum bricht im Sturm, das Gras beugt sich und steht wieder auf, wenn der Sturm vorbei ist (der nach Laozi nicht ewig sein kann, vgl. Vers 23)), noch im Geistigen: Dogmatismus kann die Zeit nicht unbeschadet überstehen, denn die Zeit ändert alles, und im Gleichgewicht bleibt, was sich diesen Änderungen anpassen kann. Das Weiche kann sich anpassen. Es ist biegsam wie das Gras. Das Harte jedoch ist wie der starke Baum, es bleibt beständig in einer Umgebung, die nicht beständig ist, und muss dadurch zu Fall kommen. Wahrlich beständig ist demnach, was zwar eine Wurzel hat, in seinem Erscheinen jedoch wendig und anpassungsfähig, sprich „weich" ist. Da das „Schwache" gegen das „Starke" direkt nicht ankommt, ist es gezwungen, sich anzupassen und auf den richtigen Moment geduldig zu warten. Einer großen Kraft nachzugeben bzw. auszuweichen und dann, wenn sie ausgelaufen ist, die eigene Kraft einzusetzen, bevor jene sich wieder aufgebaut hat: So überwinde ich große Kräfte mit Leichtigkeit, und das „Schwache besiegt das Starke". Im Taijiquan heißt es dazu: ‚1.000 Kilo mit vier Unzen besiegen.' Um also mit Weichheit gegen Stärke ankommen zu können, muss man diese Kraft zuerst wahrnehmen und verstehen. Dann muss man ihr folgen können, bis zu dem Punkt, wo sie sich erschöpft hat. Dann kann man sie nach Belieben umlenken und mit geringer eigener Kraft besiegen.

Großmeister Chen Xiaowang (19. Generation Stammhalter der Chenfamilie) sagt hierzu in Bezug auf die Lebenspflege: ‚Gesunde Lebensphilosophie ist wie ein Ball. Situationen ändern sich. Wenn man sich aber stets mit den sich veränderten Bedingungen mitwandeln kann, bleibt man immer gesund und in Harmonie.'

In diesem gesamten Vers 36 lernen wir also, wie wir einer Kraft nicht entgegenstehen, sondern lernen, uns ihr anzupassen, um dann, im richtigen Moment, wenn kein Widerstand da ist, uns selbst mit einzubringen. So leben wir im wahrsten Sinne des Wortes ‚reibungslos' und können daher durch den geringstmöglichen Verschleiß am längsten und gesündesten überdauern.

Dies ist nach Laozi eine Variante des überlegenen Prinzips des Nichteingreifens, und so sieht er den Schwachen in der geeigneteren Lage, das DAO zu verwirklichen, und damit das Starke und Starre und Sterbliche zu überwinden. Schwachheit bedeutet hier auch gewollte Armut, Bescheidenheit, die Abwesenheit von Stolz, Demut und Zurückhaltung. Alles Tugenden, die nach Laozi zu wahrer Größe, sprich ihrem, dem DAO gerechten Gegenteil führen: innerer Reichtum, innere Freiheit und allumfassende Erkenntnis. Wer nach dem ‚Alten Meister' also groß sein will, muss sich klein machen. Wer stark sein will, muss schwach sein, und wer Härte beweisen will, braucht Weichheit (vgl. Vers 14).

Diesen berühmten Satz möchte ich gerne dem Leser im Ganzen vorstellen:

„rou2 ruo4 sheng4 gang1 qiang2" -

‚Das Weiche und Schwache besiegt (auch: überkommt, übertrifft) das Harte und Starke (auch Mächtige, Gewaltsame)'.

Den Fisch darf man nicht der Tiefe entnehmen.
Des Reiches Förderungsmittel darf man nicht den Leuten zeigen.

Zum Schluss versucht uns Laozi anhand einer Art Gleichnis noch einmal ein Naturgesetz in menschliches Handeln zu übertragen: Ein Fisch soll dort bleiben, wo er hingehört, „in der Tiefe". Man soll ihn seiner Natürlichkeit nicht entziehen. Übrigens soll man auch den Menschen nicht aus seiner Tiefe ziehen. Ein bewusstes geistiges Leben sei also der Erziehung genauso mitgegeben, wie der äußere Wandel. Auch soll man das Volk nicht neidisch oder gierig werden lassen, indem man ihm „Förderungsmittel" zeigt oder mit Waffen abschreckt *(li4 qi4, „Waffen (scharfe Geräte)", auch ‚gewinn(-bringende) Geräte' („Förderungsmittel").* Am besten gedeiht jeder in seiner natürlichen inneren und äußeren Umgebung (vgl. auch Vers 30, 75 und 81).

Doch, was ist die uns passende natürliche Umgebung? Im Innern wie im Äußeren ist es Einfachheit und Einfältigkeit, ohne Hunger, aber auch ohne Verlangen. So kommen wir zur Ruhe, und die Gegensätze harmonisieren sich. Hieraus erfahren wir Stille, Yin und Yang sind wieder ungetrennt (Taiji). Hierin rutschen wir in die Leere, Yin und Yang haben sich gegenseitig nihiliert (Wuji). Hierin erkennen wir das Eine (DAO) und haben so den Weg zurück zum Ursprung gefunden!

VERS

37

道常無為
而無不為.
侯王若能守之
萬物將自化.
化而欲作
吾將鎮之以無名之樸.
無名之樸
夫亦將無欲.
不欲以靜
天下將自定.

Der SINN ist ewig ohne Machen,
und nichts bleibt ungemacht.
Wenn Fürsten und Könige ihn zu wahren verstehen,
so werden alle Dinge sich von selber gestalten.
Gestalten sie sich und es erheben sich die Begierden,
so würde ich sie bannen durch namenlose Einfalt.
Namenlose Einfalt bewirkt Wunschlosigkeit.
Wunschlosigkeit macht still,
und die Welt wird von selber recht.

Das DAO ist ewig ohne Machen,
und nichts bleibt ungemacht.
Wenn Fürsten und Könige es zu wahren verstehen,
so werden alle Dinge sich von selber gestalten.
Gestalten sie sich und es erheben sich die Begierden,
so würde ich sie bannen durch namenlose Einfalt.
Namenlose Einfalt bewirkt Wunschlosigkeit.
Wunschlosigkeit macht still,
und die Welt wird von selber recht.

Zum Schluss des ersten Abschnittes „DAO" fasst Laozi, so könnte man sagen, seine Thesen und seine Ambition, nämlich dem Herrscher und seinem Volk einen gemeinsamen Weg zur Harmonie zu zeigen, zusammen. „Das DAO bleibt ewig ohne machen, und nichts bleibt ungemacht." Durch die vorangegangenen Verse haben wir um die Tiefe des DAO verstehen gelernt. Nun sagt Laozi uns zum Schluss noch einmal in aller Kürze etwas über seine Wirkweise: Es macht selbst nichts, und doch geschieht in diesem Nichtstun alles. So fordert er auch uns auf, es ihm gleichzutun. In dem Vertrauen, dass wir gerade durch das „Nichttun" alles erhalten, was unser Leben zur Seligkeit führt. Zunächst wendet er sich wieder an die Herrscher des Landes, da in ihnen die Hauptverantwortung und alle Möglichkeiten zur Veränderung liegen: „Wenn Fürsten und Könige ihn zu wahren verstehen, so werden alle Dinge sich von selber gestalten." Es ist also nicht nur eine Träumerei des Einzelnen, dem DAO zu folgen. Ganz und gar nicht, denn gerade die Staatspolitik soll dem DAO entsprechend geführt werden. Dies liegt Laozi mit dem Daodejing besonders am Herzen. Denn er beruft sich auf die natürliche Ordnung von Mensch, Erde, Himmel und dem DAO (vgl. Vers 25) und akzeptiert die damalige Vorstellung, dass der Herrscher das Mandat des Himmels inne und damit die Aufgabe hat, dem Volk so zu dienen, dass es mit dem DAO eins sein kann. Auch und gerade deshalb sollen die Herrscher das Nichttun kultivieren, damit alle Dinge sich so gestalten können, wie sie der Natur nach gestaltet sein sollen. Wenn alles in seiner vorbestimmten Natur ist, wird alles von alleine gut. Wie dieses Nichttun vor sich geht, hat der ‚Alte Meister' uns in den vorangegangenen 36 Versen gezeigt.

Wenn alles dann auf diese Weise ins Werden gerät, und es entstehen durch das Werden Begierden, soll der Staat darauf achten, sie zu „bannen". Und auch hier ist sein Mittel kein künstliches oder gar gewaltsames Eingreifen, sondern im Verheißen der „namenlosen Einfalt" der Versuch, das Volk darauf auszurichten, das DAO zu leben. Gebannt wird die Begierde also dadurch, dass das DAO zum Sinn und Zweck des Lebens wird. Alles Seiende ist hervorgegangen aus dem DAO, und sein Sinn und Zweck ist es demnach, wieder zu ihm zurückzukehren bzw. fortwährend in ihm zu sein. Das heißt, sich selbst zu erkennen und ‚seinen Ursprung zu wahren'. Denn:

„Namenlose Einfalt bewirkt Wunschlosigkeit.
Wunschlosigkeit macht still,
und die Welt wird von selber recht."

Laozi zeigt uns den Weg wieder zurück, wenn durch das „Gestalten" (‚Werden') „sich Begierden erheben":

„Begierden zu bannen durch namenlose Einfalt" bedeutet, dem Volk keine „scharfen Geräte" (Vers 36) und „nichts Begehrenswertes" (Vers 3) zu zeigen, „ihre Herzen zu leeren und ihren Leib zu füllen" (Vers 3), so dass es in der Lage ist, ‚wunschlos glücklich' zu sein, in einer Welt, wie sie ist, in all ihrer natürlichen Schönheit. Nichts zu wünschen bedeutet, Frieden zu finden. Frieden zu finden, bedeutet zur Stille zu gelangen. In der Stille kommt der Mensch wieder zurück zu sich selbst. Kehrt er zu sich selbst zurück, erkennt er seine Wurzel. Erkennt er seine Wurzel, entdeckt er das DAO. Entdeckt er das DAO, kann er wieder eins mit ihm und damit mit sich selber, seiner innersten Natur und allen Dingen werden. Keine größere Glückseligkeit, die auf dieser Erde zu erringen wäre. Kein vollständigeres und wahrhaftigeres Leben (DE). Es ist das Taiji im Wuji. So kann der Mensch nur wunschlos glücklich sein, denn er lebt aus sich selbst heraus, erkennt sich als Teil des Ganzen und erfährt ein endloses Gefühl von Verbundenheit, Liebe und Seligkeit. Aus diesem vollständigen Glücksgefühl heraus entstehen Handlungen, die nur noch gut und nötig sind. Die Erde wird zu einem Paradies. Und dieses Paradies besteht gerade aus dem Anfänglichen: Der Mensch, eingebettet in die Natur, lebt gesund seine natürlichen Jahre in Zufriedenheit und Seligkeit. Er lebt das vollkommene Taiji, indem er in der Einheit verwurzelt, in der Vielfalt lebt. So ist er vollkommen, unsterblich in der Ewigkeit, doch wandelnd im Zeitlichen.

So kehren wir zurück zu Vers 1, der nun in seiner Wahrheit gelebt seine ganze Pracht entfalten kann.

Denn die Schöpfung ist in ihm erfüllt - DAO und DE wirken durch ihn ungehindert und vollkommen.

Im zweiten Buch des Daodejing mit dem Titel „DE“ wird dies in seiner praktischen Umsetzung in weiteren 44 Versen beschrieben.

Dao de2

SINN (DAO) und LEBEN (DE) / Der Weg und seine Tugend

Autorenportrait

Jan Silberstorff (Jahrgang 1967) begann bereits als Kind, sich für die östlichen Kampfkünste zu interessieren. Im Alter von 18 Jahren begann er, sein Leben dem Taijiquan zu widmen, da er ahnte, hierüber zu seiner Berufung zu gelangen. 1989 bestand er die Prüfung des staatlichen Taiji-Trainers der VR China, wo er mehrere Jahre lebte. Er lernte als einer der ersten Ausländer im Ursprungsort des Taijiquan, Chenjiagou, und wurde 1993 der erste westliche Meisterschüler des Traditionshalters des klassischen Taijiquan, Großmeister Chen Xiaowang, und somit auch erster ausländischer Linienhalter in der 20. Generation. Er spricht fließend chinesisch und veröffentlichte zahlreiche Bücher und Artikel sowie DVDs und Fernsehdokumentationen zum Thema. Nach über 25 weltweiten Turniersiegen in Folge gründete er zusammen mit Großmeister Chen Xiaowang 1994 die größte Taijiquanvereinigung der Welt, die WCTA, und übernahm die Leitung des deutschen Verbandes (WCTAG), heute der größte seiner Art im Westen. Mehrfach von der chinesischen Regierung ausgezeichnet (u.a. mit dem höchsten Duangrad innerhalb der WCTA), wurde er 1998 als erster Nicht-Asiate zum offiziellen Masters Event des Staates Singapur eingeladen. Er unterrichtet weltweit in über 15 Ländern und gründete mit seinen Schülern zusammen über 400 zur Zeit aktive Taijiquan-Gruppen und Schulen in über 160 Städten allein in Deutschland. Er gründete die jeweils führenden Taiji-Verbände in Brasilien (WCTA-Br, 2006) und in Chile (WCTA-Chile, 2010). Weitere Taiji-Verbände gründete er 2014 in Mexiko und Kuba. 2009 gründete er die Hilfsorganisation WCTAG-hilft e.V., sowie die ‚Insel der Kinder', die sich für über 200 notleidende Kinder in Sri Lanka und Brasilien einsetzen, und 2013 das ‚Institute of Daodejing Studies (IDS)'. Das Institut ist ein gemeinsames Projekt zur Erforschung und Vermittlung des Daodejing und durch die Zusammenarbeit von Huizhang Ren Farong, dem Louguantai Tempel, der Chinesischen Wissenschaftsakademie Xian, sowie seinem Begründer, Meister Jan Silberstorff, entstanden. Seinen eigenen Schwerpunkt auf die Praxis legend, verbringt Jan Silberstorff den Hauptteil des Jahres zurückgezogen auf einer Insel in Brasilien.

(Autorenportraitfoto von Reiner Leifried)

Kalligraphien

Herzlichen Dank an Großmeister Chen Xiaowang für die Bereitstellung der Kalligraphien.

Danksagung

Mein Dank gilt meinen Dao-Lehrern Daozhang Ren Farong, Shifu Chen Xiaowang, Bhikkhu Analayo und Pater Daniel Yzaguirre. Sowie Herrn Guang, Frau Wang und anderen, die mich in meinem Sinologiestudium begleiteten, bis ich nach China aufbrach. Auch Wang Ning, für seine wunderbaren Anregungen zu der bildlichen Deutung einzelner Radikale. Hilfreich zur Seite standen mir die Wörterbücher Xin han de ci dian, Gu dai han yu ci dian, die Sammlung von Viktor Kalinke, sowie das KTdict+. Ich beziehe meinen Kommentar auf meine eigene Intuition und Wahrnehmung und stehe auch nur selbst in Verantwortung zu meiner Deutung. In Zweifelsfällen gleichte ich meine Gedanken zuweilen mit den Veröffentlichungen von Zhi Zhongcai, Hilmar Klaus, Viktor Kalinke, Jan Uhlenbrook, Ernst Schwarz, und natürlich Richard Wilhelm selbst ab, um mich an diesen Orten bestätigt oder auch alleine vorzufinden. In allen Fällen möchte ich den erwähnten Personen an dieser Stelle für ihren ‘Beistand‘ danken. Auch muss ich meinem Verlag in besonderer Weise danken, der es dieses Mal nicht leicht hatte mit unserem Projekt.

Weitere Informationen

zu der Arbeit des Autors und seinen Seminaren finden Sie unter:

www.daodejingstudies.de

www.wctag.de

www.wctag-hilft.de

www.wcta-br.com

www.cxwta.cl

Auch von Jan Silberstorff

Jan Silberstorff

Laozi's Dao De Jing

Das ‚Dao De Jing‘ (alte Schreibweise: Tao Te King) ist Weltliteratur. Geschrieben vom ‚Alten Meister Laozi‘, ist es eines der ältesten und bekanntesten Bücher dieser Erde. Und obwohl es dutzende Übersetzungen und auch Kommentare dazu gibt, ist dieser Kommentar von Meister Jan Silberstorff doch vollständig anders, denn er entspringt einer gelebten Erfahrung, keiner intellektuellen Überlegung. Er ist ein Brückenschlag zwischen Ost und West, zwischen Herz und Verstand und zwischen Theorie und Praxis.

- Band 1 - DAO
- Band 2 - DE

Judith Ritter, Jan Silberstorff (Hrsg.)

Das Dao De Jing Wörterbuch

Das Daodejing wurde schon oft übersetzt. Wegen dieser vielfältigen Interpretationen ist die Auseinandersetzung mit dem Original für ein tieferes Verständnis fast unerlässlich. Das vorliegende Wörterbuch umfasst daher alle im Daodejing vorkommenden Schriftzeichen mit ihren Übersetzungen und folgt dem chinesischen Text in Jan Silberstorffs beiden Kommentarbänden, zu dessen tieferer Bearbeitung das Werk daher sehr gut geeignet ist. Das Wörterbuch gliedert sich in drei Teile. In jedem Teil werden die Schriftzeichen in chinesischer Schreibweise, in der Umschrift Pinyin und mit den deutschen Übersetzungen aufgeführt. Teil 1 und 2 beinhalten alle Verse mit den jeweils darin vorkommenden Schriftzeichen entsprechend der Reihenfolge ihres Auftretens. So kann jeder Vers bequem nachvollzogen werden. Im dritten Teil sind alle Schriftzeichen alphabetisch nach Pinyin sortiert.

Jan Silberstorff

Das Dao De Jing im Taijiquan - Die Übungsanleitung des Laozi

In zwei Bänden hat Jan Silberstorff, Taijiquan-Meister in der 20. Generation des Chen-Familienstils, das Dao De Jing (alte Schreibweise: Tao Te King) aus seiner intimen Kenntnis der östlichen und westlichen Mystik neu und brillant kommentiert. In seinem neuen Buch entwickelt er aus den knappen, poetischen Versen des daoistischen Klassikers praktische Hinweise für das Studium des Taijiquan, stilübergreifend. Philosophie, Spiritualität, körperliche und geistige Gesundheit, kämpferische Fähigkeiten und energetisch-alchemistische Informationen – alles ist im Dao De Jing enthalten und wird von Silberstorff nachvollziehbar, praxistauglich und umsetzbar aufgezeigt. Es ist damit eines der wichtigsten Handbücher für alle Taiji-Praktiker, die sich auch für die tieferen Ebenen des Taijiquan, sowie dessen innere Verbindung zum Daoismus interessieren: „Man könnte das Taijiquan als den Praxisaspekt des Dao De Jing bezeichnen. Oder das Dao De Jing als den Theorielieferanten des Taijiquan."

Jan Silberstorff

Das Qingjingjing - das heilige Buch von der Stille und der Klarheit

Das Qingjingjing, „der Klassiker von der Stille und Wahrheit", beschreibt zusammenfassend das Wesen des DAO und gibt Anweisungen wie dauerhafter Frieden zu erreichen ist. Ziel ist das Erlangen von Unsterblichkeit durch Reinigung des Bewusstseins, alchemistische Selbsttransformation durch Gedankenlosigkeit, das Aufgeben von Begierden sowie die Rückkehr zum ursprünglichen Bewusstsein und damit die Wiederherstellung des sogenannten „strahlend leuchtenden Geistes" bzw. der „wahren Wesensnatur".
Der Text ist seiner Tiefe so umfassend, dass für den inneren geistigen Weg sowohl zur Wahrnehmung, als auch zur Vollendung des DAO auf der Ebene der meditativen Versenkung prinzipiell alles gesagt ist.
Wissenschaftler datieren den Text auf die Mitte der Táng-Dynastie (618-907 n.Chr.). Das Qingjingjing hatte grundlegenden Einfluss auf verschiedene daoistische Bewegungen während der Táng- und besonders währen der Sòng-Dynastie (960-1279 n.Chr) und ist heute ein wesentlicher Bestandteil des Daoismus.

Jan Silberstorff, Chen Xiaowang

Die 5 Level des Taijiquan

Taiji-Meister Jan Silberstorff kommentiert einen Text von Großmeister Chen Xiaowang über die 5 Level des Taijiquan.

Die Audio-CD enthält den Originaltext von Großmeister Chen Xiaowang, gelesen von Jan Silberstorff. Die DVD enthält einen Vortrag von Meister Jan Silberstorff, in dem er die 5 Level kommentiert und erläutert.

Buch mit DVD und CD.

Jan Silberstorff

Chen - Klassisches Taijiquan im lebendigen Stil

Jan Silberstorff hat als Linienhalter des Chenstils nicht nur das Wissen und Können, ein solches Buch zu veröffentlichen, er hat auch eine Verpflichtung dazu. Sein Grundlagenwerk über Taijiquan darf in keinem Regal eines ernsthaften Kampfkünstlers fehlen. Alle Aspekte des Chenstil-Taijiquan werden vorgestellt.

‚Kampfkunst und Gesundheitstraining, Philosophie und Meditation - Taijquan berührt alle Bereiche des Sein.‘
Um all diese Aspekte erfahren zu können, sollte jeder Interessierte ‚an der Quelle trinken‘.

Jan Silberstorff

Schiebende Hände

Das Buch

Die kämpferische Seite des Taijiquan – überarbeitete Neuauflage mit Kalligrafie von Großmeister Chen Xiaowang. Die Fortsetzung des Buches ‚Chen' von Meister Jan Silberstorff mit allem, was es zum Thema der Partnerübungen des Taijiquan zu sagen gibt.

Und als optimale Ergänzung: Die DVD zum Buch!

Jan Silberstorff

Chen Taiji-Schwertkampf

Ein Basisweg zum freien Fechten

Eine weltweite Rarität jetzt erstmals auf DVD: Meister Jan Silberstorff stellt auf dieser in wundervoller Umgebung gedrehten DVD die Basistechniken des Schwertkampfes aus dem Taiji-Chenstil in aller Ausführlichkeit vor. Alle Stich- und Schneidetechniken werden erläutert und sowohl in der Einübung als auch bei der Anwendung im freien Kampf gezeigt. Desweiteren sind hier erstmals Aufnahmen zur Schwert- und Doppelschwertform als auch zu den ‚Klebenden Schwertern' zu sehen. Gehört in jede Kampfkunst-Bibliothek. Taiji-Schwertkampf par excellence!

Mit einer Einführung von Gerhard Milbrat, sowie Ausschnitten aus einer Schwertkampfschule.

Jan Silberstorff

Das Taiji-Prinzip - Yin und Yang im Taijiquan

Das Taiji-Prinzip erläutert und dargestellt am Chenstil-Taijiquan

Der bekannte Chenstil-Meister Jan Silberstorff, einer der wenigen wirklichen Meister hier im Westen, erläutert das Prinzip der ‚Arbeit aus Dantian' an vielen verschiedenen Aspekten der alten inneren Kampfkunst ‚Taijiquan'. Meditatives Sitzen, Stehende Säule, Seidenübungen, Form, Waffen, Partnerübungen bis hin zur Anwendung in der Selbstverteidigung kommen zur Darstellung. Eine wahre Fundgrube an Informationen und praktischen Erläuterungen für den Einsteiger genauso wie für den Fortgeschrittenen.

Jan Silberstorff

Zhan Zhuang

Die wichtigste Basisübung des Taijiquan - die ‚Stehende Säule' des Chen-Taijiquan!

Die ‚Stehende Säule' des Chen-Taijiquan ist die wichtigste Basisübung des Taijiquan generell. Dem Körper wird die korrekte Grundstruktur vermittelt und der Geist erfährt eine harmonisch-meditative Ausgeglichenheit. Die Übung wird angeleitet von Jan Silberstorff, einem der erfahrensten Taiji-Meister unserer Zeit.

Lassen Sie sich zur Einheit von Körper, Geist und Seele führen!

CD in Deutsch und Englisch erhältlich!

Musik von Hilmar Hajek

Weitere Informationen und Bonusmaterial finden Sie auf unserer Website

www.lotus-press.com

Printed in Poland
by Amazon Fulfillment
Poland Sp. z o.o., Wrocław

67428207R00217